Fischer TaschenBibliothek

W0086794

Alle Titel im Taschenformat finden Sie unter:
www.fischer-taschenbibliothek.de

Was Sie die Österreicher nie zu fragen wagten – Ulrich Glauber verrät Ihnen in dieser handlichen und informativen Gebrauchsanweisung alles über das beliebte Urlaubsziel der Deutschen.

Ulrich Glauber, geboren 1951 in Offenbach, ist Journalist und ehemaliger Österreich-Korrespondent. Mehr als zehn Jahre war er im 8. Wiener Gemeindebezirk (Josefstadt) ansässig und hat von dort aus für mehrere deutsche Tageszeitungen berichtet, u. a. für die *Frankfurter Rundschau* und das *Handelsblatt*.

Weitere Informationen, auch zu E-Book-Ausgaben, finden Sie bei www.fischerverlage.de

Ulrich Glauber

Österreich
für die Hosentasche

Was Reiseführer verschweigen

FISCHER TaschenBibliothek

Erschienen bei FISCHER Taschenbuch
Frankfurt am Main, April 2014

© S. Fischer Verlag GmbH, Frankfurt am Main 2014
Umschlaggestaltung: bilekjaeger, Stuttgart
Umschlagabbildung: JiSIGN – Fotolia.com
Satz: pagina GmbH, Tübingen
Druck und Bindung: Kösel, Altusried-Krugzell
Printed in Germany
ISBN 978-3-596-51314-7

Inhalt

Servus!

Sind Sie vielleicht auch einer der mehr als elf Millionen Deutschen oder fast zwei Millionen Schweizer, die letztes Jahr Ferien in Österreich gemacht haben? Wenn Ihr Interesse geweckt ist, dann dürfte Ihnen dieses Büchlein noch jede Menge Aha-Erlebnisse bescheren. Sollte Österreich für Sie völliges Neuland sein, dann erst recht!

Das Bändchen richtet sich auch an jene, die es aus beruflichen Gründen oder zum Studium für längere Zeit zu unseren Nachbarn verschlägt. Deutsche bilden die größte Einwanderergruppe in Österreich. Gab es vor zehn Jahren gerade mal 75 000 deutsche Immigranten, so sind es jetzt knapp 158 000. Nicht mitgerechnet die mehr als 27 000 deutschen Studierenden an österreichischen Hochschulen.

Wen wundert's … Schließlich haben unsere oft belächelten Nachbarn ja auch so manches zu bieten: extravagante Geographie, reizvolle Landschaft, leibliche Genüsse erster Güte, geschichtsträchtige Stätten und Städte – allen voran den kulturstrotzenden »Wasserkopf« Wien.

Ich hoffe, Ihnen macht das Stöbern und Entdecken ebenso viel Spaß wie mir das Sammeln und Schreiben von »Österreich für die Hosentasche«. Mein Dank gilt vor allem meiner Frau Eva, die meine Einsilbigkeit ertragen und mir überdies mit Rat, Recherche und Korrektur beigestanden hat. Meiner Schwester Susanne Glauber danke ich für ihre konstruktive Kritik und akribischen Korrekturen.

Eine vergnügliche Lektüre wünscht
Ulrich Glauber

»I am from Austria«

Weitgereisten Österreichern passiert das in Übersee
häufig: Auf die Selbstauskunft »I am from Austria«
reagiert das Gegenüber mit einem wissenden Lächeln
und schwärmt vom menschenleeren Outback und von
pazifischen Stränden. Alles klar: Hier hat mal wieder
jemand »Austria« mit »Australia« verwechselt. Fern
der Heimat werden die Ösis so oft für Aussis gehalten, dass sie ihr Schicksal, in einem unbedeutenden
Kleinstaat zu leben, mittlerweile nur noch mit einem
resignativen Schmunzeln quittieren. Ist schließlich
immer noch besser, als im Ausland für einen Deutschen gehalten zu werden.

Aber ein kleiner Stachel piekt da doch. Immerhin
war Wien – das ist beim Anblick der Hofburg kaum
zu übersehen – einst Hauptstadt einer Großmacht.
Anderthalb Jahrhunderte Nationalismus haben der
österreichisch-ungarischen Doppelmonarchie allerdings überhaupt nicht gutgetan. »Strandgut nach
einem großen Schiffbruch« hat der Sozialdemokrat
Karl Renner (1870–1950) genannt, was nach dem ver-
heerenden Ersten Weltkrieg und dem Zerplatzen des

Vielvölkerstaates von Österreich übrig blieb (siehe Seite 295). Dass der in Mähren geborene Politiker von 1918 bis 1920 als Staatskanzler die Entstehung der Ersten Republik maßgeblich mit beeinflusste und von 1945 bis 1950 Präsident der Zweiten Republik wurde, sagt einiges über die allmähliche Emanzipation unserer Nachbarn von ihren Gründungskomplexen aus.

Viel Zeit hat die Weltgeschichte zur Bildung einer neuen Identität den Österreichern in den ersten Jahrzehnten nicht gelassen. Dem Bürgerkrieg von 1934 folgte der austrofaschistische Ständestaat. Schon vier Jahre später wurde mit dem Einmarsch deutscher Truppen der »Anschluss« an Nazi-Deutschland vollzogen. Ausgerechnet der zeitweise in einem Wiener Männerwohnheim beheimatete Oberösterreicher *Adolf Hitler* (1889–1945) nahm dem Land die Autonomie – ein Gewaltakt, der von vielen Österreichern bejubelt, von anderen mit Tod und KZ-Haft bezahlt wurde.

Die Entweder-und-oder-Gesellschaft

Basisdaten Österreich	
Bevölkerung	8,42 Millionen Menschen
Fläche	83 879 km²

Basisdaten Österreich	
Bevölkerung pro Quadratkilometer	101 Bewohner
Bevölkerungsreichste Region	Bundesland Wien (1,7 Millionen Einwohner)
Lebenserwartung Neugeborene 2011	Frauen: 83,3 Jahre Männer: 78,3 Jahre
Geburtenziffer	1,4
Bevölkerung über 65 Jahre	18,1 Prozent
Ausländeranteil	11,9 Prozent
BIP pro Kopf 2011 nach Kaufkraftstandards (EU 27=100)	131 (Zum Vergleich: Deutschland = 122; Schweiz = 160)
Netto-Einkommen 2012	26378 € (Zum Vergleich: Deutschland = 26791 €; Schweiz = 38310 €)
Arbeitslosenrate September 2013	4,9 %
Alleinerziehende	12,2 Prozent

Nach dem Zweiten Weltkrieg dann erlebte Österreich ein rasantes Wirtschaftswunder, das dem deutschen in nichts nachstand. Erst dieser Erfolg verhalf Herrn und Frau Österreicher allmählich zu nationalem Selbstbewusstsein. Wichtiges Fundament des Wohlstands zwischen Neusiedler See im Osten und Bodensee im

Westen: die spezifische Strategie der Konfliktvermeidung durch rot-schwarzen Politikproporz und die berühmt-berüchtigte *Sozialpartnerschaft*. Im österreichischen Parlament wird seit Jahrzehnten so gut wie nichts beschlossen, was nicht zuvor von Unternehmerorganisationen, Arbeitnehmervertretern und Landwirtschaftsfunktionären hinter verschlossenen Türen ausgekungelt wurde. (Siehe Seite 184).

Dass da Transparenz und demokratische Teilhabe auf der Strecke bleiben, versteht sich. Herr und Frau Österreicher haben ohnehin eine Mentalität kultiviert, die ihnen auch schon während der Donaumonarchie das Leben mit der Macht erleichtert hat: die Fähigkeit zum augenzwinkernden Kompromiss, der Ungerades gern mal gerade sein lässt. Eine »Entweder-und-oder-Republik« nennt der Publizist *Robert Menasse* (* 1954) sein Land.

Regeln sind da, um sie zu ignorieren

Im Alltag schlägt sich die eingewurzelte Doppelmoral unter anderem in der Neigung nieder, Regeln zu erfinden, um sie nicht einzuhalten. So gibt es in den österreichischen Städten zwar unzählige Kästchen mit Plastikbeuteln, um die Hinterlassenschaften der zahlreichen Hunde wegräumen zu können. (Siehe Seite 192) Das Gebot, die »Hundstrümmerl« (Hundehaufen) zu beseitigen, wird dennoch nicht eingehalten. Trotz größter Bemühungen der *Magistratsabteilung M48* – kurz: die 48er – wirken die Wiener Außenbezirke zuweilen wie ein einziges großes Hundeklo.

Auch versteht es ein österreichischer Polizist – hierzulande Kiberer genannt – nicht wirklich als seine Aufgabe, einen Autofahrer wegen Mobiltelefonierens während der Fahrt zu belangen. Das ist natürlich auch in Österreich bei Strafe verboten. Etwas anders sieht es aus, wenn ein Fußgänger es wagt, bei Rot die Straße zu überqueren. Der arme Sünder wird schon mal vom Uniformierten grob am Arm gepackt und zurückgehalten, vor allem wenn es sich bei dem Übeltäter offensichtlich um einen »Tschusch«, also Arbeitsimmigranten, handelt … (siehe Seite 59)

Intellektuelle unter Nestbeschmutzer-Verdacht

Intellektuelle und Künstler belegen ihre Landsleute zuweilen mit einer Häme, die an Verzweiflung grenzt: »Wie schön wäre Wien ohne Wiener«, komponierte der aus dem New Yorker Exil zurückgekehrte jüdische Kabarettist *Georg Kreisler* (1922–2011) Mitte der 1960er Jahre. Und der Wiener Philosoph *Rudolf Burger* (* 1938) ätzte in den 1990er Jahren mit Blick auf den

Jugoslawien-Konflikt: »Österreich ist ein kleines, fettes Land mit kleinen, fetten Leuten, die gern andere in den Krieg schicken.« Als übergewichtige Trachtenträger und lüsterne Kleriker, so sieht der niederösterreichische Karikaturist *Manfred Deix* (* 1949) seine Landsleute (siehe auch Seite 288).

Die Mehrheit der österreichischen Bevölkerung aber ficht solch satirische Kritik nicht an. Viele sehen darin höchstens eine unschöne Form der Nestbeschmutzung. Vor fünfzig Jahren wäre das anders gewesen; damals, so die Demoskopen, war der gemeine Österreicher noch sehr verunsichert, wenn er zu seiner nationalen Identität befragt wurde. Inzwischen jedoch sind vier Fünftel der Österreicher stolz auf ihre *Insel der Seligen* (siehe auch Seite 184), wie sie ihr Land nicht ohne Selbstironie ab und zu bezeichnen.

Von »Strandgut« jedenfalls ist heute nicht mehr die Rede. Da werden schon mal die Feuerzeuge gezückt und die Augen feucht, wenn der mediale Tausendsassa Rainhard Fendrich seinen Song *I am from Austria* anstimmt …

> Do kann i moch'n wos i wül
> Do bin i Herr do kea i hin
> Do schmützt des Eis von meiner Sö
> Wia von am Gletscher im April

A wenn ma's schon vergessn ham'
I bin dei Apfel du mei Stamm.
So wia dei Wasser talwärts rinnt
unwiderstehlich und so hell
Fast wia die Tränen von am Kind
wird a mei Bluat auf amoi schö
Sog i am Mensch der Welt voi Stolz
und wann ihr woits a ganz allan
I am from Austria
I am from Austria
(…)

Ersatz für deutsche Diebesbeute

Mit den heimlichen und echten Nationalhymnen
ist das in Österreich eh so eine Sache: Haben doch
die Deutschen glatt jene Melodie, die *Joseph Haydn*
(1732–1809) auf den Text »Gott erhalte Franz den Kaiser« komponiert hatte, einfach geklaut und mit dem
Text des Dichters August Heinrich Hoffmann von
Fallersleben zu ihrer Nationalhymne erkoren. Aber
so recht wollten die Österreicher »ihre« Haydn-Hym-
ne auch gar nicht mehr haben nach der NS-Zeit. Als
Ersatz dient seit 1946 jene Melodie, die – natürlich –
zunächst dem Salzburger Genie *Wolfgang Amadeus
Mozart* (1756–1791) zugeschrieben wurde (siehe auch
Seite 244). Inzwischen hat sich aber herausgestellt, dass

die Musik zur heutigen »Bundeshymne der Republik Österreich« offenbar von *Johann Baptist Holzer* (1753–1818), einem Freimaurer-Bruder Mozarts, komponiert wurde.

Ein Text war schwieriger zu finden: Nachdem ein Preisausschreiben nichts Passendes »ausgespuckt« hatte, wurde das Gedicht »Land der Berge, Land am Strome« von *Paula von Preradović* (1887–1951) in einer mit der Schriftstellerin abgestimmten Fassung auserwählt. So wurde »Heimat bist du großer Söhne« zum Jahresbeginn 2012 durch »Heimat großer Töchter und Söhne« ersetzt. Und so lautet sie nun, der *Bundeshymne* erste Strophe:

> Land der Berge, Land am Strome,
> Land der Äcker, Land der Dome,
> Land der Hämmer, zukunftsreich!
> Heimat großer Töchter und Söhne,
> Volk, begnadet für das Schöne,
> Vielgerühmtes Österreich.
> Vielgerühmtes Österreich.

Die Hofräterepublik

Wer auf dem Parkett der österreichischen Etikette keinen Bauchklatscher hinlegen will, sollte sich mit einem unbedingt auskennen: mit Titeln.

Adelsprädikate sind in Österreich zwar verboten. Doch das macht nichts. Jedes österreichische Kind weiß, aus welchen zutiefst blaublütigen Familien Frau *Eszterházy* mit dem Schloss in Eisenstadt (Kismarton), Herr *Waldstein* (bei Schiller: *Wallenstein*) und das Ehepaar *Lobkowicz* stammen. Oder auch Herr *Hans-Adam Liechtenstein* (* 1945), der nicht nur eine Burg im gleichnamigen Fürstentum, sondern auch ein beeindruckendes Palais im 9. Wiener Gemeindebezirk sein Eigen nennt.

Im Gegensatz zu den Adelsbezeichnungen hat der Titel *Hofrat (HR)* allerdings das Ende der Monarchie überlebt. Er wird – bei Bedarf auch in weiblicher Form – langgedienten Bundes- und Landesbediensteten der höheren Laufbahn vom Bundespräsidenten verliehen. Menschen mit Verdiensten um die Wirtschaft werden *Kommerzialrätin/-rat* (*KmzlR, KommR, KomR* oder nur *KR*). Angehörige landwirtschaftlicher Berufe können als *ÖkR (Ökonomierätin/-rat)* geehrt werden. Menschen aus Medizinberufen dürfen auf die Ehrenbezeichnung *Medizinalrätin/-rat* oder gar *Obermedizinalrätin/-rat (MedR/OMedR, selten MR/OMR)* hoffen. Musikerinnen und Musikern wiederum steht bei besonderen Verdiensten um das Vaterland der Titel *Kammersängerin* respektive *Kammersänger* zu. Auch ein Prof. *Udo Jürgens* (* 1934) oder Prof. *Karl Moik* (* 1938) kann bei der Ehrungsorgie herauskommen.

Bis zur Gleichschaltung universitärer Studiengänge kamen zu den Ehrentiteln noch diverse Magister-Abschlüsse, die sich bis heute in der Anrede *Herr Magister / Frau Magistra* und auf Visitenkarten als *Mag.* wiederfinden. In technischen Berufen herrschen *Frau Ingenieur / Herr Ingenieur (Ing.)* vor. Und die *Frau Doktor* (gern auch für die Doktorengattin gewählt) nebst *Herrn Doktor* ist ja eh weltbekannt. Das Lehrpersonal an Gymnasien führt übrigens die Berufsbezeichnung *Professorin/Professor*, während es für die Lehrenden an Universitäten zur exakten Unterscheidung die Bezeichnung *Universitätsprofessorin/-professor (Univ.Prof.)* gibt.

Die korrekte Anrede der Räte ist derart kompliziert, dass man sich dafür Rat holen sollte – und sei es nur bei *Wikipedia (Stichwort Berufstitel)*: »Die Verwendung des Familiennamens zum Titel (›Guten Morgen, Herr Hofrat Mayer!‹) ist in der persönlichen Anrede in Österreich sehr unüblich und kann leicht als Affront aufgefasst werden, es sei denn, dass mehrere gleich ›betitelte‹ Personen anwesend sind und es daher zur Unterscheidung notwendig ist. Die Begrüßung eines Hofrates hat sich vielmehr auf ein schlichtes ›Guten Morgen, Herr Hofrat!‹ zu beschränken.«

Auch die korrekte Anschrift auf einem Brief an einen österreichischen Adressaten birgt Fallen. Auch hier hilft *Wikipedia* weiter, in diesem Fall mit einem Beispiel: »Dem Direktor eines Klostergymnasiums (in Österreich meist als ›Stiftsgymnasium‹ bezeichnet), Pater Benedikt X., Dr. phil., wird der Berufstitel ›Hofrat‹ verliehen. Korrekte Titulatur in einer Briefanschrift wäre: ›Hwd. Herrn Direktor Hofrat P. Dr. X.‹. In der Anrede wäre ›(Hochwürdiger) Herr Hofrat!‹ durchaus gebräuchlich.«

Spieglein, Spieglein an der Wand: Fremd- und Selbstbild

Das *Reputation Institute* an der *University of Chicago* ermittelt jedes Jahr, welches Image die einzelnen Nationen im Rest der Welt haben. Die *Country RepTrak-Studie* bewertet insgesamt fünfzig Länder im Hinblick auf vier Reputationselemente: Vertrauen, Bewunderung, Respekt, Affinität. Diese setzen sich wiederum aus 16 Attributen zusammen, zum Beispiel Lebensqualität, Geschäftsumfeld und landschaftliche Schönheit.

Ergebnis des Image-Rankings 2013:

1. Kanada
2. Schweden
3. Schweiz
4. Australien
5. Norwegen
6. Dänemark
7. Neuseeland
8. Finnland
9. Niederlande
10. Österreich
11. Deutschland

Doch alles hat seine zwei Seiten – auch eine gute Reputation: So gab es da zum Beispiel diesen italienischen Bankräuber, der seine Überfälle bevorzugt in Österreich verübte. »Ich mag die Küche hier sehr und habe Arbeit mit Hobby verbinden können«, gestand Pino vor knapp fünfzehn Jahren und offenbarte seine Vorliebe für österreichische Schmankerl. Österreich sei zudem ein »irrsinnig sympathisches Land«.

Stolz und Wohlfühlfaktor

Und darauf sind die Österreicher selbst stolz (oder auch nicht so stolz):

... dass es in ihrem Land keine Atomkraftwerke gibt: 88 Prozent

... auf die österreichische Küche: 68 Prozent

... auf die hohe Lebensqualität: 66 Prozent

... auf Tradition und Brauchtum: 55 Prozent

... auf die kulturellen Leistungen des Landes (Festspiele/Konzerte): 53 Prozent

... auf Sehenswürdigkeiten und Spezialitäten: 51 Prozent

... auf ihre Hilfsbereitschaft bei Katastrophen: 51 Prozent

... auf die Umweltqualität: 51 Prozent

... auf ihre Neutralität: 46 Prozent

… auf ihre sportlichen Leistungen, wirtschaftliche Leistungsfähigkeit und die hohe Sicherheit: 41
… auf ihre Ausländerfreundlichkeit: 6 Prozent
… auf die Rolle Österreichs in der EU: 5 Prozent
… auf das Ansehen der Politiker im Ausland: 4 Prozent

Wie wohl fühlen sich die Österreicher?	
Land	Rang
Australien	1
Schweden	2
Kanada	3
Norwegen	4
Schweiz	5
USA	6
Dänemark	7
Niederlande	8
Island	9
Großbritannien	10
Neuseeland	11
Finnland	12
Österreich	13
Deutschland	17

Bei der Untersuchung wurden elf lebensbestimmende Faktoren herangezogen, unter anderem Arbeitsplätze, Sicherheit, Wohnsituation, Einkommen, Umwelt, Bildung, Gesundheit, Lebenszufriedenheit.

Wien rangierte in einer im Dezember 2012 veröffentlichten Untersuchung der Unternehmensberatung *Mercer* im Jahr 2012 unter 221 Städten als Metropole mit der höchsten Lebensqualität auf Platz 1 – wie auch schon in den Jahren zuvor. Bei den Lebenshaltungskosten liegt die österreichische Hauptstadt laut derselben Quelle unter 214 untersuchten Metropolen nur auf Platz 48.

Vergleich der Lebensqualität:

1. Wien
2. Zürich
3. Auckland
4. München
5. Vancouver
6. Düsseldorf
7. Frankfurt am Main
8. Genf
9. Kopenhagen
10. Bern

Nomen est omen:
Auch Osmanen mischten mit

Österreich wird – außer im deutschsprachigen Raum – so ziemlich überall auf der Welt mit einer Abwandlung des lateinischen *Austria* bezeichnet. Schuld daran ist die Herrscherdynastie der *Habsburger* (die übrigens von der Habsburg im heutigen Schweizer

Kanton Aargau stammte): Sie nannte sich in Wien seit dem 15. Jahrhundert *Casa Austria* (Haus Österreich).

Interessanter ist, wie die Hauptstadt Österreichs in den Nachbarländern genannt wird:
Slowenisch *Dunaj* (abgeleitet von der Bezeichnung für Donau)
Ungarisch *Bécs* (Béetsch)
Kroatisch *Beč* (Béetsch)
Serbisch *Беч* (Béetsch)
(Kommt alles aus der osmanischen Amtssprache, in der modernen Türkei spricht man heute von »Viyana«.)
Slowakisch *Viedeň* (Wijedenj)
Tschechisch *Vídeň* (Wiedenj)
Oder darf es noch ein bisschen exotischer sein?
Russisch *Веʼна* (Wjena)
Japanisch ウィーンの (Wiin)
Chinesisch 维也纳 (Wéiyěnà)

Ein Durchschnittstag in Österreich

Laut *Statistik Austria* stehen die Österreicher recht früh auf: An Werktagen um 6.30 Uhr ist laut Zeitverwendungsstatistik schon über die Hälfte der Menschen (ab zehn Jahren) wach – nach rund 8 ¼ Stunden Schlaf. Der Tag beginnt mit der persönlichen Körperpflege, für die insgesamt 47 Minuten aufgewendet werden. Etwa 21 Prozent der Österreicher lesen Zeitung, natürlich nicht nur, aber am liebsten morgens … Erwerbstätige gehen im Schnitt acht Stunden ihren beruflichen Aktivitäten nach, Männer etwas länger als Frauen. Und auch bei Schülerinnen und Schülern sowie Studierenden beanspruchen Schule und Studium während der Woche etwa acht Stunden täglich.

21 Minuten verbringen Frau und Herr Österreicher mit Einkaufen, meist am Vormittag oder in den Nachmittagsstunden. Für das Zubereiten von Mahlzeiten werden 32 Minuten benötigt und für das Essen selbst im Schnitt 1 Stunde und 16 Minuten. Eine knappe halbe Stunde wiederum dauert das tägliche Wohnungsreinemachen. Und mit knapp zwei Stunden wird ein großer Teil der täglichen Freizeit vor dem Fernseher verbracht – vorwiegend abends. Die meisten Österreicher – rund 46 Prozent – schauen um 20.45 Uhr fern. Doch schon um 22.30 Uhr ist die Mehrheit bereits zu Bett gegangen – und um Mitternacht sind nur noch höchstens zehn Prozent wach.

Wie gut, dass es das Wochenende gibt, bietet es doch mehr Zeit für Erholung und Entspannung. Auch in Österreich werden Samstag und Sonntag zum Ausschlafen genutzt: Die durchschnittliche Schlafdauer steigt dann auf fast neun Stunden. Und während werktags nur 57 Minuten in die Pflege von sozialen Kontakten investiert werden, sind es am Wochenende rund anderthalb Stunden. Freizeitaktivitäten gehen Herr und Frau Österreicher an Feiertagen 4 Stunden und 50 Minuten nach (werktags 3 Stunden und 19 Minuten).

»Verfreundete Nachbarn«

»Wir haben das Kunststück vollbracht, Hitler zu einem Deutschen und Beethoven zu einem Österreicher zu machen«, feixt man in Wien. Ein Ausspruch, der übrigens dem in einer jüdischen Wiener Familie geborenen US-Regisseur *Billy Wilder* (1906–2002) zugeschrieben wird. Die Deutschen machen sich umgekehrt wenig Gedanken, sie vereinnahmen einfach. Als das *Zweite Deutsche Fernsehen (ZDF)* vor zehn Jahren quotenwirksam den »Größten Deutschen« suchte, stand auch ein gewisser *Wolfgang Amadeus Mozart* (1756–1791) aus Salzburg zur Wahl. Da war in Österreich aber was los – zumal das ZDF gleich auch noch den Begründer der Psychoanalyse, *Sigmund Freud* (geboren in Mähren, gelebt in Wien, gestorben im Londoner Exil), den Komponisten *Joseph Haydn* (1732–1809) aus Rohrau (früher Ungarn, heute Burgenland) und den Dichter *Rainer Maria Rilke* (1875–1926), geboren in Prag unter Habsburgerherrschaft, auf die Walhall-Liste gesetzt hatte.

Wilder-Zitat und TV-Anekdote beleuchten das bisweilen etwas komplizierte Verhältnis der beiden

Nachbarländer. »Verfreundete Nachbarn« nannte die inwischen pensionierte österreichische Diplomatin Gabriele Holzner ihr Buch über die gegenseitigen Beziehungen. Die Formulierung des Kärntner Schriftstellers Thomas Puch, der damit ursprünglich die ambivalenten Beziehungen in der Wiener Gesellschaft beschrieben hatte, trifft es ganz gut. Seit der verlorenen *Schlacht bei Königgrätz* (heute Hradec Králové in Tschechien) im Jahr 1866 starrten die Österreicher wie das Kaninchen vor der Schlange auf das erstarkende Preußen, das nun seit knapp 150 Jahren Deutschland heißt. Sie mussten zusehen, wie ihr Land von einer Großmacht zum europäischen Kleinstaat mutierte. Dabei waren die Habsburger seit 1438 im Nebenjob ununterbrochen Kaiser des Heiligen Römischen Reiches Deutscher Nation, was in Deutschland gerne übersehen wird. Erst 1806 musste *Franz II.* (1768–1835) den Titel abgeben, weil Napoleon gerade die europäische Feudalordnung ein wenig auf den Kopf stellte.

Effektivität versus Müßiggang

Die Unterschiede zwischen den beiden Nachbarn werden für gewöhnlich so beschrieben: deutsche Gradlinigkeit, Effektivität, Sturheit und Rechthaberei auf der einen und österreichische Genussliebe, Muße-

und Musenfreudigkeit, Schlamperei und Wurstigkeit auf der anderen Seite. Anders gesagt: Betriebskantine versus Kaffeehaus. Allerdings ist es für den gemeinen Deutschen auch wirklich schwierig, dem gelernten Österreicher tief ins Herz zu schauen, denn der wird ihm nie offen die Meinung geigen und schon überhaupt nicht unverblümt seine Abneigung zeigen. Selbst im äußersten Zorn käme dem Austriaken höchstens ein »Du Piefke!« über die Lippen (siehe Seite 32). Doch zu derartigen Gefühlsausbrüchen gegenüber ihren Nachbarn lassen sich Herr Hofrat und Frau Doktor nur in den seltensten Grenzsituationen hinreißen – teils aus charakterlichen Gründen, teils aus kommerziellen Erwägungen. Insofern sind Aussprüche wie die des Fußballstars Hans Krankl »Wenn i an Deitschen seh', werd' i zum Rasenmäher« absolute Ausnahmen.

Die mentalen Unterschiede hat die seit zehn Jahren in Berlin lebende Wiener Publizistin *Eva Menasse* (* 1970) wunderbar zusammengefasst: An ihrem Gastland lobt sie die Offenheit und Zuverlässigkeit der Menschen, stößt sich aber an deren Oberlehrerhaftigkeit und Superkorrektheit. »Wenn die Deutschen freundlich sind, meinen sie es so. (…) Wenn sie etwas für unmöglich erklären, wird man es von ihnen nicht bekommen. In Österreich ist all das gerade umgekehrt. (…)

Das Beste an den Österreichern ist zweifellos ihr Humor, den sie auf vielen Gebieten beweisen.« Eva Menasse preist die österreichische Fähigkeit zu ironischer Brechung und Distanzierung von Prinzipienreiterei, sieht darin aber auch einen Schutzschild gegenüber der misstrauisch beäugten Umwelt. Der Österreicher habe ein hochkompliziertes System aus Wendungen, Andeutungen und Phrasen entwickelt, die die nötigen Grauzonen und Nebelfelder erzeugen, sagt die gebürtige Wienerin.

Dahinter verbirgt sich für den unbedarften Deutschen eine ernste Warnung vor allzu naivem Umgang mit österreichischen Nettigkeiten. »Für das körperlose Quälen seiner Mitmenschen kennt der Österreicher fast so viele Vokabeln wie der Eskimo für den Schnee: sekkieren, busserieren, häkeln, papierln, tratzen, abschasseln usw.« Dies alles müsse man nur mit einer Miene tun, die »schaasfreundlich« ist. Da ein »Schaas« ein Pups ist, handele es sich also um eine Freundlichkeit mit Hautgout …

Verstehen ist nicht gleich verstehen: Erfahrungen deutscher Zuwanderer

Zugereiste Deutsche bestätigen das Menasse'sche Verdikt – wenn auch etwas abgemildert. Der Immobilienmanager *Christoph Stoll* berichtet in der *Frankfurter Allgemeinen Zeitung*: »Nach einer gewissen Begutachtungsphase wurde ich warmherzig empfangen sowohl von meinen unmittelbaren Kollegen des Teams und auch von Geschäftspartnern.« Allerdings werden, so die Erfahrungen des gebürtigen Ulmers, Termine nicht so rigide eingehalten, diesbezüglich seien die Österreicher flexibler. Zudem brauche man mehr Zeit für Vorbesprechungen.

Unterschiede hat auch *Dirk Weber* wahrgenommen: Der Aufstieg in eine attraktive Position sei ihm in Wien schneller gelungen als den meisten zu Hause gebliebenen Studienkollegen, so der aus Karlsruhe zugereiste Firmenjurist. Aber: »Es gibt schon große Mentalitätsunterschiede«, erzählte er der *Süddeutschen Zeitung*. »In Deutschland ist man distanzierter, Freundlichkeit ist deutlicher mit Sympathie verbunden.« In Österreich würden »die Dinge vager gehalten, und Abmachungen sind manchmal nicht so verlässlich. Dafür gibt es aber auch ein größeres Entgegenkommen, wenn Veränderungen oder Verschiebungen nötig sind.«

»Für die Österreicher ist Deutschland ein hochgradig respektierter, großer Nachbar, der einem aber mit seiner Humorlosigkeit, seiner Pedanterie, seiner zwanghaften Pünktlichkeit und dieser Besserwisserei gehörig auf die Nerven gehen kann. Außerdem können die Deutschen alle nicht vernünftig tanzen. Man hat eine gewisse Abscheu vor diesem Piefke«, ist das Resümee von *Matthias Hartmann* (* 1963). Der gebürtige Osnabrücker leitet seit 2009 das Wiener Burgtheater. »Ich glaube, dass die österreichische und die deutsche Lebenskultur sich grundsätzlich voneinander unterscheiden. Dass man sich gegenseitig auf der Straße nach dem Weg fragen kann, heißt nicht, dass man sich untereinander wirklich versteht«, fasst der Theatermann in *Spiegel Online* zusammen.

Nüchtern betrachtet: Liebe?

Demoskopen können die Nuancen des Fremdelns, der Vorbehalte und der Ressentiments nicht messen – und kommen zu entsprechenden Ergebnissen. »Anzeichen von tiefempfundener Abneigung zwischen Österreichern und Deutschen sind statistisch kaum wahrnehmbar«, schloss Andreas Kirschhofer vom *Imas-Institut* aus den Resultaten einer Meinungsumfrage von 2012.

So könne sich jeder Dritte, vor allem Angehörige sozial höherer Schichten, vorstellen, im jeweiligen Nachbarland zu arbeiten. Selbst- und Fremdwahrnehmung sind allerdings sehr unterschiedlich: Die

Deutschen schätzen sich selbst (respektive ihr Land) zum Beispiel als wirtschaftlich stark ein, während sie Österreich nur als das Land der schönen Landschaft, des guten Essens und der Lebensfreude ansehen. Auch die Österreicher bewundern an Deutschland die wirtschaftliche Potenz und schätzen sich selbst diesbezüglich eher schwach ein – wiewohl sich der Österreicher durchaus ein hohes Maß an Fleiß und Leistungsbereitschaft attestiert.

Warum eigentlich »Piefke«?

Mit »Piefke« werden in Österreich die Leute aus »Piefkinesien«, sprich Deutschland, bezeichnet. Dabei handelt es sich um das wenig schmeichelhafte Pendant zum »Ösi«. Eigentlich sind mit »Piefke« die Norddeutschen, historisch gesehen die Preußen gemeint. Superkorrekte, schneidige und derb-laute Leute. Reales Vorbild ist der preußische Offizier und Militärmusiker *Johann Gottfried Piefke* (1815–1884). Der soll 1864 mit seinem tollkühnen Enthusiasmus bei der Erstürmung der Düppeler Schanzen einen derart nachhaltigen Eindruck auf die verbündeten Österreicher gemacht haben, dass sein Name sprichwörtlich wurde. »Scheipi« ist übrigens die verkürzte Form von »Scheiß Piefkes!«, womit die einheimischen Maturanten die Studierenden aus Deutschland titulieren, weil diese ihnen angeblich Studienplätze wegnehmen (siehe auch Seite 215).

Anmerkung: Selten nennen unsere Nachbarn uns Deutsche auch *Marmeladinger*. Der Spott hat seinen Ursprung angeblich darin, dass die Deutschen gegen Ende des Ersten Weltkriegs statt Butter oder Schmalz nur noch Marmelade aufs Brot schmieren konnten.

Eine Nestbeschmutzung

Anfang der 1990er Jahre flimmerte die Satireserie *Die Piefke-Saga* über Österreichs Bildschirme und erzielte traumhafte Einschaltquoten. Die Koproduktion von *Österreichischem Rundfunk (ORF)* und *Norddeutschem Rundfunk (NDR)* karikiert die Irrungen und Wirrungen zwischen der Familie eines sturen, weitgehend humorfreien Berliner Konzernchefs auf Urlaub in Tirol und ihren einheimischen Gastgebern, die aus Geldgier Sympathie für ihre teutonischen Gäste vortäuschen.

Das ging den österreichischen Tourismusmanagern ziemlich gegen den Strich: »Netzbeschmutzung« warfen die Verkäufer Tiroler Urlaubsglücks dem Autor *Felix Mitterer* (* 1948) vor. Und österreichische Politiker entschuldigten sich in aller Form bei den Deutschen für die Darstellung als »Piefke«.

Die Nervosität bei den Touristikern ist verständlich, waren doch die satten Zuwachsraten auf dem Tourismussektor – vor allem in den einst bettelarmen Bergregionen – der Grundpfeiler des österreichischen Wirtschaftswunders. Inzwischen liegt die Sparte Tourismus und Freizeitwirtschaft an letzter Stelle bei der Wertschöpfung (knapp sieben Milliarden Euro) – hinter Industrie (rund 38 Milliarden Euro), Gewerbe und Handwerk (gut 27 Milliarden Euro), Handel (25,5 Milliarden Euro), Banken und Versicherungen, Information und Consulting (17 Milliarden Euro) sowie Transport und Verkehr (knapp 13 Milliarden Euro).

Klischee oder nicht Klischee?

Und da wir nun schon mal dabei sind, über Selbstbild und Fremdwahrnehmung zu tratschen, hier nun auch die gängigsten Klischees:

Der Deutsche hält den Österreicher für …

… altmodisch	… charmant
… autoritätsgläubig	… fremdenfeindlich

... freundlich
... gelassen
... einen Genussmen-
  schen
... larmoyant
... einen Lebenskünstler
... makaber
... missgünstig

... musisch
... provinziell
... einen Querulanten
... schlampig
... titelsüchtig
... überempfindlich
... unzuverlässig
... weitschweifig

Und der Österreicher hält den Deutschen für ...

... asketisch
... derb
... direkt
... effizient
... engstirnig
... (leicht) erregbar
... humorlos
... kurz angebunden
... laut
... modernistisch
... oberlehrerhaft

... ordentlich
... pedantisch
... einen Perfektionisten
... einen Prinzipienreiter
... präpotent (siehe S. 51)
... schneidig
... selbstbewusst
... tüchtig
... einen Weltverbesserer
... zielstrebig
... zuverlässig

Das können Deutsche von Österreichern lernen

– Arbeiten, um zu leben
– Fünfe grade sein lassen

- Bälle ausrichten (nein, nicht auf dem Golfplatz, sondern im Festsaal)
- Kaffee kochen
- Kochen
- Kultur finanzieren
- Leben und leben lassen
- Militärische Neutralität
- Reden mit »die Leit'«
- Ski fahren
- Die Überzeugung: Small is beautiful!
- Straßen instand halten
- Traditionsbewusstsein
- Unternehmen managen

Das können Österreicher von Deutschen lernen

- Alte Zöpfe abschneiden
- Bier brauen
- Entscheidungsfreude
- Experimentierfreudigkeit
- Fußball spielen
- Geradlinigkeit
- International Position beziehen
- Konfliktfähigkeit
- Multikulti leben
- Offen die Meinung sagen
- Prinzipienfestigkeit

- Straßenkarneval feiern
- Unverfälschte Herzlichkeit
- Wechselnde Koalitionen bilden
- Weltoffenheit
- Zum Punkt kommen

Wenn der Ben mit der Sarah
Pas de deux der Namen

Die zehn häufigsten Mädchennamen 2012		
	Österreich	Deutschland
1.	Anna	Mia
2.	Hannah	Emma
3.	Lena	Hanna(h)
4.	Sarah	Lea(h)
5.	Sophie	Sofia/Sophia
6.	Emma	Anna
7.	Julia	Lena
8.	Marie	Leonie
9.	Leonie	Lina
10.	Laura	Marie

Die zehn häufigsten Knabennamen 2012		
	Österreich	Deutschland
1.	Lukas	Ben
2.	Tobias	Luca/Luka
3.	Maximilian	Paul
4.	Luca	Lucas/Lukas
5.	David	Finn/Fynn
6.	Jakob	Jonas
7.	Felix	Leon
8.	Elias	Luis/Louis
9.	Jonas	Maximilian
10.	Paul	Felix

Prominente Deutsche in Österreich

Deutschland hat Österreich sogar einen Monarchen geschickt, wenn auch keinen echten. »Kaiser« *Franz Beckenbauer* (* 1945) ist wohl der prominenteste deutsche Emigrant, der seinen ersten Wohnsitz in die Nähe von Kitzbühel nach Tirol verlegt hat. Dass sich gerade in Tirol, aber auch in Vorarlberg die deutschen Zuwanderer häufen, liegt zweifellos am österreichischen Steuersystem. Es bietet – unter anderem dank seines Abgaben schonenden Stiftungsrechts – insbesondere für Millionäre ein angenehmes Finanzmilieu. Das wusste auch der ehemals reichste Deutsche *Friedrich Karl Flick* (1927–2006), der bis zu seinem Tod in einem Anwesen am Kärntner Wörthersee das Luxusleben eines Privatiers mit Milliardenvermögen pflegte.

Ansonsten stechen die Namen von Deutschen vor allem im österreichischen Kultur- und Mediensektor hervor. Die schillerndste Figur darunter ist neben dem in Lüneburg aufgewachsenen Zeichner und Karikaturisten *Tex Rubinowitz* (* 1961)(siehe auch Seite 288) wohl der Kabarettist und Rundfunkmoderator *Dirk Stermann* (* 1965). Der Duisburger Stermann ist einer der hängengebliebenen Studenten – allerdings ein sehr früher. Mit einem Studium der Theaterwissenschaften (und Geschichte) in Wien umging Stermann den deutschen Numerus clausus, brach dann ab und bildete mit dem Salzburger Kollegen *Christoph Grissemann* (* 1966) das Duo *Stermann & Grissemann* (siehe auch Seite 215), das seit 1991 die österreichische Satireszene aufmischt.

Nachdem der kantige *Claus Peymann* (* 1937) den Intendantenthron des *Wiener Burgtheaters* 1999 verlassen hat, leitet nun abermals ein Deutscher das renommierte Haus: *Matthias Hartmann* (* 1963) bringt seine Zeit als »Burg«-Herr allerdings weit geräuschloser über die Bühne als sein provokanter Vorvorgänger.

Wenige Schritte von dem Burgtheater entfernt, im *Wiener Museumsquartier*, hat *Karola Kraus* (* 1961) die Regie im *Museum für moderne Kunst Stiftung Ludwig (Mumok)* inne. Seit 2010 leitet die gebürtige Schwarzwälderin das Haus, das eine der umfangreichsten Sammlungen zeitgenössischer Kunst beherbergt.

Bei jenen Deutschen, die Österreich als Auswanderer wirklich kennenlernen durften, scheint der Wunsch nach Rückhalt bei den Schicksalsgefährten aus der alten Heimat groß zu sein. Jedenfalls hat der gebürtige Württemberger *Jockel Weichert* das Netzwerk *Piefke Connection* gegründet. Auslöser war die Fußballeuropameisterschaft 2008: Weichert wollte einfach frei von der Leber weg die Erfolge des deutschen Nationalteams feiern – und das geht natürlich nicht in Anwesenheit von sportlichen Gegnern.

Mittlerweile hat die *Piefke Connection Austria* schon 2200 Mitglieder, Stammtische gibt es nicht nur in Wien, sondern auch in Linz, Innsbruck, Graz und Klagenfurt. Laut Weichert gibt es auch schon die ersten »Piefke-Connection-Babys«.

Apropos Fußball …

Hier der O-Ton jener Reportage von der Fußballweltmeisterschaft 1978 aus der argentinischen Stadt

Córdoba, die den Hörfunkreporter *Edi Finger sen.* (1924–1989) berühmt machte. Es spielen das österreichische Nationalteam und der amtierende Weltmeister BRD: »Da kommt Krankl in den Strafraum – Schuss … Tooor, Tooor, Tooor, Tooor, Tooor, Tooor! I wear narrisch. Krankl schießt ein – 3:2 für Österreich! Meine Damen und Herren, wir fallen uns um den Hals; der Kollege Rippel, der Diplom-Ingenieur Posch – wir busseln uns ab. 3:2 für Österreich durch ein großartiges Tor unseres Krankl. Er hat olles überspielt, meine Damen und Herren. Und warten S' noch ein bisserl, warten S' no a bisserl; dann können wir uns vielleicht ein Vierterl genehmigen.«

Der Sieg gegen den nicht nur beim Kicken oft als übermächtig empfundenen Gegner wird in Österreich auch dreieinhalb Jahrzehnte später noch immer mit dem Triumphgeheul des Underdogs gefeiert. *Hans Krankl* (* 1953), der als Sohn eines Tram-Fahrers beim Verein Straßenbahn Wien den Umgang mit der Wuchtel (Ball) erlernte, wurde mit seinen beiden Toren in der 66. und 88. (!) Minute zum Nationalhelden.

Deutsche Medien sprachen nach dem Match von der »Schmach von Córdoba«; in Österreich gilt der Sieg bis heute als das »Wunder von Córdoba«. Seit 2009 gibt es in Wien-Floridsdorf (21. Bezirk) sogar einen *Cordobaplatz* in Erinnerung an den Sieg über österreichische Unterlegenheitskomplexe.

Eine Überraschung vorab: In Deutschland leben mehr Österreicher als Deutsche in Österreich – und das, obwohl Österreich nur ein Zehntel der Bevölkerung Deutschlands hat. Laut österreichischem Außenministerium sind 243 000 Austriaken bei den Germanen mehr oder weniger heimisch geworden. Eine Minderheit zwischen Flens- und Freiburg. Aber eine unterschätzte, aus der die deutsche Bundesrepublik Wirtschaftskapitäne, TV-Stars, Schauspieler und ein Gutteil ihrer Fernsehköche rekrutiert.

Ein Paradebeispiel für perfekte Mimikry ist *Freddy Quinn* (* 1931), der im Westdeutschland der Nachkriegsjahre eine eindrucksvolle Karriere als Sänger von Waterkant- und Fernwehschnulzen hinlegte. Der als Seemannsstar verkaufte Sänger mit der markanten Stimme wurde im niederösterreichischen Niederfladnitz geboren und verbrachte einen Teil seiner Jugend in Wien. Oft sind es die Besten, die nach Deutschland ausgewandert sind – meist des Berufs, manchmal auch der Liebe wegen. Darunter auffallend viele Spitzenmanager, so zum Beispiel der Linzer *Paul Achleitner* (* 1956), Deutsche Bank-Aufsichtsratschef und Allianz-Vorstand, der 2013 geschasste Siemens-Vorstandschef *Peter Löscher* (* 1957) aus Villach und der Oberösterreicher *Wolfgang Mayrhuber* (* 1947), der im

Mai 2013 den Aufsichtsratsvorsitz des Lufthansa-Konzerns übernahm. Auch der wohl mächtigste Mann der deutschen Industrie, VW-Aufsichtsratschef *Ferdinand Piëch* (* 1937), ist in Wien geboren und hat bis heute seinen Hauptwohnsitz in Österreich.

Und zoomt man an das deutsche Kommerzfernsehen heran, so wirkte es zeitweise wie eine Dependance österreichischer Medienmacher: Dem RTL-Lenker *Helmut Thoma* (* 1939) folgte dessen Landsmann *Gerhard Zeiler* (* 1955) als Geschäftsführer. Und der Wiener *Hans Mahr* (* 1949) war von Mai 1994 bis Oktober 2004 RTL-Chefredakteur. Vor der Kamera agier(t)en Pro7-Talk-Moderatorin *Arabella Kiesbauer* (* 1969), die RTL-Starreporterin *Antonia Rados* (* 1953) und RTL-»Wettermann« *Christian Häckl* (* 1964). Bei den öffentlich-rechtlichen Anstalten wiederum ist Genussbotschafter *Johann Lafer* (* 1957) eine feste Größe (siehe auch Seite 98).

»Deine Heimat vergisst du nicht.«

Die große *Senta Berger* (* 1941) lebt schon seit Jahrzehnten in Grünwald bei München. In der bayrischen Landeshauptstadt ist inzwischen auch *Friedrich von Thun* (* 1942) - eigentlich Graf von Thun und Hohenstein – zu Hause. Der TV-Darsteller wurde in

Mähren geboren und ist in Wien aufgewachsen; »Tatort«-Kommissar *Harald Krassnitzer* (* 1960) lebt mit seiner deutschen Schauspielkollegin und Ehefrau *Ann-Kathrin Kramer* zumindest zeitweise in der gemeinsamen Wuppertaler Wohnung. Und der in Wien geborene Oscar-Preisträger *Christoph Waltz* (* 1956) hat mittlerweile einen deutschen Pass.

Österreicher ist übrigens auch Gewichtheber *Matthias Steiner* (* 1982), der für Deutschland Gold bei den Olympischen Spielen 2008 in Peking holte. Der gebürtige Wiener hatte sich mit dem Österreichischen Gewichtheberverband verkracht und in Deutschland einbürgern lassen. Der österreichischen Zeitung *Die Presse* vertraute Steiner jedoch im April 2008 an: »Seine Heimat verleugnet man nicht, die vergisst du nicht.« Das werden mit Sicherheit alle in Deutschland lebenden Österreicher unterschreiben.

»Die gemeinsame Sprache, die uns trennt«

Gibt es eigentlich eine österreichische Sprache? Im Grunde nicht: Zum einen muss ein Idiom, das aus dem Altbayrischen hervorgegangen ist, zweifellos dem deutschen Sprachraum zugerechnet werden; zum anderen sind die österreichischen Dialekte bei einer Ost-West-Ausdehnung von 500 Kilometern viel zu unterschiedlich, als dass sie über einen Kamm geschoren werden könnten. Dieses Land liegt zudem an den Schnittstellen des germanischen, des romanischen, des slawischen und des ungarischen Sprachraums – was zwischen alemannischem Vorarlberg und ehemals ungarischem Burgenland selbstredend linguistische Spuren hinterlassen hat. Und doch ist es eben diese Melange, die so etwas wie »Österreichisch« hat entstehen lassen. Seit 1951 werden die Eigenheiten sogar in dem offiziellen Österreichischen Wörterbuch definiert.

Oscar Wilde schrieb: »Wir [Engländer] haben nahezu alles mit Amerika gemeinsam, außer natürlich die Sprache.« Und die Österreicher stellen lakonisch fest: »Es ist die gemeinsame Sprache, die uns trennt.« Da kann es schon mal zu dem einen oder anderen

Missverständnis zwischen Deutschen und Österreichern kommen. Hier ein paar Tipps für die bessere Verständigung …

Sagt der Österreicher *Sessel*, meint er *Stuhl*.
Meint der Österreicher *Sessel*, sagt er *Fauteuil*.
Sagt der Österreicher *Diwan*, meint er *Sofa*.
Meint der Österreicher *Kaffeetasse*, sagt er *Schale*.
Sagt der Österreicher *Tasse*, meint er *Untertasse*.
Sagt der Österreicher *Häferl*, meint er eine *große Tasse*.
Meint der Österreicher *Schrank*, sagt er *Kasten*.
Sagt der Österreicher *Eiskasten*, meint er *Kühlschrank*.
Meint der Österreicher eine *Bettdecke*, sagt er *Tuchent*.
Sagt der Österreicher *Polster*, meint er *Kopfkissen*.
Meint der Österreicher *Defekt*, sagt er *Gebrechen*.
Sagt der Österreicher *Mist*, meint er *Müll*.
Meint der Österreicher *Anwohnerplakette*, sagt er *Parkpickerl*.
Sagt der Österreicher *Primarius*, meint er *Chefarzt*.
Meint der Österreicher *Krankenwagen*, sagt er *Rettung*.
Sagt der Österreicher, dass er Sie *zhaus führen* möchte, so meint er damit, dass er Sie *nach Hause fahren* oder *begleiten* würde. Auch ein Möbelstück wird bei einem Umzug übrigens nicht *transportiert*, sondern ins neue Heim *geführt*.

Sagt der Österreicher falsch *parkiert*, meint er falsch *geparkt*.

Merke: Österreicher beherrschen die »Unterrichtssprache« Deutsch, Deutsche aber scheitern so gut wie immer am österreichischen Idiom. Also sollte man es einfach bleibenlassen. Denn es könnte bei den Gastgebern als peinliche Anbiederung, wenn nicht gar als arrogante Verhöhnung verstanden werden.

Was sich neckt, das liebt sich

Die gemeinsamen bajuwarischen Sprachwurzeln sind sicher einer der Gründe dafür, dass sich Bayern und Österreicher in besonders neckischer Hassliebe verbunden fühlen. Sprachliche Gemeinsamkeiten wie *Bazi, Watschn, Gaudi, Spezl* und *Großkopferter* schaffen eben Intimität. Die alemannische Sprache der Schweizer, Elsässer und Südbadener hingegen hat in Vorarlberg die Oberhand behalten. Und die Ötztaler Mundart – im Jahr 2010 von der UNESCO zum immateriellen Kulturerbe ernannt – weist zudem Entlehnungen aus dem bis in Graubünden gesprochenen Rätoromanisch auf. Im südlichen Bundesland Kärnten, das lange slawisch beherrscht war, bereichern Ausdrücke der slowenischen Minderheit die Sprache, zum Beispiel *Kaischn = Hütte; Botízn = Germteigstrudel mit Nuss-*

oder Mohnfüllung; Sásaka = Gehacktes. Der Ausdruck *Gitschn = Mädchen* hingegen kommt vermutlich aus dem benachbarten Friaul in Oberitalien (von chiccia).

Mehr noch als die Kärntner müssen sich die Menschen in der Steiermark vom Rest des Landes für ihren Dialekt hänseln lassen. Kostprobe gefällig? Selbstironisch wirbt das südöstliche Bundesland mit einem Online-Sprachführer für Touristen: »Uamol muasas sai, a waun sie die Fleign in die Beiveigl voa Lochn in Bauch holtn – doutz, wos hiazn kimb, is da südoust-steirische Doudn.«

Übersetzung: »Irgendwann muss es sein, auch wenn sich die Fliegen und die Bienen vor Lachen den Bauch halten – das, was jetzt kommt, ist der südost-steirische Duden.«

Österreichisch – Deutsch – Österreichisch – Teil II

- allfällig = eventuell
- Adabei = Wichtigtuer, C-Promi
- Abfertigung = Abfindung
- angefressen = verärgert, wütend
- aper = schneefrei
- auflassen = stilllegen, auflösen
- ausfolgen = aushändigen
- beheben = Geld abheben

- Beistrich = Komma
- Bewerb = Wettbewerb
- Bim = Straßenbahn
- blad = vollschlank
- brennen = zahlen für
- Cercle = vorderste Sitzreihen im Theater oder Konzertsaal
- Dienstnehmer = Arbeitnehmer
- Drucksorte = Formular
- einlangen = ankommen, eintreffen
- Erlagschein = (Bank-)Zahlschein
- sich fadisieren = sich langweilen
- Feber = Februar
- fladern = stehlen
- Fleischhauer/-hacker = Metzger/Schlachter
- Freunderlwirtschaft = Vetternwirtschaft
- Garçonnière = Einzimmerwohnung
- Gelse = Stechmücke
- Grätzel = Wohnviertel
- Haberer = Kumpel
- Hackn = Arbeit
- Haubenkoch = Sternekoch
- Hauerwein = Wein direkt vom Winzer
- Hausbesorger = Hausmeister
- Häfn = Knast
- inskribieren = sich immatrikulieren
- in Verstoß geraten = nicht auffindbar
- Jänner = Januar

- Jause = Zwischenmahlzeit
- Journaldienst = Bereitschaftsdienst
- Kaminkehrer = Schornsteinfeger
- Karenzzeit = Schwangerschaftsurlaub
- Klub = Fraktion
- Klappe = Durchwahl
- Leiberl = Sporttrikot, Unterhemd
- leiwand = super, geil
- Luster = vielarmige Deckenlampe
- Mascherl = Schleife, Fliege
- no na (net, ned) = selbstverständlich
- Obfrau/Obmann = Vorsitzende(r)
- Organmandat = gebührenpflichtige Verwarnung
- Pannenstreifen = Standstreifen
- Parteienverkehr = Sprechzeiten bei Behörden
- jemanden pflanzen = jemanden veräppeln, auf den Arm nehmen
- Pfuscher = Schwarzarbeiter
- Pönale = Strafe, Strafgebühr
- präpotent = überheblich, unverschämt
- pragmatisieren = verbeamten
- Putzerei = Reinigung
- raunzen = nörgeln
- Rekurs = Einspruch, Beschwerde
- retournieren = zurückschicken
- reversieren = rückwärts einparken
- Sackerl = Tüte
- Sandler = Obdachloser, Penner, Bettler

- Sager = pointierter/umstrittener Spruch
- Schanigarten = Kaffeehaus- oder Gasthausterrasse
- Schmäh = Witz, Schlagfertigkeit, Finte
- schnackseln = bumsen/vögeln
- Schübling = Abschiebehäftling
- seichen = pinkeln, regnen
- sekkieren = ärgern, belästigen
- Selcher = Metzger/Fleischer
- Spagat = feste Schnur, Zwirn
- Stiege = Treppe
- Stockerl = Hocker, Podest (*Stockerlplatz = Medaillenplatz*)
- Taxilenker/Taxler = Taxifahrer
- Tschecherant = Säufer
- Tschick = Zigarettenkippe
- Türschnalle = Türklinke
- unterfertigen = unterzeichnen
- unterstandslos = obdachlos
- urgieren = anmahnen
- Urlaubssperre = Betriebsferien
- Verlassenschaft = Hinterlassenschaft/Erbschaft
- vernadern = verraten, anschwärzen, verleumden
- verunfallen = verunglücken
- Vorrang = Vorfahrt
- Vorschreibung = Gebührenbescheid
- Wortspende = Wortmeldung
- Wuchtel = Scherz/Gag, aber auch Fußball
- Würstelstand = Imbissbude

- wuzeln = rollen, (Zigaretten) drehen, Tischfuß-
  ball spielen
- Zippverschluss = Reißverschluss
- Zivildiener (m) = Zivildienstleistender
- Zuckerl = Bonbon, Belohnung
- Zwickeltag = Brückentag

Grammatiklektionen

Die Präpositionen
Die in österreichischen Zeitungen häufig anzutref-
fende Redewendung *Feuer am Dach* (= »es brennt«
im übertragenen Sinne) veranschaulicht glänzend die
austriakische Manier, das hochdeutsche »auf dem«
oder »auf einem« durch ein lockeres *am* zu erset-
zen.

Weitere Beispiele: In Österreich wird das Geld nicht
zum, sondern *beim* Fenster hinausgeworfen; man erwirbt etwas nicht für, sondern *um* einen Euro; und
Langos werden nicht auf der Straße/Gasse, sondern
über die Straße/Gasse verkauft.

Das Fugen-s
In Österreich kommt es zu *Zugsverspätungen*; und
einige Legislativbeschlüsse sind *verfassungsgebend* –
doch das Fugen-s fehlt, wenn *Schmerzengeld* bezahlt
werden soll.

Das Genus

Auch beim Geschlecht der Hauptwörter gibt es Abweichungen. Hier einige Beispiele: *das* Offert (statt die Offerte), *der* Zeck (statt die Zecke), *der* (statt die) Zwiebel, *der* (statt das) Spray, *das* (statt die) Schokolade, *das* (statt der) Brösel, *das* (statt der) Keks, *das* (statt der) Puff.

Aussprache und Betonungen
- *Die Buchstaben »J« und »Q« werden in Österreich »jee« (statt »jott«) und »kwee« (statt »kuu«) ausgesprochen.*
- *Mathem*a*tik, Tab*a*k, Telef*o*n, Plat*i*n, A*nis*
- *Wichtig: Kaff*ee *(nicht »Kaffe«).*

Küss die Hand!
(Siehe auch Seite 124)

Zwei Grußformeln sind aus dem Alltag in Österreich weitgehend verschwunden: »Küss die Hand« und das sozialistische »Freundschaft«. Bei anderen Begrüßungsformeln geht es jedoch immer noch weltanschaulich zu: Ein Sozialdemokrat käme wohl nie auf den Gedanken, das christkonservative »Grüß Gott« in den Mund zu nehmen. Dann doch lieber »Guten Tag«. Und zum Abschied? Da ist die Auswahl besonders reichlich: »Servus« (lat. Diener), »Baba« oder auch »Pfiat di« (verkürzte Form von »Führe dich Gott«).

Oder gleich alle drei: »Servus, pfiat di, Baba!« Dabei gibt vor allem das »Baba« (gesprochen: paapaa mit weichen unaspirierten »P«s) Rätsel auf. Manche sehen darin eine Verkürzung der Höflichkeitsfloskel »Ich lass den Herrn Papa« grüßen, andere wittern eine Herkunft aus der Babysprache. Dass die früher meist aus Böhmen engagierten Ammen dahinterstecken, könnte durchaus sein; denn auch in Tschechien ist das »Baba« ein freundschaftlicher Abschiedsgruß.

Merke: Recht machen kann man es den Österreichern beim Grüßen ohnehin nicht. Verlässt man einen Laden zum Beispiel mit einem freundlichen »Wiederschauen« schallt in der Regel »Auf Wiedersehen« zurück – und umgekehrt. Zwar schauen Österreicher abends fern, werden dort aber als »Zuseher« begrüßt. Darum gilt: »Ciao« passt immer ebenso wie »Servus«.

Das Wort des Jahres in Österreich (2007–2012)

Jahr	Wort des Jahres	Erklärung
2012	Rettungs-gasse	Anlass war die Neueinführung eines Fahrwegs für Rettungskräfte zum 1. Januar 2012. »Da die Anwendung der Bestimmungen als verwirrend empfunden wurde, ist das Wort seither in aller Munde«, begründete die Jury ihre Wahl.

Jahr	Wort des Jahres	Erklärung
2011	Euro-Rettungs-schirm	Die Maßnahmen der Europäischen Union und der Eurozone zur finanziellen Stabilität nach der Finanzkrise waren auch in Österreich über Monate Spitzenthema.
2010	Fremd-schämen	Jury: »Angesichts des Verlusts an Qualität in vielen Bereichen (Bildung, Verwaltung usw.) und der Stagnation in der heimischen Politik verschiebt sich das Verantwortungsgefühl auf die einzelnen Bürger, die sich für die Zustände und die dafür Verantwortlichen immer öfter genieren (fremdschämen), obwohl die Lösung nicht in ihren Händen (…) liegt.«
2009	Audi-maxismus	Das Wort entstand im Umfeld von Studierendenprotesten, die mit der Besetzung des Auditorium maximum der Universität Wien einhergingen.
2008	Lebens-mensch	Stefan Petzner – Politiker des Bündnisses Zukunft Österreich (BZÖ) – über sein Verhältnis zum tödlich verunglückten Jörg Haider.

Jahr	Wort des Jahres	Erklärung
2007	Bundestrojaner	»Das Wort verweist in knapper Form und zugleich auf pointierte Weise auf aktuelle Entwicklungen im gegenwärtigen öffentlichen Leben unseres Landes, die höchst umstritten, aber offizielle staatliche Politik sind«, so die Begründung der Jury.

Das Unwort des Jahres in Österreich (2007–2012)

Jahr	Unwort des Jahres	Erklärung
2012	Unschuldsvermuteter	Abgeleitet von dem Grundsatz »Es gilt die Unschuldsvermutung«, der im Zuge zahlreicher Korruptionsfälle häufig als Phrase in den Medien zu hören und zu lesen war.
2011	Töchtersöhne	Begründung: »Die Verkürzung der neu formulierten Zeile ›Heimat großer Töchter, Söhne‹ der österreichischen Bundeshymne stellt eine sprachlich sehr unglückliche Formulierung dar, da damit unbeabsichtigt die von Töchtern geborenen männlichen Enkel gemeint sein können.« Inzwischen wurde ein »und« eingefügt.

Jahr	Unwort des Jahres	Erklärung
2010	humane Abschiebung	Der vom Innenministerium geschaffene Ausdruck verschleiert laut Jury die häufig erfolgte Abschiebung von gut integrierten Zuwanderern aufgrund der existierenden Fremdengesetze.
2009	Analogkäse	Das Wort steht nach Ansicht der Jury für einen Etikettenschwindel, weil das damit bezeichnete Produkt mit Käse nichts zu tun hat.
2008	Gewinn-warnung	Das Wort verschleiere, so die Jury, den wahren Sachverhalt, da es nicht eine Warnung vor Gewinnen meint, sondern das Vermelden verminderter Gewinne oder von Verlusten.
2007	Komasaufen	Der Ausdruck skandalisiere eine negative soziale Entwicklung und trage zur Stigmatisierung der Opfer bei, findet die Jury.

Abc der »Nettigkeiten«

Abizahra = Faulpelz

Bissgurn = zänkische Frau

Dampfplauderer = jemand, der nur heiße Luft von sich gibt

Einedraher = Lügner, Angeber

Fetzenschädel = Idiot

Funsn = unbeliebte Frau

Gestopfter = ein Wohlhabender/Reicher

Gfrast = heimtückischer Mensch, etwas, das nicht funktioniert

Heast, Gschissena! = Pass auf, du Idiot!

i-Tüpfel-Reiter = Erbsenzähler, übergenauer Mensch

Jödittl = Schulmeister

Kerzelschlecker = bigotte Person

Luftbrunzer = Mensch, den man nicht ernst nimmt

Maulauf = Großmaul

Nudeldrucker = schmächtiger, schwacher Mensch

Oaschkrala = Arschkriecher

Pülcher = Versager, Gauner

Querulant = Nörgler

Raufhansl = Raufbold

Sandler = Penner, Faulpelz

Ungustl = unangenehmer Mensch

Vollkoffer = Idiot

Wappler = Weichei

Zuwiderwurzen = Griesgram

Eine Plakataktion gegen Fremdfeindlichkeit brachte es vor einigen Jahren gut auf den Punkt: »I haaß Kolarič, du haaßt Kolarič. Warum sogn's zu dir Tschusch?«, fragte ein Wiener Bub den anderen. Die Antwort kann jeder gelernte Österreicher geben: Einer der Jungen ist der Nachkömmling einer tschechischen Zuwandererfamilie, die schon seit Generationen in Wien heimisch geworden ist, der andere muss sich als Spross von serbischen oder kroatischen Einwanderern unserer Tage als »Tschusch« beschimpfen lassen.

Adressaten dieser wirklich bösen Beleidigung sind Arbeitsemigranten vom Balkan und aus der Türkei, anerkannte Flüchtlinge und Asylbewerber.

Die Herkunft des Schimpfwortes ist nicht eindeutig geklärt. In den südslawischen Sprachen bedeutet der Wortstamm *fremd*. Im Kroatischen »tuđ'« [tudsch] und »čudan« [tschudan], im Slowenischen »tuj«. Nach anderer Lesart kommt der Ausdruck vom čuješ [tschujesch], was auf Serbisch und Kroatisch »Hörst du?« bedeutet. Demnach soll »Tschusch« eine Verballhornung der Frage sein, die sich südslawische Arbeiter bei den großen Bauprojekten in den Jahren 1860 bis 1880 häufig zuriefen.

Wien bleibt Wien

»Erdäpfelsalat bleibt Erdäpfelsalat!« Damit propagier-
te die Stadt Wien unter Bürgermeister *Helmut Zilk*
(1927–2008) den Beitritt Österreichs zur Europäischen Union, dem die Bevölkerung schließlich 1995
mit Zwei-Drittel-Mehrheit zustimmte. Ängsten vor
Nivellierung begegnete die österreichische Regierung,
indem sie im Protokoll Nr. 10 zum Beitrittsvertrag
(»Über die Verwendung österreichischer Ausdrücke
der deutschen Sprache«) insgesamt 23 Bezeichnungen
unter Schutz stellen ließ:

Beiried (n) = Roastbeef
Eierschwammerln (f) = Pfifferlinge
Erdäpfel (f) = Kartoffeln
Faschiertes = Hackfleisch
Fisolen (f) = Grüne Bohnen
Grammeln (f) = Grieben
Hüferl (n) = Hüfte
Karfiol (m) = Blumenkohl
Kohlsprossen (f) = Rosenkohl
Kren (m) = Meerrettich
Lungenbraten (m) = Filet
Marillen (f) = Aprikosen
Melanzani (f) = Aubergine
Nuss (f) = Kugel
Obers (n) = Sahne

Paradeiser (m) = Tomate
Powidl (n) = Pflaumenmus
Ribisel (f) = Johannisbeere
Rostbraten (m) = Hochrippe
Schlögl (m) = Keule
Topfen (m) = Quark
Vogerlsalat (m) = Feldsalat
Weichsel (f) = Sauerkirsche

Mahlzeit!

Nirgends lässt sich Zentraleuropa so genießen wie in der österreichischen Küche. Man schaue sich nur die Herkunft der Gerichte und ihrer Zutaten an. Besonders Italien lässt grüßen: Die »Fisolen« (grüne Bohnen) können ihren italienischen Wortstamm fagiolo nur schwer verbergen, der Karfiol (Blumenkohl) leitet sich vom italienischen cavolfiore her. In die Suppe werden Frittaten geschnitten (frittata = Omelette). Und auch so manches Gemüse haben die Österreicher wohl vom südlichen Nachbarn übernommen. Warum sonst sollten die Auberginen in Österreich Melanzani heißen?

Ihren kulinarischen Beitrag haben auch die Ungarn geleistet. Der Gulasch kommt in Wien als deftiger Fiaker-Gulasch (mit Essiggurkerl) oder als Szediner-Gulasch daher. Die pikanten Debreziner-Würste sind auch in Süddeutschland bekannt, weniger jedoch die Langos (salziges Schmalzgebäck), die in Österreich an Straßenstandeln verkauft werden. Aus Budapest und Umgebung, das 150 Jahre zum Osmanischen Reich gehörte, kommen auch die türkischen Einflüsse.

Soweit die Österreicher den Mais nicht »Türken« nennen, heißt er bei ihnen Guggaruz, weshalb Ostösterreicher ein Döner auch schon mal »Guraztatscherl« (Maistäschchen) nennen. So haben die Osmanen bei ihrer zweimaligen Belagerung von Wien also nicht nur den Kaffee hinterlassen …

Kulinarische Hochzeiten

Ungezählt sind die Spuren, welche die slawischen Nachbarn in Österreichs Kochtöpfen und Pfannen hinterlassen haben. Neben Klassikern wie Kaiserschmarrn und Salzburger Nockerln haben vor allem die Künste der böhmischen Mehlspeisköchinnen (siehe auch Seite 70) den Ruf der österreichischen Küche als Hort süßer Leckereien begründet. Die *Powidltatscherln* zum Beispiel sind eine Gemeinschaftsproduktion: Die Tschechen haben die Teigtaschen (tschechisches Lehnwort: taška) genommen, sie mit ihrem povidla (Pflaumenmus) gefüllt und als Powidltatscherln wieder in Österreich eingeführt.

Eine Odyssee durch gleich vier Sprachfamilien hat der *Palatschinken* hinter sich: Der mit Konfitüre, Nusscreme oder Eis gefüllte Pfannkuchen geht nach Ansicht der Sprachforscher auf das lateinische Wort placenta, also (Mutter-)Kuchen zurück. Eierküchlein brachten römische Legionäre in Rumänien bei ihrer Vermischung mit der ortsansässigen Bevölkerung in die Ehe mit. Das lateinische Wort für Kuchen wurde im Rumänischen zu plăcintă, bevor die Ungarn die »palacsinta« verfeinerten. Vermutlich auf dem Umweg über die böhmischen Mehlspeisköchinnen, die den Ausdruck zu palačinka verniedlichten, kam die lukullische Nachspeise – eigentlich *die* Palatschink*e* – schließlich nach Österreich.

Ein Schmankerl im Buschenschank gefällig?

Bei all den Magentratzerln (Zungenschärfern), Schmankerln (Köstlichkeiten) und Gustostückerln (Leckerbissen) ist es nicht weiter verwunderlich, dass die Bewirtungsdichte und -vielfalt in Österreich weltweit ihresgleichen sucht. Ob einfacher Heuriger oder ländlicher Buschenschank (siehe auch Seite 101), ob das noble Hotel Sacher in Wien oder das berühmte Weiße Rössl am Wolfgangsee, ob Beisl oder Weinstube … All diese Lokale, die in der warmen Jahreszeit meist auch noch mit Gast- und Schanigärten aufwarten, könnten selbst mit der stattlichen Touristenschar nicht gefüllt werden. Doch der Österreicher ist und isst gern aushäusig, und zwar nicht nur, wenn er sich mit ausländischen Besuchern trifft.

Herzstück der österreichischen Gastronomie, ach was, des österreichischen Alltags ist und bleibt aber die Kaffeehaus-Kultur (siehe auch Seite 75). Ein Kaffeehaus ist ein Rund-um-die-Uhr-Betrieb, in dem das Viertel Wein ebenso zu Hause ist wie das Krügerl Bier. Vom Imbiss-Würstel bis zur Mehlspeise wird hier so ziemlich alles serviert, was die österreichische Küche hergibt. Ein Kaffeehaus ist Treffpunkt, Lesesaal, Außenbüro und Konferenzraum in einem. Wie tadelte doch meine Wiener Bekannte meine Journalisten-kollegen, die mehrere österreichische Blätter abonniert hatten: »Zeitungen liest man im Kaffeehaus. Die kommen mir nicht ins Haus, das käme mir irgendwie schmutzig vor.«

Einige Lieblingslinks der Kulinarik-
Redakteure von austria.info

- *www.ausflugsplaner.at*
- *www.dinnersearch.at*
- *www.boeg.at*
- *www.gute kueche.at*
- *www.genuss-region.at*
- *www.quax.at (Familienlokale)*
- *www.speising.net*
- *www.tupalo.com (Kulinarisches in der Nachbarschaft)*
- *www.unlike.net/vienna/*

Beugel = Hörnchen
Beuschel = Ragout von Kalbsherz und -lunge
Blunzengröstel = gebratene Blutwurst mit zerhackten
   Kartoffeln und Speck
Brimsen = Schafkäseart (Frischkäse)
Eierschwammerl = Pfifferlinge
Eierspeis = Rührei
eingeschlagene Eier = Rühreier
Erdapfel = Kartoffel
Faschiertes = Hackfleisch
Fisole = grüne Bohne
Fleischlaberl = Frikadelle
Fleischvögerl = Fleischroulade
Frittate = Pfannkuchenstreifen, Suppeneinlage
Geselchtes = Geräuchertes
Grammeln = Speckgrieben
Gugelhupf = Napfkuchen
Häuptlsalat = Kopfsalat
Hetschepetsch/Hetscherl = Hagebutte
Heurige = Jungkartoffel
Jungfernbraten = Lendenbraten vom Schwein
Kabanadl = Fleisch zum Grillen
Kalbsstelze = Kalbshaxe
Karbonade = gebratenes Rippenstück,
   Kotelett
Karfiol = Blumenkohl

Kipferl = Hörnchen
Kochsalat = Römersalat
Kohlsprossen = Rosenkohl
Kornspitz = Gebäckstange
Klobasse = grobe, gewürzte Wurst
Kren = Meerrettich
Lungenbraten = Filet
Malina = Himbeeren
Marille = Aprikose
Maroni = Esskastanie
Melanzani = Auberginen
Mohr im Hemd = Küchlein mit Schokolade
  übergossen
Palatschinken = Pfann-/Eierkuchen
Paradeiser = Tomate
Pogatscherl = gebackener Griebenteig
Powidl = verdickte Pflaumenkonfitüre
Punschkrapferl = süße Mehlspeise
Quargel = Sauermilchkäse
Reiberdatschi = Kartoffelpuffer
Ribisel = Johannisbeere
Röster = Kompott
Rote Rübe = Rote Bete
Russe = marinierter Hering
Scherzel = Brotrest, Schwanzstück vom Rind
(Schlag-)Obers = Schlagsahne
Schlögel = Keule
Schlipfkrapfen = gefüllte Teigtaschen

Schwammerl = Pilz

Selchfleisch = Rauchfleisch

Semmel = Brötchen

Steckerlfisch = Fisch am Spieß

Stelze(n) = Schweinshaxe; Eisbein

Strudel = dünn ausgerollter Teig, in den Süßes oder
 Pikantes gerollt wird

Surbraten = Sauerbraten

Surfleisch = Pökelfleisch

Teebutter = hochwertige Butter

Topfen = Quark

Topfendatscherl = Quarktasche

Topfengolatsche = Quarktasche

Vanillerostbraten = gebratene Rinderscheiben
 mit Knoblauch

Vogerlsalat = Feldsalat, Rapunzel

Wadschinken = Rinder-/Kalbshaxe

Wecken = längliches Weizenbrot

Weckerl = Brötchen, Semmel

Weichsel = Sauerkirsche

Weinberl = Weintraube

Zwetschkenröster = Zwetschgenkompott

Wiener Fiakergulasch

Zutaten für 4 Personen
1 kg Rindfleisch (Wadschinken oder Schulterscherzl)
600 g Zwiebeln
4 EL Schweine- oder Butterschmalz
3 EL Paprikapulver (edelsüß)
1 EL Essig
1 EL Paradeismark
2 Knoblauchzehen (gepresst)
1 TL Kümmel (gemahlen)
1 TL Majoran
Salz
2 Paar Frankfurter oder Sacher-Würstl
Butter (zum Braten)
4 Eier
4 Essiggurkerln

Zubereitung
Das Fleisch in mundgerechte Würfel schneiden, Zwiebeln grob würfeln und in einer ausreichend großen Kasserolle (Topf) in heißem Butterschmalz unter ständigem Rühren goldgelb anrösten. Vom Feuer nehmen, Paprikapulver einrühren und sofort mit dem Essig und ein wenig Wasser ablöschen. Kasserolle wieder zurück auf den Herd stellen, Paradeismark zugeben, kurz durchrösten und etwa 20 Minuten kochen.

Den gepressten Knoblauch, die restlichen Gewürze

sowie das Fleisch und etwas Wasser dazugeben und bei nicht ganz geschlossenem Deckel 2 bis 3 Stunden kochen. Immer wieder so viel Flüssigkeit nachfüllen, dass das Fleisch gerade bedeckt ist.

Zum Fiakergulasch wird's, sobald die Würstel in heißem Wasser erhitzt oder an den Enden eingeschnitten und in Fett gebraten werden. Gleichzeitig werden in einer anderen Pfanne die Spiegeleier in heißer Butter gebraten. Die Essiggurkerl fächerartig aufschneiden. Nun das heiße Gulasch in tiefen Tellern anrichten, das Spiegelei sowie die Würstel daraufsetzen und mit je einem Gurkerlfächer garnieren. Dazu passen Salzerdäpfel oder Semmeln.

Die Mehlspeisköchin

Was in der österreichischen Küche als Mehlspeise daherkommt, muss mit Mehl nicht viel zu tun haben. »Mehlspeise« ist eher der Sammelbegriff für Kuchen und Desserts (einzige Ausnahme: Gefrorenes, also Speiseeis).

Als Dessert-Spezialistin etablierte sich um 1800 – neben dem Zuckerbäcker – die sogenannte Mehlspeisköchin. Schon bald gehörte sie in jedem adligen und wohlhabenden Haushalt zwingend zu den zahlreichen Bediensteten. Häufig waren es Bauernmädel aus Böhmen und Mähren, die nach einer Lehrzeit in der Heimat ihr Auskommen in Österreichs Küchen fanden. So erklärt sich auch die Vielzahl tschechischer Bezeichnungen bei den Mehlspeisen wie:

Dalken (vdolky) = rundes Hefegebäck
Golatsche (kolo = Rad) = rundes Küchlein mit Mohn-, Topfen- und/oder Pflaumenmusdecke
Liwanzen (lít = gießen) = in spezielle Pfanne gegossene und gebackene Teigspezialität
Skubanky (škubat = zupfen) = Kartoffelteigröllchen mit Butter, Mohn und Staubzucker

Die Powidltatschkerln haben sogar eine eigene Hymne, einst komponiert und vorgetragen von *Hermann Leopoldi* (1888–1959):

> Powidltatschkerln aus der schönen
>   Tschechoslowakei
> schmecken noch viel besser als die
>   feinste Bäckerei.
> Denn so ein Tatschkerl, so ein powidales,
> das ist doch wirklich etwas Pyramidonales!
> Und immer denk ich, wenn ich
>   Božena erblick:
> Powidltatschkerln, -tatschkerln ist
>   das allerhöchste Glück!
> *(Text: Rudolf Skutajan)*

Zutaten für den Teig
250 ml Milch
125 ml Mineralwasser
3 Eier
210 g Mehl
1 Prise Salz
Butter zum Ausbacken

Zutaten für die Füllung
200 g gemahlene Walnüsse
250 ml Milch
2 EL Honig
1 EL brauner Zucker

Zubereitung
Aus Milch, Mineralwasser, Mehl, Eiern und Salz einen Palatschinkenteig rühren und kurz rasten lassen. Danach in Butter sehr dünne Palatschinken ausbacken und warmstellen.

Die Milch mit dem Honig kurz erwärmen und mit Nüssen und Zucker vermischen.

Die Palatschinken mit der Füllung bestreichen, einrollen, mit Puderzucker und/oder Schlagsahne verzieren.

Der Raub des Wiener Schnitzels

Das Wiener Schnitzel soll ja *Felice Cùnsolos* »Guida gastronomica d'Italia« zufolge in Wahrheit aus Italien stammen. Es sei aus dem Costoletta alla milanese hervorgegangen, heißt es dort. Der »Marsch«-berühmte Feldmarschall *Johann Josef Wenzel Radetzky* habe das Gericht von einem Kriegszug mitgebracht: Ein gewisser Graf Attems, seines Zeichens Flügeladjutant von Kaiser Franz Joseph, habe einen Lagebericht Radetzkys weitergegeben und in einer Randnotiz jenes köstliche panierte Kalbskotelett erwähnt. Nach Radetzkys Rückkehr 1857 habe der Kaiser den Feldmarschall persönlich um das Rezept gebeten.

Der besagte Gastronomieführer von Signore Cùnsolo erschien 1971 auf Deutsch und hat die Legende von der Mailänder Herkunft des panierten Kalbsschnitzels auch in Österreich verbreitet. Allein, sie stimmt nicht. Der Raub des Urheberrechts an der kulinarischen Errungenschaft beruht schlicht auf blühender Phantasie. Stichhaltiger Beweis: Das »Wiener Schnitzel« wird schon in einem österreichischen Kochbuch von 1831 aufgeführt. Und warum sollte aus dem Mailänder Kotelett mit Knochen plötzlich ein Wiener Schnitzel aus der Kalbskeule werden?

Der »oide Kaisa« ist schuld: Gekochtes Rindfleisch, für das die Hauptstadt-Fleischhauer eigens eine Schlachtweise (»Wiener Teilung«) erfunden haben, hatte der backenbärtige Franz Joseph zu einer seiner Leibspeisen erklärt. Von der Privattafel des Langzeit-Monarchen gelangte der berühmte Tafelspitz Mitte des 19. Jahrhunderts ganz oben auf die Speisezettel auch der gutbürgerlichen Haushaltungen. Kenntnisse der Siedefleischkultur gehörten fortan förmlich zum Bildungskanon. Wer nicht über mindestens ein Dutzend Stücke von gekochtem Rindfleisch sachkundig sprechen konnte, habe in Wien selbst als Hofrat oder Kommerzialrat nicht dazugehört, berichtet ein Zeitgenosse.

Erwähnt wird das auf der Website des Gastronomie-Imperiums der Familie *Plachutta*, die nicht weit vom ehemaligen Kaisersitz Schloss Schönbrunn ihr Stammhaus unterhält. Die Plachuttas haben die Kunst der Tafelspitz-Zubereitung auf die Spitze getrieben. In ihren mittlerweile drei Spezialitäten-Lokalen beweisen sie, dass Tafelspitz nicht gleich Tafelspitz ist. Unter fast 20 verschiedenen Rindsstücken – vom Schulterscherzel über das Hüferschwänzel oder die »Fledermaus« bis zu Kruspelspitz und Kavalierspitz – kann der Gast wählen. Das Fleisch ausschließlich österreichischen Rindviehs kommt im Kupfertopf in der Brühe, für Liebhaber wird das Mark mit geröstetem Schwarzbrot gereicht. Als Beilagen gibt es beispielsweise Rösti, den anderorts als Römersalat bekannten Kochsalat oder Spinat.

Qualität hat ihren Preis. Mit 50 Euro pro Person muss man bei Plachutta schon rechnen. Kleiner Tipp: Während es im Restaurant an der Wiener Wollzeile in der Inneren Stadt reichlich eng zugeht und die Tische im Doppelschichtbetrieb besetzt werden, herrscht in der Gaststätte im Weinvorort Nußdorf eine entspanntere Atmosphäre. Alles über Reservierungen und Öffnungszeiten ist der Website *www.plachutta.at* zu entnehmen, auf der Gastronom Mario Plachutta als Dreingabe ein Rezept für die Zubereitung des weltberühmten Glanzlichts der Wiener Küche verrät.

Im Kaffeehaus

Der erste Weg führt zu den Zeitungen. An zentraler Stelle hängen sie eingespannt in Halter mit stockartigem Griff in ihrem Gestell wie in einer Hängeregistratur. Keines der beiden Exemplare der »Süddeutschen« ist gerade frei, nehmen wir halt die einheimische »Presse« und den »Standard« mit.

Ein Vierertisch zwischen zwei hölzernen Trennwänden an der vom Zigarettenrauch von Generationen vergilbten Wand ist frei. Ich lasse mich ins tiefe Polster der Eckbank fallen. Der Ober kommt. »Grüß Gott«, sage ich überstürzt. »Guten Tag, der Herr. Sie wünschen«, antwortet der imposante Beherrscher des riesigen Gästesaals in seiner schwarzen Dienstkleidung mit makellos weißem Hemd. »Einen großen Braunen und ein Paar Frankfurter.« »Kommt sofort, der Herr.«

Über den Zeitungsrand beobachte ich verstohlen das Gewusel unter den beeindruckenden Lüstern an der Decke von undefinierbarer Farbe. An einem der hohen Fenster sitzt mal wieder das alte Ehepaar, das sich hinter ihrer Melange stundenlang anschweigt. In der Mittelreihe unterzieht eine Gruppe von schwergewichtigen Jungpensionisten die zierlichen Thonet-Stühle einer Belastungsprobe. Ein Kellner hebt gerade eine Abdeckplatte vom Tisch herunter. Darunter kommt ein Bezug aus grünem Filz zum Vorschein, der sich als perfekte Spielfläche für die Tarockpartie der Frührentner erweist.

Die Hilfskellnerin bringt den Kaffee und die Würstchen: Ersteren mit einem Glas Wasser, Letztere ohne Besteck – wie in Wien üblich. Ich stupfe die Würstchen mit bloßen Fingern abwechselnd in den Kremser Senf und den frisch geriebenen Kren – zu deutsch: Meer-

rettich. Von meiner unkonzentrierten Zeitungslektüre werde ich durch eine Horde Gymnasiastinnen abgelenkt, die den großen Tisch an der Stirnseite des Saals in Beschlag nimmt und gackernd über die Professoren an ihrer Oberschule herzieht. Unwillig schaut der Geschäftsmann von den Listen auf, auf denen er sich Notizen macht. Wahrscheinlich ein Handelsvertreter bei der Mittagspause.

Ich überlege, ob ich mir noch ein Achtel Veltliner erlauben soll, aber es ist noch zu früh am Tag. Ich gebe der Hilfskellnerin ein Zeichen, dass ich zahlen will. »Ich sag's dem Kollegen«, ruft sie herüber. Der Ober windet sich zwischen den Tischreihen durch. Geschäftsmäßig schiebt er mir den Zettel mit der Rechnung zu. »Die Atmosphäre hat ihren Preis«, denke ich bei mir und gebe trotzdem zu viel Trinkgeld.

»Auf Wiederschauen«, grüße ich, bevor ich beim Hinausgehen den dicken Vorhang vor dem Windfang beiseiteschiebe. »Auf Wiedersehen«, antwortet der Ober im Vorbeihuschen. Mein Blick fällt auf einen Anschlag neben der Drehtür am Eingang: »Montag, 20.00 Uhr, Übertragung Fußballspiel Österreich – Norwegen auf dem Großbildschirm im Nebenzimmer«. Das wäre vielleicht eine Gelegenheit zu weiteren volkskundlichen Studien.

Als Ende des 17. Jahrhunderts Wiens erste Kaffeehäuser entstanden, lockte allein das exotische Getränk in die nüchternen Stuben. Mit Aufkommen der Zeitungen wurden die Lokalitäten mehr und mehr zu einem »öffentlichen Wohnzimmer«, gewannen an Gemütlichkeit und Luxus. 1200 Häuser beherbergte Wien im späten 19. Jahrhundert, ein jedes mit einer enormen Vielfalt an Printmedien und Spielen. Hier bildete sich der junge *Stefan Zweig*, debattierten Intellektuelle, empfing *Peter Altenberg* sogar seine Post …

Wiener Kaffeehäuser mit Tradition

Café Bräunerhof
Stammgast: *Hugo von Hofmannsthal*
   Ziemlich wienerisch, unweit der Hofburg, bekannt für seine Zeitungsvielfalt.
   Mo – Fr: 8 bis 21 Uhr, Sa: 8 bis 19 Uhr, sonn- und feiertags: 10 bis 19 Uhr).
   Stallburggasse 2, A-1010 Wien. Tel. +43/1/512 3893, *www.braeunerhof.at*

Café Central
Stammgäste: *Peter Altenberg* (1859–1919), *Alfred Adler* (1870–1937), *Alfred Polgar* (1873–1955).

Heute ziemlich touristisch, aber mit sehenswerter Architektur im Palais Ferstel (nach Architekt Heinrich von Ferstel).

Werktags: 7.30 bis 22 Uhr; sonn- und feiertags: 10 bis 22 Uhr.

Herrengasse 14, A-1010 Wien. Tel. +43/1/533 3763 – Durchwahl (Klappe) 24 oder 61, *www.palaisevents.at/ cafecentral.html*

Café Eiles
Stammgast: *Friedrich Hebbel* (1813–1863)

Auf halbem Weg zwischen Theater in der Josefstadt und Burgtheater gelegen, schauen hier auch schon mal Bühnen- und Filmstars vorbei.

Mo – Fr: 7 bis 22 Uhr; Sa/So: 8 bis 22 Uhr.

Josefstädter Straße 2, A-1080 Wien.
Tel. +43/1/405 3410, *www.planet-vienna.com/spots/ eiles/eiles.htm*

Café Griensteidl
Stammgäste: *Franz Grillparzer, Karl Kraus, Rudolf Steiner.*

Das elegante Kaffeehaus am Weg von der Hofburg zur Inneren Stadt teilen sich Einheimische und Touristen.

Täglich: 8 bis 24 Uhr.

Michaelerplatz 2, A-1010 Wien. Tel.: +43/1/53 526 920, *www.cafegriensteidl.at*

Café Hawelka
Stammgäste: *Hilde Spiel, H. C. Artmann, Friedensreich Hundertwasser.*

Schon als die legendären Gründer Leopold Hawelka und seine Frau Josefine noch lebten, fehlte das Café mitten in der Innenstadt in keinem Reiseführer.

Spezialität: frisch gebackene Buchteln ab 22 Uhr.

Täglich: 8 bis 2 Uhr, feiertags: 10 bis 2 Uhr.

Dorotheergasse 6, A-1010 Wien. Tel: +43/1/512 8230, *www.hawelka.at*

Café Landtmann
Stammgäste: *Romy Schneider, Sigmund Freud, Otto Preminger.*

Mondänes Kaffeehaus mit Konferenzräumen und Kleintheater (in der Nähe des Burgtheaters).

Täglich: 7 bis 24 Uhr.

Universitätsring 4, A-1010 Wien.

Tel. +43/1/241 00120, *www.landtmann.at*

Café Mozart
Hier schrieb *Graham Green*e das Drehbuch zu dem Nachkriegsfilm »Der dritte Mann« (siehe auch Seite 286).

Täglich: 8 bis 24 Uhr.

Albertinaplatz 2, A-1010 Wien, Tel. +43/1/24 100–200, *www.cafe-mozart.at.*

Café Museum
Stammgäste: *Franz Lehár, Elias Canetti, Egon Schiele, Joseph Roth.*

Treffpunkt in unmittelbarer Nachbarschaft von Sezession, Künstlerhaus, Akademie der bildenden Künste, Staatsoper, Theater an der Wien und Musikvereinssaal.

Täglich 8 bis 24 Uhr.

Operngasse 7, 1010 Wien. Tel.: 43/1/2410 0620, *www.cafemuseum.at*

Café Prückel
Altwiener Kaffeehaus, eingerichtet im Stil der 1950er Jahre, gelegen am zentralen Lueger-Platz. Ein »Normalotreffpunkt« mit den wichtigsten in- und ausländischen Zeitungen.

Täglich: 8.30 bis 22 Uhr, außer am 24., 25. und 26. Dezember.

Stubenring 24, A-1010 Wien. Tel. +43/1/512 6115, *www.prueckel.at*

Café Schwarzenberg
Stammgast: *Josef Hoffmann (Architekt)*

Die Einrichtung des Kaffeehauses gegenüber dem Schwarzenbergplatz ist ein Musterbeispiel für die Wiener Sezession. An mehreren Abenden in der Woche Kaffeehausmusik.

Mo – Fr und So: 7 bis 24 Uhr, Sa: 9 bis 24 Uhr.
Kärntner Ring 17, A-1010 Wien. Tel. +43/1/5 128 998,
www.cafe-schwarzenberg.at
Linktipp: *www.wiener-kaffeehaus.at*

Kaffeespezialitäten im Café Landtmann

- *Ristretto (Kurzer Espresso)*
- *Kleiner Mokka / Kleiner Brauner*
- *Großer Mokka / Großer Brauner*
- *Wiener Melange (halb Kaffee, halb heiße, geschäumte Milch)*
- *Franziskaner (Melange mit Schlagobers statt Milchschaum)*
- *Verlängerter schwarz od. braun*
- *Kännchen Kaffee mit Milch*
- *Cappuccino*
- *Kurzer Espresso (mit heißer, geschäumter Milch in der typischen italienischen Schale)*
- *Schokocino (Kombination aus heißer Schokolade und Cappuccino, serviert mit Schlagobers und Karamellsoße)*
- *»Türkischer« Kaffee (im Kupferkännchen gekocht, dazu ein Stück Lokum = Sirupsüßigkeit)*
- *Häferlkaffee nach Tante Anni (mit viel heißer geschäumter Vollmilch)*
- *Caffè Latte (in Wien früher »Kaffee verkehrt«)*

- *Salon Einspänner (Doppelmokka mit Schlagobers und Hohlhippe = Waffel)*
- *Mozart Kaffee (Großer Mokka mit Mozartlikör, Schlagobers und Mandelsplittern)*
- *Franz Landtmann Kaffee (Großer Mokka mit Weinbrand, Kaffeelikör, Schlagobers und Zimt)*
- *Maria Theresia (Großer Mokka im Glas, mit Orangenlikör, Schlagobers und Streuseln)*
- *Fiaker (Großer Mokka mit Kirschwasser, Oberskrone und Kirsche)*
- *Irish Coffee (Großer Mokka mit Irish Whiskey)*

Der Orden der »Demelinerinnen«

Der Wiener k. u. k. Hofzuckerbäcker Demel mit seinen phantasievoll dekorierten Auslagen im Schaufenster, seinem Verkaufsraum im Stil des Neorokoko und den deckenhohen Spiegeln an den Wänden der Gasträume ist auf jeden Fall einen Besuch wert – sofern Touristen nicht den Eingang des Cafés am Wiener Kohlmarkt versperren. Wen nicht Köstlichkeiten wie die Demeltorte (mit Johannisbeermarmelade und Marzipan), Annatorte, Dobostorte, Fächertorte, russische Punschtorte oder Esterházy-Torte locken, der kommt vielleicht wegen der besonderen Kunst des Kaffeesiedens: In gleich zwei Küchen wird nicht nur der übliche Espresso, sondern auch der traditionelle Filterkaffee auf Karlsbader Art zubereitet.

Bemerkenswert am Café Demel ist aber auch das Personal: Strudel, Gugelhupf und Beugel werden hier ausnahmslos von Serviererinnen in bodenlangen schwarzen Kleidern mit weißen Kragen und Schürzen gereicht. Auch am Komptoir (= Zahltisch im Verkaufsraum) aus Mahagoniholz sind es nur Frauen, die jene edlen Nougatpralinen, feinen Katzenzungen und kandierten Veilchen in die von berühmten Malern gestalteten Schachteln legen. Von den Wienern haben diese Frauen den ehrenvollen Spitznamen »Demelinerinnen« erhalten.

Die Dienstbekleidung der Demelinerinnen erinnert nicht zufällig an eine Ordenstracht, denn früher kamen sie stets aus derselben Klosterschule im 18. Wiener Gemeindebezirk. Ihre Laufbahn begann mit dem Einwickeln von Zuckerln, dann mussten sie sich im Verkauf oder beim Servieren bewähren, bis sie schließlich auch beim Bedienen bei auswärtigen Buffets eingesetzt wurden. Und wie in einem Orden bekamen sie bei Demel auch einen neuen Vornamen, sollte es schon eine andere Marie oder Sophie geben.

Erhalten haben sich auch die Umgangsformen aus einer Zeit, als das adlige Nobelpublikum im Demel selbst das Siezen für respektlos gehalten hätte. »Haben schon gewählt?« oder »Wünschen zu speisen?« wird der Kunde bis heute gefragt. Highlight aber ist die Frage: »Wird die Dame selber streuen?« Dabei möchte die Bedienung wissen, ob sie die Mehlspeise mit Staubzucker bestäuben soll oder ob die Kundin es vorzieht, die Dosierung selbst vorzunehmen.

Das *Demel Museum* in den unterirdischen Gängen dokumentiert die Geschichte des Hauses. Täglich: 11 bis 18 Uhr.

K. u. K. Hofzuckerbäcker Demel
Täglich: 9 bis 19 Uhr
    1010 Wien, Kohlmarkt Nr. 14. Telefon:
+43/1/535 1717–0,
    www.demel.at

Wider-Sacher

Sie ist süß. Sie ist mit Schokolade umhüllt. Sie ist von geheimnisumwitterter Rezeptur. Die Sachertorte. Es gibt sie schon seit fast 180 Jahren, doch das ursprüngliche Rezept ist verschollen. Dennoch gab es zwischen den Besitzern des Wiener Hotels Sacher und der Zuckerbäckerei Demel einen neunjährigen Krieg darum, wer den einträglichen Hinweis »Original Sachertorte«

auf die süße Köstlichkeit picken darf. Gelöst wurde der Konflikt dann auf österreichische Art: mit einem Kompromiss.

Einst machte der älteste Sohn des Hotel-Gründerpaares *Franz* und *Anna Sacher* eine Lehre bei der Hofkonditorei Demel. Dort verfeinerte *Eduard Sacher* das väterliche Rezept der Torte, deren Innenleben aus Marillenkonfitüre den säuerlich-süßen Kontrast ergibt. Nach dem Tod von Eduards Witwe im Jahr 1930 ging das Hotel Sacher in Konkurs, Eduard junior blieb auf einem Berg Schulden sitzen und verkaufte das bis dahin als Familiengeheimnis gehütete Rezept an den Hofzuckerbäcker Demel.

Nachdem die zerstörerischen Folgen des Zweiten Weltkriegs halbwegs beseitigt waren, klagte die Familie Gürtler als neue Eigentümerin des Hotels Sacher dagegen, dass Demel sich als »Erfinder« der Sachertorte ausgab. 1963 kam es schließlich zu einer außergerichtlichen Einigung: Das Hotel Sacher durfte von nun an seine Torte »Original Sacher-Torte« nennen und mit einem schokoladenen Rundsiegel krönen. Die Demel'schen Tortenstücke hingegen ziert ein dreieckiges Siegel, das sie als »Demel's Sachertorte« ausweist.

Ob aber die Torte mit dem runden oder die mit dem eckigen Siegel besser mundet, ist reine Geschmackssache …

Mozart zum Kugeln

Die Mozartkugel – wertvolle Liaison von Süßigkeit und Mozartkult – ist für so manchen Österreicher inzwischen zum Inbegriff von Vermarktungsgeschick und Kommerzialisierung von Tradition geworden. Die Praline aus Marzipan, das von Nougat und einer dunklen Kuvertüre umhüllt wird, ist als Mitbringsel beliebt, obwohl längst in den meisten Supermarkt-ketten Europas zu haben – allerdings nicht die »Original Salzburger Mozartkugeln«, die der Salzburger Konditormeister *Paul Fürst* 1890 erfand. Unter dieser Bezeichnung darf sie nur an den vier Standorten der Konditorei Fürst in Salzburg – unter anderem in der Getreidegasse und am Mirabellplatz – verkauft werden. Bei Fürst wird der Inbegriff österreichischen Naschwerks bis heute ohne künstliche Zusatzstoffe und Konservierungsmittel handwerklich hergestellt. Deshalb ist die Spezialität im Original beschränkt haltbar und – zum Glück – nicht für den Verkauf im Supermarkt geeignet.

Süß oder scharf?

»Süß oder scharf?« Bei dieser Standardfrage an österreichischen Wüstelständen geht es nicht um die Wurst, sondern um das wichtigste Nebenbei. »Scharf« gilt dem

Estragonsenf, »süß« dem Kremser Senf, der jedoch würziger ist als sein bayrisches Weißwurstpendant.

Längst haben die Klopsebrater und Pizzaketten auch Österreichs Städte erobert. Doch der Würstelstand ist eine Institution geblieben, seit zu Kaisers Zeiten erste Lizenzen für fahrbare Verkaufsbuden zur Versorgung von Kriegsinvaliden vergeben wurden. Wer Fett und Teufel nicht scheut, gibt sich am Würstelstand ein Stelldichein – ob am Grazer Jakominiplatz oder gegenüber vom Riesenrad im Wiener Prater, ob bei der »Salzburger Würstelkönigin« oder am »Siedepunkt« in der Innsbrucker Maria-Theresien-Straße. Da die Imbissbetriebe meist bis zum frühen Morgen geöffnet haben, sind sie für hungrige Nachtschwärmer, Taxler und Fiakerfahrer oft die letzte Rettung.

Bei Burenwurst (Brühwurst), Käsekrainer (Brühwürste aus Schweinefleisch mit Käseanteil), Debreziner, Bosna (Bratwurst-Hotdog), Pferdeleberkäs oder Langos für Vegetarier treffen am Würstelstand Anzugträger und Sandler (Penner), Theaterbesucher und Schichtarbeiter aufeinander. Zum Imbiss gibt's die Peperoni unterschiedlichster Schärfe, die unvermeidlichen süßsauren Gurkerl, eingelegte Silberzwiebeln und frischen Kren. In Vorarlberg wird außerdem das sogenannte Zack Zack verkauft – Schweinefleisch mit Zwiebelsauce in einer Semmel.

Runtergeschwemmt wird das Ganze mit einem »Stifterl« (Piccoloflasche Wein), Gespritztem/Spritzer (Schorle), Almdudler (österreichische Spezialmarke) oder Himbeerkracherl (Himbeer-Limonade). Da und dort gibt es sogar Champagner zum Würstel. Für das häufig verlangte Bier in der 0,33-Liter-Dose hat sich in Wien der schöne Begriff 16er Blech eingebürgert, weil im 16. Gemeindebezirk die Wiener Großbrauerei Ottakringer angesiedelt ist. Und kennen Sie »Eitrige mit Gespiebenem«? Das sind Käsekrainer mit Kremser Senf. Mahlzeit!

In einigen Städten gibt es an bestimmten Plätzen nur Konzessionen für einen Nachtwürstelstand. So rollt die »Heiße Kiste« zum Beispiel erst abends um 18 Uhr auf das Platzl in Salzburgs Altstadt.

Frankfurter in Wien, Wienerle in Frankfurt

Der Oberfranke *Johann Georg Lahner* hat für gehörige Verwirrung gesorgt. Der 1772 geborene Bauernsohn hatte in Frankfurt eine Lehre als Metzger gemacht. Dort hat er wohl auch das Rezept für die Frankfurter Würstchen kennengelernt. Auf Wanderschaft gelangte Lahner nach Wien. Dort errichtete er mit einem Darlehen von 300 Gulden im Jahr 1804 in der Vorstadt eine eigene Selcherei.

Noch heute erinnert jedenfalls eine Gedenktafel in der Kaiserstraße, Ecke Neustiftgasse an das Fleischer-Geschäft. Dort bescherte Lahner den Österreichern jedenfalls das, was bei ihnen heute als Frankfurter Würstel oder kurz »Frankfurter« firmiert. Die geräucherte Köstlichkeit im Saitling (Naturdarm) war bald als Delikatesse in ganz Wien bekannt und machte den Oberfranken zum Lieferanten bei Hof. Prominente Liebhaber dieser als Gabelfrühstück und Zwischenmahlzeit beliebten Wurst sollen etwa *Johann Nestroy, Franz Schubert, Johann Strauß* gewesen sein – und ganz besonders *Adalbert Stifter,* der sich die Würstel von Freunden via Postkutsche in das 180 Kilometer entfernte Linz liefern ließ, was aus Haltbarkeitsgründen nur im Winter möglich war.

Nun sind die im Wasser kurz vor dem Siedepunkt zu erhitzenden Original Frankfurter Würstchen, die in der freien Reichsstadt schon im Mittelalter hergestellt wurden, in Deutschland als Produkt der Rhein-Main-Region seit 1929 streng geschützt. Weshalb die Wiener Frankfurter in Deutschland Wienerle genannt werden. Der Hauptunterschied zwischen den üblicherweise paarweise servierten Spezialitäten besteht darin, dass die Original Frankfurter aus reinem Schweinefleisch bestehen. Die Wiener Frankfurter dürfen dagegen auch Rind enthalten. Deren Inhalt unterscheidet sich wiederum nicht wesentlich vom

Sacherwürstel, das lediglich etwas länger ist. Außerhalb der beiden deutschsprachigen Nachbarländer haben sämtliche Spielarten Karriere gemacht, wobei es mit dem Inhalt ohnehin häufig nicht so genau genommen wird.

Fingerfood auf Österreichisch

Was anderorts Canapés oder Sandwichs, sind in Wien die belegten Brötchen. In unzähligen Geschäften werden sie *über* die Straße angeboten oder auch auf Bestellung nach Hause geliefert. Speck mit Ei, Salami, Geflügelleber, Matjeshering, Krabben, Sardinen mit Zwiebel, aber auch Karotten und Gervais, Champignon oder Wilder Paprika für Vegetarier – kunterbunt die Varianten, die mit Salat, Mayonnaise oder Sahnehäubchen in den gekühlten Vitrinen angeboten werden.

Stippvisite bei *Trześniewski* in der Wiener Dorotheergasse: Das 1902 gegründete Unternehmen mit neun Niederlassungen in Wien ist berühmt für seine Kreationen auf Schwarzbrot, die während eines Einkaufsbummels gern mal mit einem Dezi (Zehntelliter) Wein genossen werden.

Empfehlenswert sind auch die vier *Schnellrestaurants Duran* in Wien. Firmengründer Vladimír Duran hatte die Prager Tradition reichbelegter Weißbrotscheiben 1969 nach seiner Flucht aus der kommunistischen Tschechoslowakei auch in Österreich aufleben lassen. Inzwischen gehört die Familienfirma mit Franchise-Partnern in Budapest, Istanbul und im tschechischen Hradec Králové zu den größten Feinkostunternehmen Österreichs.

Vom »Grätzl« in die ganze Welt

»Es ist das Geheimnis der Marke Staud, dass es kein Geheimnis gibt«, schmunzelt *Hans Staud* (* 1948), der Fabrikant feinster Konfitüren und edelster Sauerkonserven. Der Abkömmling einer Wiener Dynastie von Obst- und Gemüsegroßhändlern meint damit, dass die Produkte seines Familienbetriebs den Geschmack ihrer natürlichen Bestandteile möglichst originalgetreu wiedergeben und ohne künstliche Konservierungsstoffe, Färbemittel oder gar Aromen auskommen. Sämtliche Erzeugnisse sind lactose- und glutenfrei. Mit diesem Rezept hat Hans Staud den elterlichen Betrieb zu einem Unternehmen ausgebaut, dessen Marmeladen, saure Gurkerln und Gläschen mit Wiener Kren an Feinkostadressen in 17 Ländern verkauft werden.

Der Einkauf in dem in Kaisergelb mit Grün gehaltenen Pavillon am Brunnenmarkt im 16. Wiener Gemeindebezirk ist ein Erlebnis. Auf den gläsernen Flächen der schlicht-eleganten Regale reihen sich feinste Konfitüren mit 70 Prozent Fruchtgehalt, Gläser mit Zuckersirup, Kompotte, eingelegte Paprika und pikante Chutneys. Es gibt Obst und Gemüse der Saison, Biobrot und Geselchtes von handverlesenen Erzeugern.

Etwa 330 000 Euro hat Diplomkaufmann Staud vor ein paar Jahren in sein »Standl« gesteckt. »Die Stammkunden haben mir mit der Todesstrafe gedroht, wenn ich etwas ändere«, erzählt er. So ist das Erscheinungsbild geblieben – aber mit einigen Raffinessen: Ein Milchglasschirm verbirgt eine Profiküche. Mit wenigen Handgriffen verwandelt sich die Vitrine in eine Bar. Und hinter einer verschiebbaren Wand hat der klavierspielende Unternehmer eine Bühne installieren lassen. Hans Staud erinnert sich gut an die Reaktionen auf seine Entscheidung, im etwas heruntergekommenen »Grätzl« (Stadtteil) Ottakring zu bleiben, statt an den mondänen Wiener Naschmarkt zu wechseln: »Jetzt ist klar, der Staud hat an Huscher!«

Staud's Wien (Pavillon)
Di – Sa: 8 bis 12.30 Uhr, Fr zusätzlich: 15.30 bis 18 Uhr;
  Mo, So und Feiertag geschlossen.
  Brunnenmarkt, Ecke Brunnengasse/Schellhammergasse, A-1160 Wien. Tel. +43/1/406 8805–21, *www. stauds.com*

Die regionalen Spezialitäten der österreichischen Küche sind derart vielfältig, dass man leicht den Überblick verlieren kann. Weit über 100 Hersteller von Lebensmitteln, die in kleinteiligen Strukturen produziert werden, haben das Agrarministerium und die Vermarktungsgesellschaft Agrarmarkt Austria in ihre Liste der »Genuss«-Regionen (www.genuss-region.at) aufgenommen. Hier einige Beispiele:

Burgenland
Esterhazy-Rostbraten: ein klassisches österreichisches, geschmortes Rindfleischgericht
Neusiedler-See-Fisch: Aal, Hecht, Karpfen, Zander
Pannonisches Mangalitzaschwein: Wiederentdeckung einer fast vergessenen Rasse
Paradeiserparadies von Erich Stekovics: Auf den Feldern nahe des Neusiedler Sees wachsen über 3200 alte Tomatensorten
Szegediner Krautfleisch: Das im ehemals ungarischen Burgenland verbreitete Gericht stammt nicht aus der magyarischen Stadt Széged, sondern geht auf die Szekler-Bevölkerung in Siebenbürgen zurück

Kärnten
Botízn: Germteigstrudel mit Nuss- oder Mohnfüllung
Frigga: Hausmannskost aus Speck, Hartkäse, Maisbrei

Glunder Käse: Kochkäse aus reifem Topfen (Quark)

Gurktaler Speck: luftgeselchter Schinkenspeck

Kärntner Kasnudeln: Nudeln mit Erdäpfel-Topfen-Füllung

Krainer Steinschaf: autochthone Rasse aus den Julischen Alpen im Dreiländereck Kärnten, Slowenien und Friaul

Pinze: klassisches Gebäck aus glasiertem Germteig

Sasaka: Brotaufstrich aus gehacktem Speck (kulinarische Spur der slowenischen Minderheit)

Schottzagale: schmalzgebackenes Festtagsgebäck

Niederösterreich

Marchfelder Spargel: Das Edelgemüse gedeiht zwischen Donau und March besonders gut

Mohnzelten: Erdäpfelteig mit Waldviertler Mohnmasse gefüllt; Waldviertler Graumohn ist patentiert

Wachauer Marillenknödel: Aprikosen aus der Donauregion Wachau sind ein Gedicht

Zwettler Bierknödel: Eine der bekanntesten Biermarken Österreichs wird in Zwettl gebraut

Oberösterreich

Linzer Torte: Torte mit Ribisel-(Johannisbeer-)Marmelade und Linzer Masse (Teig mit Mandel-, Persipan- oder Nussmasse)

Schlierbacher Käse: Biokäse vom Barockstift Schlierbach

Innviertler Surspeck: Der Rückenspeck wird mit Kochsalz und Knoblauch luftfrei eingelegt und mit verschiedenen Gewürzen »gesurt« (aromatisiert)

Oberösterreich/Salzburg
Reinanken: Forellenart, die in den Seen des Salzkammerguts vorkommt und den Renken bzw. Felchen vergleichbar ist

Salzburg
Lungauer Eachtling: lokale Speisekartoffel
Pinzgauer Kaspressknödel: flachgepresste Knödel aus Knödelbrot und Bierkäse
Salzburger Nockerln: Nachspeise aus geschlagenem Eiweiß mit Zucker-/Eigelbdecke
Tennengauer Almkäse: nach alter Tradition ausschließlich aus Heumilch hergestellt

Steiermark
Almenland Almochse: Rind aus dem Bergland bei Graz
Altsteirische Flecksuppe: Kuttelsuppe
Hochschwab Wild: Wild aus der obersteirischen Hochschwabregion
Hollersaft (Holundersaft) aus dem Vulkanland
Steirisches Wurzelfleisch: Eintopf mit Fleisch und Wurzelgemüse wie Karotten, Sellerie und Petersilienwurzel

Türkischer Sterz (Polentasterz): grobkörniger Brei aus Maisgrieß mit Grammeln (Speckgrieben)

Weizer Mulbratl: Schweinskarree, drei Wochen mit heimischen Gewürzen gebeizt und über Buchenholz kalt geräuchert

Zotter-Schokolade: Edelschokolade mit ungewöhnlichen Geschmackskombinationen wie Kürbiskern-Marzipan oder Hanf-Mokka

Tirol

Moosbeerkiachla: Süßspeise mit einer Heidelbeerenkonfitüre auf Eier-/Pfannkuchenteig

Ötztaler Ziachkiachle: Germteig mit frischen Johannisbeeren oder Preiselbeermarmelade und Puderzucker

Osttiroler Henkele: Rauchfleisch aus Rind, Lamm, Hirsch, Gams oder Wildschwein

Ruab'nkrapferl: Nudelteig gefüllt mit Karotten und Kartoffeln

Seinehanser: geselchte Schweinskochwürstchen aus St. Johann in Tirol

Tiroler Knödel: Aushängeschild der bäuerlichen Küche; Mehlknödel, Brotknödel, Erdäpfelknödel, Semmelknödel – je nach Region

Tiroler Speck: Geselchtes, zubereitet in einer Mischform aus nordischer Räucher- und mediterraner Trockenmethode, mit wenig Salz, wenig kaltem Rauch, viel Frischluft und einer Reifezeit von mehreren Wochen

Vorarlberg

Bregenzerwälder Alpkäse: aus kuhwarmer Milch von
Alm-Rindern

Großwalsertaler Bergkäse: Hartkäse aus naturbelas-
sener Milch

Kasnockn (auch »Knöpfle« oder »Kässpätzle« genannt): Das Grundrezept ist ein Nockerlteig, ein
unverzichtbarer Bestandteil der österreichischen
Hausmannskost

Ländle-Kalb: fettarmes Fleisch mit mildem Geschmack

Räßkäse: Schnittkäse aus Kuhmilch

Wien

Backhendl: paniertes Hähnchenfleisch

Buchteln: Süßspeise aus Germ-Teig

Palatschinken: spezielle Pfannkuchenart mit süßer,
seltener mit Gemüsefüllung (siehe auch Seite 63)

Tafelspitz: Spezialität aus gekochtem Rindfleisch erster
Qualität

Wiener Schnitzel: paniertes dünnes Kalbsschnitzel

Österreichische Kochpromis

Thomas Kahl, Luxusresort Es Fum auf Mallorca
Johann Lafer, TV-Koch und Hotel-Restaurant-Besit-
zer der Stromburg, Hunsrück

Mario Lohninger aus Saalfelden am Steinernen Meer (Salzburg), lebt in Frankfurt am Main, betreibt gleichnamiges Restaurant

Johanna Maier, als erste Frau vom Gault Millau mit vier Hauben ausgezeichnet; Besitzerin des Restaurants Hubertus in Filzmoos (Salzburger Land)

Karl und Rudi Obauer, Vier-Hauben-Köche des Restaurants Obauer in Werfen (Salzburger Land)

Wolfgang Puck, der gebürtige Kärntner lebt in Kalifornien und besitzt in den USA über 70 Restaurants (siehe auch Seite 196)

Heinz Reitbauer, Vier-Sterne-Koch in Wien (Meierei im Steirereck)

Sarah Wiener, in Deutschland geboren, aufgewachsen in Wien, Inhaberin des Lokals Das Speisezimmer, Berlin

Jenseits vom »Heckenglescher«:
Österreich und seine Tropfen

Aus heutiger Sicht war der österreichische Glykolskandal von 1985 ein Segen für die österreichische Weinbranche. Seit die Weinhauer (Winzer) im Osten und Südosten Österreichs massenhaft die sonst als Kühlmittel in Motoren verwendete Flüssigkeit als billiges Süßungsmittel in den Rebensaft schütteten, hat sich der Saft von der Maische getrennt. Schon allein die Kleinteiligkeit der 16 Weinbaugebiete macht der Massenproduktion einen Strich durch die Rechnung. Stattdessen wurde nach dem Glykolschock frühzeitig auf Qualität gesetzt – und das zahlt sich inzwischen aus. So sind »Heckenglescher« (Fusel) selten geworden. Die Winzer haben den Beweis angetreten, dass man aus Most (frisch gepresstem Traubensaft), Sturm (Federweißem) und Heurigem (neuem Wein) bei guter Pflege auch Tropfen kreieren kann, die selbst anspruchsvollen Gaumen munden. Mit imponierender Qualitätssteigerung trotzen die österreichischen Spitzenbetriebe der massiven internationalen Konkurrenz und stauben mit ihrem Grünen Veltliner oder Sauvignon Blanc, mit dem heimischen Zweigelt oder Blaufränkisch eine Auszeichnung nach der anderen ab (siehe auch Seite 104).

Aufgebaut hat das Image eine Generation, die an der wohl ältesten Weinbauschule der Welt in Klosterneuburg bei Wien studiert und dann internationale Erfahrung gesammelt hat. Infolgedessen haben sich viele Produzenten auf Biowein gehobener Qualität spezialisiert. Bei den hiesigen Jungwinzern und Jungwinzerinnen ist manch Tröpfchen zu ergattern, das zwar schon das Qualitäts-, nicht aber das Preisniveau der Etablierten erreicht hat. Weinstraßen (siehe auch Seite 139) samt Vinarien, wo die Rebenprodukte gekostet werden können, gibt es genug.

»A Stifterl, bitte!«:
Getränkebestellung auf Österreichisch

Wein (im Lokal)
– ein Dezi = ein Zehntelliter
– Achtel/Achterl/Achtele = ein Achtelliter
– Viertel/Vierterl/Viertele = ein Viertelliter
– Karaffe = offener Wein beim Heurigen/Buschenschank (in unterschiedlichen Größen)

Wein beim Kauf über die Straße
– Stifterl = kleine Weinflasche; Inhalt 0,375 Liter (einst als Sonderabfüllung des Chorherrnstifts Klosterneuburg für die Fluggesellschaft Austrian Airlines), inzwischen aber auch 0,20 oder 0,25 Liter
– Doppler = Zwei-Liter-Flasche

Bier im Lokal
– Pfiff = kleines Glas Bier (0,1 oder 0,2 Liter)
– Seidel (Westösterreich: Seiterl) = kleines Bier (0,3 Liter)
– Krügerl = Biermaß (0,5 Liter)

Heurige und Kellergassen

Eins vorweg: Wenn hier von Heurigen die Rede ist, sind nicht junge Kartoffeln gemeint. Die heißen in Österreich zwar auch »Heurige«, doch seine eigentliche Bedeutung hat das von heuer (diesjährig) abgeleitete Wort erst von den Weinhauern erhalten: als Bezeichnung für den frisch vergorenen Wein (heuriger Wein). Mittlerweile heißt ein ganzer Zweig der Österreich-Gastronomie so. Auch in den Weinvororten der Hauptstadt hat sich diese Form der steuerbegünstigten Selbstvermarktung erhalten. Die besonderen Abgaberegelungen sind eine der Ursachen dafür, dass die Heurigen abwechselnd in Mehrmonatsperioden geöffnet sind. Neben dem eigenen Wein, Gespritztem (Schorle) und alkoholfreien Getränken wird dort ein Selbstbedienungsbuffet mit Gebäck, Wurst, heimischem Käse, Aufstrichen, Grammelschmalz und Salat angeboten. Außerdem können sich die Gäste dort warme Gerichte wie Backhendl, Kümmelbraten, Karrée, Rindszunge, Serviettenknödel, Sauerkraut, Gemüse und natürlich frisch geriebenem Kren individuell zusammenstellen lassen.

Die »Stadttheurigen« hingegen vermitteln zwar die Atmosphäre der Originale, funktionieren aber wie gewöhnliche Gaststätten.

Ebenso wie der Heurige ist auch der »Buschenschank« (ein »Reisigbuschen« zeigt an, dass geöffnet ist) den deutschen Straußwirtschaften vergleichbar: malerische Winzerhöfe, oft mit blumengeschmückten Gärten. Zumindest in Ostösterreich werden Sie kaum einen Einheimischen finden, der nicht auf seinen Lieblingsheurigen oder seinen auserkorenen Buschenschank schwört.

Ein unvergessliches Erlebnis ist die Verkostung von Grünem Veltliner, Zweigelt oder Blauburgunder in den Kellergassen des Burgenlands und des *Weinviertels* bei Wien (siehe auch Seite 139). Die »Dörfer ohne Rauchfänge« liegen außerhalb der Ortschaften: aneinandergereihte Presshäuser (Keltern) und Gärkeller in Hohlwegen oder an den Hängen unterhalb der Weingärten. Das Kellerviertel Heiligenbrunn zum Beispiel umfasst 150 Weinkeller, wovon 55 noch mit Stroh gedeckt sind.

Nicht selten wird ein Auswärtiger von den freundlichen Weinhauerfamilien zum Probieren des eigenen Weins eingeladen und mit selbstgebackenem Obstkuchen oder belegten Broten bewirtet. Sehenswert auch die Kellergassenfeste, auf denen die Weinerzeugnisse und kulinarischen Spezialitäten ohne den üblichen Weinfesttrubel genossen werden können.

Trunkenheitsgrade

Damenspitzerl = Zustand leichter Alkoholisierung
Duliö = Schwips

eingspritzt = angetrunken
Dusl = Rausch
ein Mordsfetz(e)n = schwerste Trunkenheit
blunznfett = besoffen
Grinzinger Pizza = die kreisförmige Ausbreitung des
 Mageninhalts auf dem Bürgersteig nach exzessivem
 Alkoholgenuss
Schädlweh = Kopfschmerzen
Restfettn = Restalkoholspiegel

Vom Uhudler und Zierfandler

In Österreich sind 22 weiße und 13 rote Rebsorten für
die Produktion von Land-, Qualitäts- und Prädikats-
wein zugelassen. Hier die wichtigsten:

Weißwein
- *Grüner Veltliner (auch Weißgipfler genannt): Die
 Traube mit pfeffrig-würzigem Aroma wird auf einem
 Drittel der Weingärten Österreichs angebaut.*
- *Zierfandler (Spätrot): Diese autochthone Weiß-
 wein-Sorte wird eigentlich nur noch in der Thermen-
 region südlich von Wien vergoren. Die Anbaufläche
 von aktuell 85 Hektar ist weiter rückläufig.*

Rotwein
- *Zweigelt: Die populäre Kreuzung zwischen den*

Rotweinsorten St. Laurent und Blaufränkisch (in Deutschland: Lemberger) verspricht bei hoher Reife vollmundige und langlebige Weine mit Sauerkirscharoma. Solche Tropfen werden oft auch im Eichenfass als Barrique ausgebaut. Der Blaufränkisch hat sogar einer ganzen Region im Mittelburgenland ihren Namen gegeben.

- Schilcher-Sekt und -Wein: Der Roséwein wird aus der autochthonen Rebe Blauer Wildbacher hergestellt, die der heimischen Sorte Blaufränkisch eng verwandt ist. Schilcher-Wein und -Sekt dürfen nur aus der Steiermark kommen.
- Uhudler: Diese österreichische Spezialität wird im Südburgenland erzeugt. Der blassrote Cuvée (Verschnitt) mit intensivem Beerengeschmack wird aus seltenen Traubensorten wie Noah, Othello, Isabella, Jacquez, Clinton und Herbémont hergestellt.

Kathedralen für den Wein

Der Erfolg des österreichischen Weins manifestiert sich nirgends so wie in der modernen Architektur. Rund sechzig engagierte, teils gewagte Bauprojekte wurden seit den 1990er Jahren von der neuen Generation selbstbewusster Winzer im Burgenland, in Wien, in Niederösterreich und in der Steiermark realisiert. Wo früher der öltropfende Traktor neben dem

Weintank stand, prangt nun avantgardistische Weinarchitektur. Elegante Betonhallen und wohlgestaltete Holzkuben mit viel Glas bieten heute den passenden Rahmen, um optimiert zu produzieren und stilvoll zu degustieren.

Nachdem etliche Nebenerwerbsweingärtner infolge des Weinskandals von 1985 aufgegeben hatten, wuchsen die Flächen der Profis. Moderne Wirtschaftsgebäude, die Funktionalität und Ästhetik mit Zitaten der Tradition verbinden, mussten her. So ist zum Beispiel am Schaflerhof in Deutschkreuz (mittleres Burgenland), einem typischen Streckhof von 10 Meter Breite und 200 Meter Länge, das einzige österreichische »Zollinger-Lammellendach« entstanden: Unter der 70 Meter langen und zehn Meter breiten Holzkonstruktion, die an einen umgedrehten Schiffsrumpf erinnert, ruhen die Barriquefässer von Kellermeisterin Waltraud Reisner-Igler wie in einer Kathedrale.

Neben der angemessenen Betriebserweiterung spielte mit wachsendem internationalen Renommee des Weins auch die Produktpräsentation eine entscheidende Rolle für den Architekturboom. Die neuen Besucherräume sollten möglichst den Blick auf Weinfässer und Weingärten freigeben. So entstand zum Beispiel im Weinbauort Neusiedl am See eine Vinothek, in der die Tropfen von fast 150 burgenländischen

Winzern verkostet werden können. Das »Weinwerk Burgenland« lockt aber auch mit der gelungenen Verbindung des Gebäudekerns aus der Renaissance mit zeitgenössischer Architektur.

Feine Obstler, edle Brände

In Österreich hat das Schnapsbrennen eine lange Tradition. Manche Betriebe wie das Gasthaus Leidingerhof in Tiefgraben im oberösterreichischen Hausruckviertel und die Brennerei Lagler im burgenländischen Kukmirn haben ihr staatliches Monopol schon seit Mitte des 18. Jahrhunderts. Auf vielen Bauernhöfen wiederum wird seit Jahrhunderten »Obstler« aus heimischen Äpfeln und Birnen gebrannt – meist für den Hausgebrauch. Edle Brände werden aber auch aus Zwetschgen und Aprikosen destilliert.

Interessant wird es bei den Schnäpsen aus den verschiedensten Wildbeeren und -gewächsen – auch im Hinblick auf den Preis. Denn für einen Liter Himbeerbrand sind zum Beispiel bis zu 30 Kilo Früchte nötig. Weitere »Brandfrüchte«:

Adlitz- oder Elsbeeren (von hohen Bäumen im Alpenvorland)
Asperln (Mispeln)
Brombeeren

Haselnüsse
Holler-/Holunderbeeren
Kriecherln (kleine Wildkirschen)
Vogel-/Oschbeeren (Früchte der Eberesche)
Weichselbeeren (Sauerkirschen)
Zirben (aus den Zapfen der Zirbelkiefer)

Die Tiroler macht der *Enzianschnaps* lustig, und der Verkauf des *Zwetschgen-Wassers aus Stanz* bei Landeck macht sie froh.

Die Vorarlberger kredenzen das *Fraxner Kriesiwasser* (aus Süßkirschen der Gemeinde Fraxern über dem Rheintal).

Der *Pielachtaler-Dirndlbrand* hat höchstens in zweiter Linie mit der Bekleidung junger Mädchen zu tun, vielmehr stammt seine Frucht vom Dirndl-Strauch (Kornelkirsche) im niederösterreichischen Pielachtal. Aus den Dirndlfrüchten werden auch Saft, Marmelade und pikant eingelegte »Dirndl-Oliven« hergestellt.

Die *Wildschönauer Krautingerrübe* ist eine weiße Stoppelrübe, die traditionell im Hochtal der Wildschönau angebaut, verzehrt und mit historischem Privileg zum hochprozentigen *Krautinger* gebrannt wird.

Auch der Most hat einem Landstrich den Namen gegeben. Im niederösterreichischen Mostviertel ist damit nicht der frisch gepresste Rebensaft gemeint, sondern Wein aus gekelterten Äpfeln und Birnen. Gewidmet haben sich die dortigen Bauern und Gastwirte vor allem den Speck-, Pichl-, Dorsch- und Stieglbirnen, welche auf den Streuobstwiesen an den riesigen Vierkanthöfen wachsen.

Der bernsteinfarbene Most hat vier bis acht Volumenprozent Alkohol und in den letzten Jahren enorm an Popularität gewonnen. Ursprünglich von den Bauern nach etwa sechswöchiger Gärzeit als gemischter Apfel- und Birnenwein konsumiert, ist insbesondere der Birnenmost zum touristisch wirksamen Markenzeichen avanciert. An der 200 Kilometer langen »Moststraße« lädt eine Vielzahl von Mostheurigen zum Verkosten ein. Elf dieser Betriebe tragen inzwischen die Auszeichnung Top-Heurige.

Aus Liebe zu der einträglichen Tradition haben sich rund zwanzig »Mostbarone« zusammengefunden und sich dazu verpflichtet, »die Kultur rund um den vergorenen Birnenmost zu pflegen und weiterzuentwickeln«. Im »MostBirnHaus« (Gemeinde Ardagger nahe Amstetten) zum Beispiel können Jung und Alt in zwölf Stationen Wissenswertes über die Kunst des Birnenkelterns erfahren und viele Techniken selbst ausprobieren.

Zudem gibt es den österreichischen Mostsommelier-Verein, dessen ausgebildete Verkoster sich ebenfalls als Freunde und Förderer der Mostkultur in Österreich und ihren Zusammenschluss als zentrale Auskunftsplattform verstehen.

Whisky und Wodka aus Österreich

Die erste Whiskydestillerie Österreichs steht in der Ortschaft Roggenreith im niederösterreichischen Waldviertel. Da dort seit jeher Roggen angebaut wird, kamen Landwirt *Johann Haider*, seine Ehefrau Monika und Tochter Jasmin auf die Idee, den ersten Whisky aus Österreich herzustellen. 1998 war es so weit …

Mittlerweile wurde jede der neun Sorten ausgezeichnet – auch international – und der Familienhof zu einer Erlebniswelt *(www.roggenhof.at)* ausgebaut. Besucher können den Weg vom Korn zum Waldviertler Whisky verfolgen und die Produkte vor Ort verkosten.

Die Edeldestillerie *Josef V. Farthofer* aus Öhling in der Nähe von Amstetten kann sich sogar rühmen, im Jahr 2012 den besten Wodka der Welt gebraut zu haben. Farthofer holte bei dem renommierten Wettbewerb International Wine and Spirit Competition (IWSC) in London die begehrte Trophäe erstmals in den deutschsprachigen Raum und stellte damit knapp 2400 eingereichte Produkte in den Schatten.

Mehr als nur eine Alpenrepublik

»Alpenrepublik« – das Synonym für Österreich mag angehen. Knapp zwei Drittel der Landesfläche von 84 000 Quadratkilometern entfallen auf die ostalpinen Gruppen Tiroler Zentralalpen, Hohe Tauern und Niedere Tauern, die nördlichen und südlichen Kalkalpen, die Grauwackenzone vom Arlberg bis Kitzbühel und auf die Randgebirge der Alpen wie den Bregenzer Wald und den Wienerwald. Der Alpenhauptkamm quer durch Österreich ist nicht nur Wasser-, sondern auch Klimascheide. Nördlich davon bringen die Westwinde ozeanische Witterung, in den Süden wird oft feuchte Luft vom Mittelmeer transportiert. Der Osten hingegen wird von dem trocken-warmen Klima der pannonischen Tiefebene Ungarns beeinflusst. Die »Alpenrepublik« könnte aber genauso gut »Donaurepublik« genannt werden. Denn rund 360 der 2857 Kilometer des zweitlängsten europäischen Stroms fließen durch Österreich. Weite Teile der Mittelgebirge flussnördlich waren über Jahrhunderte bettelarm. Inzwischen jedoch bergen Mühlviertel, Waldviertel und Weinviertel manch touristischen wie kulinarischen Geheimtipp.

Die Hauptstadt Wien ist der »Wasserkopf« der Republik: Etwa 2,5 von 8 Millionen Österreichern leben in dem nordöstlichen Ballungsraum. Folglich heißt die A1 nach Salzburg in ganz Österreich »Westautobahn« und die A2 nach Graz »Südautobahn«. Ebenso weiß jeder Österreicher Bescheid, dass ein Tatort in Wien gemeint ist, wenn von einem Verbrechen im 16. Bezirk die Rede ist.

Bei Reisen nach und durch Österreich können Kenntnisse über die im Hinblick auf Nationalitäten und Volksgruppen etwas ausgefransten Republikränder nicht schaden.

So ließ zum Beispiel erst die gemeinsame Mitgliedschaft Österreichs und Italiens in der Europäischen Union die »Wunde Südtirol« (siehe auch Seite 298) verheilen. Das Burgenland im äußersten Osten wiederum gehörte einst zur ungarischen Reichshälfte der Monarchie, bevor es nach dem Ersten Weltkrieg Österreich zugeschlagen wurde. Die Vorarlberger im Westen – aus Wiener Sicht sind sie natürlich »hinter dem Arlberg« zu Hause – hätten sich damals gerne in Richtung Schweiz verabschiedet, durften es aber nicht. Die heutige Steiermark ist nur ein Teil des ehemaligen Herzogtums, denn die Untersteiermark gehört jetzt zu Slowenien. Eine slowenische Minderheit, die einen langen Kampf um ihre international verbrieften Rechte hinter sich hat, lebt bis heute im Süden Kärntens.

Österreich erstreckt sich in westöstlicher Richtung über maximal 577 Kilometer, in nordsüdlicher über 296 Kilometer. Der Stadtpark von Bad Aussee im Salzkammergut ist geographischer Mittelpunkt Österreichs. Doch am weitesten von irgendeiner Staatsgrenze entfernt (mehr als 100 Kilometer) liegt das steirische Gstatterboden im Gesäuse.

Österreichs tiefster Punkt: Hedwighof (Gemeinde Apetlon im Burgenland) mit 114 M. ü. M.

Österreichs höchster Punkt: Großglockner (Kärnten/Osttirol) mit 3798 M. ü. M.

Der längste Binnenfluss in Österreich: die Enns mit 254 Kilometern; sie kommt aus dem Salzburger Enns-Pongau und mündet etwa 25 Kilometer westlich von Linz in die Donau.

Die Längen der Republikgrenzen

784 Kilometer – Deutschland: Bundesland Bayern
430 Kilometer – Italien: Regionen Trentino-Südtirol, Venetien, Friaul-Julisch Venetien
366 Kilometer – Ungarn: Komitate Vas, Győr-Moson-Sopron

362 Kilometer – Tschechien: Jihomoravský kraj (Süd-
mähren), Jihočeský kraj (Südböhmen)

330 Kilometer – Slowenien: Regijb Gorenjska (Ober-
krain), Savinjska, Koroška (Unterkärnten), Po-
dravska, Pomurska

164 Kilometer – Schweiz: Kantone Graubünden,
St. Gallen

91 Kilometer – Slowakei: Bratislavský kraj (Pressburg), Trnavský kraj (Tyrnau)

35 Kilometer – Liechtenstein

Jahresmittel der Lufttemperatur: 11 Grad Celsius in
den inneren Bezirken Wiens; –9 Grad Celsius auf dem
Gipfel des Großglockners.

Der wärmste und der kälteste Monat: Juli bzw. Januar;
im Hochgebirge: August und Februar.

Die niedrigste jemals gemessene Temperatur in einem
bewohnten Ort in Österreich: –36,6 Grad Celsius in
Zwettl/Waldviertel am 12. Februar 1929.

Österreichischer Hitzerekord: in Neusiedl am See
am 8. August 2013 mit 40,6 Grad Celsius.

In Österreich fallen durchschnittlich etwa 3,3 Meter
Neuschnee jedes Jahr; bei Krems in der Wachau nur
0,3 Meter, am Sonnblick in den Salzburger Hohen
Tauern hingegen 22 Meter.

Die höchsten Berge

Großglockner
3798 Meter
Kärnten/Tirol
Hohe Tauern

Wildspitze
3768 Meter
Tirol
Ötztaler Alpen

Weißkugel
3738 Meter
Tirol/Südtirol (Italien)
Ötztaler Alpen

Glocknerwand
3721 Meter
Kärnten/Tirol
Hohe Tauern

Großvenediger
3662 Meter
Tirol/Salzburg
Hohe Tauern

Hinterer Brochkogel
3628 Meter
Tirol
Ötztaler Alpen

Hintere Schwärze
3624 Meter
Tirol/Südtirol (Italien)
Ötztaler Alpen

Similaun
3599 Meter
Tirol/Südtirol (Italien)
Ötztaler Alpen

Vorderer Brochkogel
3565 Meter
Tirol
Ötztaler Alpen

Großes Wiesbachhorn
3564 Meter
Salzburg
Hohe Tauern

Rainerhorn
3559 Meter
Tirol
Hohe Tauern

Die höchsten Berge der Alpen

Montblanc
4810 Meter
Frankreich
Montblanc-Massiv

Dufourspitze
4634 Meter
Schweiz
Monte-Rosa-Massiv

Montblanc de Cour-
  mayeur
4748 Meter
Italien
Montblanc-Massiv

Der höchste Berg Deutschlands

Zugspitzgipfel
2962 Meter
Deutschland
Zugspitzmassiv

Die flachsten Seen

Name (Bundesland)	maximale Wassertiefe
Illmitzer Zicksee (Burgenland)	1 m
Lange Lacke (Burgenland)	1 m
St. Andräer Zicksee (Burgenland)	1 m
Neusiedler See (Burgenland)	2 m
Almsee (Oberösterreich)	5 m
Alte Donau (Wien)	7 m

Die tiefsten Seen

Name (Bundesland)	Tiefe
Bodensee (Vorarlberg)	254 m
Traunsee (Oberösterreich)	191 m
Attersee (Oberösterreich)	171 m
Millstätter See (Kärnten)	141 m
Achensee (Tirol)	133 m

Die größten Seen

Name (Bundesland)	Fläche (in km²)
Bodensee (Vorarlberg)	539 (davon Österreich: 59)
Neusiedler See (Burgenland)	220
Attersee (Oberösterreich)	46
Traunsee (Oberösterreich)	25
Wörthersee (Kärnten)	19

Die Alpen und ihre Tücken

Mehr als zehn Millionen Fahrzeuge überqueren jedes Jahr die Alpen auf der Brennerautobahn – davon fast zwei Millionen Lastwagen. Mit dem Auto oder dem Motorrad lassen sich die 120 Kilometer von Innsbruck ins italienische Bolzano (Bozen) in anderthalb Stunden bewältigen, wenn kein Stau dazwischenkommt.

Wo Hochgebirge nur noch als Panorama hinter Autoscheiben wahrgenommen wird, geraten die Tücken der Bergwelt aus dem Blickfeld. Dabei haben die alpinen Gefahren in den letzten Jahrzehnten durch Klimawandel und Wetterextreme eher noch zugenommen. Hoch droben ist das am Gletscherschwund spürbar, der schon wegen des schmaler werdenden Wasserabflusses Bergwiesen und Schutzwälder verändert.

Die Durchschnittstemperatur in Österreich ist im vergangenen Jahrhundert um 1,8 Prozent gestiegen und damit schneller als in tiefer gelegenen Ländern. Der größte Gletscher Österreichs, die Pasterze am Großglockner, hatte im Jahr 1852 eine Fläche von etwa 26,5 Quadratkilometern. Inzwischen ist sie um die Hälfte geschrumpft … Die alljährlichen Messungen des österreichischen Alpenvereins ergaben zuletzt, dass nur zwei von 95 untersuchten Gletschern stabil geblieben sind. Acht der Bergwunder hingegen verloren in einem einzigen Jahr acht Meter von ihrem Eispanzer.

Schneemassen und Überschwemmungen

Klimawandel oder nicht: Die Schneemassen der vergangenen Winter haben die Lawinengefahr jedenfalls verschärft. In der Saison 2012/13 kamen 19 Menschen in Österreich durch herabwirbelnde Schneemassen ums Leben. Zu einer wahren Katastrophe hatte sich zuletzt der Abgang zweier Staublawinen in Galtür (Silvrettaregion) im Februar 1999 ausgeweitet: Sie erfassten auch Pensionen, die in einer als lawinensicher eingestuften Zone gebaut worden waren. 39 Menschen starben, Tausende Urlauber saßen tagelang wegen gesperrter Straßen im Katastrophengebiet fest. (Siehe auch Seite 243)

Seit der Jahrhundertwende wurden die Österreicher ebenso wie alle Bewohner an Donau und Elbe von desaströsen Überschwemmungen heimgesucht. Gleich zwei »Jahrhunderthochwasser« musste das Land am zweitlängsten Strom Europas über sich ergehen lassen.

Unwetter und Starkregen bedeuten im Hochgebirge immer auch eine erhöhte Gefahr durch Felsstürze und sogenannte Muren. 2013 rauschte ein solcher Hangrutsch mitten durch das historische Zentrum des oberösterreichischen Städtchens Hallstatt (siehe auch Seite 335). Die Region Hallstadt-Dachstein-Salzkammergut steht auf der UNO-Liste des Weltkulturerbes und umfasst auch die Mozartstadt Salzburg. Diese entging im Juli 2013 nur knapp einer Katastrophe: Eine fünf Tonnen schwere Felsplatte hatte sich aus einer Wand des Kapuzinerbergs gelöst und stürzte 60 Meter tief auf den Parkplatz eines Sexclubs. Da das Etablissement noch nicht geöffnet hatte, war der Parkplatz zum Glück menschenleer.

Mit 245 000 Beschäftigten sind Tourismusbetriebe der viertwichtigste Arbeitgeber hinter Handwerk (26 Prozent), Handel (21 Prozent) und Industrie (20 Prozent). Einschließlich der indirekt vom Fremdenverkehr abhängigen Betriebe basieren 14 Prozent der Stellen in Österreich auf dem Tourismus. Und der boomt derweil wie nie zuvor. 2012 erreichte die Zahl der Besucher und der Übernachtungen einen neuen Rekord: 36,2 Millionen Menschen verbrachten 131 Millionen Nächte in österreichischen Gästebetten – zwei Drittel der Touristen kamen aus dem Ausland. Schon spricht so mancher Kritiker – nicht nur -tümelnder Provenienz – vom »Ausverkauf der Heimat«. Und tatsächlich könnte man angesichts neuer Bettenburgen, die nur noch mühsam den Anschein alpiner Architektur wahren, nachdenklich werden …

Von Zahlen wie »2,5 Millionen Übernachtungen jährlich in einer Gemeinde von 4500 Einwohnern« ganz zu schweigen.

Herkunft	Aufent-halts-dauer	Ankünfte	Anteil in Nächten	Nächti-gungen
Deutschland	4,3	11 411 600	37,9	49 606 400
Österreich	3,0	12 013 300	27,5	35 964 200
Niederlande	5,5	1 714 500	7,2	9 389 100
Schweiz	3,6	1 275 600	3,5	4 557 800
Großbritan-nien	4,3	741 000	2,4	3 180 500
Italien	2,8	1 060 100	2,2	2 917 900
Belgien	5,2	494 000	2,0	2 583 100
Tschechien	3,4	619 300	1,6	2 123 900
Frankreich	3,5	519 500	1,4	1 818 900
Russland	3,7	476 400	1,4	1 785 800
Ungarn	3,4	472 800	1,2	1 624 200
Polen	4,1	362 900	1,1	1 478 700
Dänemark	4,6	316 900	1,1	1 447 300
Vereinigte Staaten	6,9	531 500	1,0	1 285 700
Rumänien	3,1	265 800	0,6	831 300

Im Sommer
Region Villach – Faaker See – Ossiacher See in Kärnten
Zillertal in Tirol
Salzkammergut im Dreiländereck Oberösterreich – Steiermark – Salzburg
Ötztal in Tirol
Bregenzerwald in Vorarlberg

Im Winter
Serfaus-Fiss-Ladis und Paznaun sowie Ischgl (beide Tiroler Silvrettagebiet)
Lech-Zürs in Vorarlberg
Tux – Finkenberg
Großarltal im Salzburger Land
Ötztal in Tirol

Reiseknigge für Österreich

Begrüßung und Abschied
Über das Thema gibt es ausreichend Material für mehrere Doktorarbeiten, aber keine genauen Regeln. »Guten Tag« geht ebenso wie »Ciao«. Es muss ja nicht unbedingt »Tach« oder »Tschüs« sein. »Gschamigster Diener« fällt eindeutig in das schwierige Feld der

Ironie. »Küss die Hand« zu sagen ist aus der Mode gekommen. Bussibussi auf die Wangen ist unter Bekannten und Bekannten von Bekannten zunehmend üblich.

Anrede
Hier kann man nicht altmodisch genug sein. Das »Frau Magister« oder »Herr Ingenieur« gehört in Österreich ebenso dazu wie der Hofrat vor dem Nachnamen. Unter Kollegen und Freunden setzt sich das spontane Du allmählich durch.

Bezahlen und Trinkgeld
»Einer für alle«, so lautet nach kurzer Diskussion meist das Fazit, wenn es ans Bezahlen geht. Die Eingeladenen werden dann beim erneuten Zusammensitzen darauf bestehen, die Rechnung zu begleichen. Für Trinkgeld wird die Rechnung, so eine gestellt wird, um fünf bis zehn Prozent aufgerundet. Hotelbedienstete erhalten je nach Serviceumfang und Budget des Gastes zwischen 50 Cent und 5 Euro.

Kleidung
Im internationalen Geschäftsleben gilt der Trachtenlook als unpassend; in Österreich sind Steirer Anzug, Janker und schickes Dirndl hingegen auch bei offiziellen Anlässen möglich – im Tourismusgewerbe sogar ein Muss. Ansonsten passen sich die Österreicher/

-innen beim »G'wand« der Adidas-H&M-Genera-
tion an, es sei denn, es geht um die Garderobe für
Ausnahmeereignisse wie den Wiener Opernball, wo
langes Abendkleid und Frack Vorschrift sind (siehe
auch Seite 267).

Aus gutem Grunde sei an dieser Stelle nochmals
erwähnt: Kirchen und Museen betritt man in dezenter
Kleidung und nicht in von Bier geformter wamperter
Nacktheit.

»Schau'n ma mal«

In Österreich sind Hetzen und Drängeln ein absolutes
No-Go (auch auf der Autobahn). Verspätungen müssen bei Verabredungen einkalkuliert werden und werden mit einem Schmäh verziehen. »Red' ma uns noch
zusammen« heißt »Lass uns noch mal telefonieren«
und bedeutet meist, dass ein Anruf auf keinen Fall
erfolgen wird. Entscheidungen dauern in Österreich
zwar etwas länger, aber in der Regel kommt auch was
Gescheites dabei heraus. Genießen Sie also lieber die
Gelassenheit, werden Sie nicht nervös. Und fangen
Sie bloß nicht an, die Menschen in Ihrer Umgebung
zu Nichtrauchern oder Biofanatikern erziehen zu
wollen …

Des Kaisers »Sommerhäuschen« stand im Salzkammergut. Sechs Jahrzehnte lang verbrachte der backenbärtige Franz Joseph die Hundstage in der Kaiservilla zu Ischl. Seine Mutter, die Erzherzogin Sophie, hatte das Anwesen anlässlich der Hochzeit ihres Sprösslings mit der schönen Wittelsbacherin Elisabeth (Sisi) im Jahr 1854 erworben. Der deutsche Kaiser Wilhelm I., Kanzler Otto von Bismarck, König Georg von Griechenland, König Milan von Serbien, König Carol von Rumänien sowie König Eduard VII. von England machten dem Herrscher der Doppelmonarchie in Ischl ihre Aufwartung. Hier war es auch, wo Franz Joseph I. die verhängnisvolle Kriegserklärung an Serbien unterschrieb: Auftakt des Ersten Weltkriegs.

Heutige Königsfamilien verbringen gerne Winterurlaub in Österreich. Man bevorzugt dafür den schneesicheren Arlberg, wo der Skisport einst seinen ebenso erfolg- wie folgenreichen Anfang nahm. Die Vorarlberger Zwillingsorte Lech und Zürs weisen im Winter die höchste Dichte an gekrönten Häuptern auf. Lady Diana kam zwischen 1991 und 1995 viermal mit den noch pausbäckigen Prinzen Harry und William. Auch Hoheiten wie die niederländische und die spanische Königsfamilie, Kronprinzessin Viktoria von Schweden, die norwegische Kronprinzessin Mette-Marit und Caroline von Monaco wurden schon auf den Pisten von Lech und Zürs gesichtet. Und der König von Jordanien gönnt sich schon mal ein komplettes Stockwerk in einem Luxushotel.

Am Arlberg tummelt sich aber selbstverständlich auch bürgerliche Prominenz. Der frühere Formel-1-Rennfahrer Niki Lauda, die Schauspielerinnen Iris Berben und Veronica Ferres sowie ihr Kollege Klaus Maria Brandauer sind wahre Arlberg-Fans. Der eigentliche Promiprunk findet allerdings jenseits des Arlbergpasses statt: im Tiroler Skiort Ischgl. In der Edeldisco Madlein-Pacha feiert schon mal Paris Hilton ihren Geburtstag, begleitet von einem Ständchen der australischen Popsängerin Kylie Minogue.

Geldadel in Salzburg

Wegen seiner häufigen Urlaubsaufenthalte ist er sogar zum Ehrenbürger von St. Gilgen am Wolfgangsee ernannt worden: Dauergast und Dauerkanzler Helmut Kohl. Doch wer den wirklich Einflussreichen begegnen will, sollte sich im Hochsommer ins nahe gelegene Salzburg bemühen. Pünktlich zur Eröffnung der Festspiele versammelt sich dort stets der Geldadel. Friede Springer, Renate Thyssen-Henne, Wolfgang Porsche und Gert-Rudolf (»Muck«) Flick tauchen dann für Momente im Blitzlichtgewitter auf, bevor sie wieder hinter den Hochsicherheitsmauern ihrer weitläufigen Besitzungen verschwinden.

Kitzbühel: Mekka der Bussi-Bussi-Gesellschaft

In Kitzbühel wiederum gibt sich die Münchner Schickeria ein winterliches Stelldichein. Der Tiroler Nobelskiort, der in seiner Geschichte mehrmals bayrisch war und nur 130 Kilometer von der bayrischen Hauptstadt entfernt ist, wird von der Schickimicki-Szene gewissermaßen als Münchner Vorort betrachtet. Dann tauchen die üblichen Verdächtigen auf den Society-Events auf. Ein »Must« ist für sie das berühmte Weißwurst-Essen beim »Stanglwirt« am Hahnenkamm-Wochenende, bevor sich die Alpinen die berüchtigte Streif von Kitzbühel herunterstürzen. Als Aushängeschilder eingeladen sind dann etwa Starkoch Alfons Schuhbeck, Schauspieler-Nestor Mario Adorf, Schlagersängerin Andrea Berg und Kollege Gerry Friedle alias »DJ Ötzi«, der Wiener Liedermacher Wolfgang Ambros oder Schriftsteller Joseph Vilsmaier, Skisprung-Überflieger Sven Hannawald und Schwimm-»Albatros« Michael Groß.

Auf Europareise schaut gerne auch »Arnie« Schwarzenegger mal vorbei. Und Schmusesänger Hansi Hinterseer hat in diesem Ort eh ein Heimspiel, denn der Ex-Skirennläufer stammt aus dieser Tiroler Wintersportkommune.

Marterln, Klos und Pompfüneberer

Zwischen Donau und Drau ist so manches kuriose Museum zu entdecken.

»Verhüt's Gott« ist zu gefährlich: Condomi-Museum
Rund 300 Exponate illustrieren im Kellergewölbe eines Wiener Erotik-Fachgeschäfts Verhütungsmethoden, Kondomgeschichte und das Thema Sex im Allgemeinen.

Liebenswert – feminine Lebensart
Esterhazygasse 26, A-1060 Wien
Mo – Fr: 12 bis 19 Uhr, Sa: 12 bis 18 Uhr
Tel. +43/1/595 5255
www.liebens-wert.at/veranstaltungen/condomi-museum

Die Kunst der künstlichen Musik:
Eboardmuseum Klagenfurt
Auf 1700 Quadratmetern sind Synthesizer, E-Pianos, elektromagnetische Hammonds, elektronische Orgeln, Sampler, Drummachines etc. ausgestellt und können dort ausprobiert oder einfach bespielt werden.

Eboardmuseum Gert Prix
Florian-Gröger-Straße 20, A-9020 Klagenfurt
Täglich: 14 bis 19 Uhr
Tel. +43/699/19 144 180
www.eboardmuseum.com

Eine Sprache fürs Vielvölkerreich:
Esperantomuseum Wien
Hofrat Hugo Steiner gründete das Museum dieser
Kunstsprache 1927. In der weltweit größten Fachbi-
bliothek für Plansprachen sind ca. 500 Plansprachen
dokumentiert; die wichtigsten: Esperanto und Inter-
lingua.

Esperantomuseum Palais Mollard
Herrengasse 9, A-1015 Wien
Oktober bis Juni
Mo – Mi: 9 bis 16 Uhr, Do: 12 bis 19 Uhr, Fr: 9 bis
13 Uhr
Juli bis September
Mo – Fr: 9:00 bis 13 Uhr Tel. +43/1/534 10 – 730
www.oeb.ac.at/esperantomuseum.htm

»Gestehe er!« – Foltermuseum auf Burg Sommeregg
Auf dieser Kärntner Burg können Besucher sich
vor den Folterinstrumenten in den Verliesen grau-
len, Zeugen einer Hexenverbrennung werden, ihren
Scharfrichtern ins Auge blicken oder ihre Vorfahren
am Pranger bedauern.

Foltermuseum auf Burg Sommeregg, Schlossau 7,
A-9871 Seeboden

April: täglich 11 bis 17 Uhr

Mai/Juni: täglich 10 bis 18 Uhr

Juli/August: täglich 10 bis 20 Uhr

September/Oktober: täglich 11 bis 17 Uhr

Tel.: +43/4762/81 391

www.folter.at; www.sommeregg.at

Der lustige Friedhof in Tirol

Rund 200 000 Gäste jährlich zählt dieser Friedhof, den
eine Kunstschmiede-Familie nach jahrzehntelanger
Sammeltätigkeit in Nord- und Südtirol, Salzburg und
Bayern angelegt hat – vor allem wegen der mannig-
faltigen, teils martialischen Inschriften (siehe auch
Seite 230) auf den alten Grabkreuzen. Ein Beispiel:
Aufigstiegn – obagfallen – hingwösen.

Museumsfriedhof Kramsach, Hagau 80, A-6233
Kramsach

Untertags ganzjährig geöffnet.

Tel. +43/5337/62 447

*www.tirol-infos.at/kufstein/museumsfriedhof-
kramsach.html*

*Esoterisches Platzl: Das Kräftereich St. Jakob
im Walde*

Warum bevorzugen Hunde »gute Plätze«? Sind
Mondphasen wirklich für den Friseurtermin von

Belang? Und können Gedanken unsere Körperkraft beeinflussen? Auf 1600 Quadratmetern werden Besucher in verschiedenen Themenräumen mit den Facetten der »Kraft« vertraut gemacht. Zu bewundern sind unter anderem ein Chakrenturm, überdimensionale Hörglocken mit Klängen der Weltreligionen und ein lautloser Wasserstrahl.

Kräftereich St. Jakob im Walde, Kirchenviertel 70, A-8255 St. Jakob im Walde

30. März bis 31. Oktober: täglich von 9 bis 17 Uhr

Tel. +43/3336/20 257

www.kraeftereich.at

Galgenvögel und Attentäter:
das Wiener Kriminalmuseum

Das Museum im Keller des »Seifensiederhauses«, einem der ältesten Häuser der Wiener Leopoldstadt, zeigt unter anderem den letzten Galgen des Scharfrichters Lang und eine Guillotine. Dokumentiert sind einschlägige Aspekte der Wiener Kriminalgeschichte wie der mittelalterliche Strafvollzug, die Hinrichtung der Gattenmörderin Theresia Kandl, bekannt als »Greißlerin vom Hungelbrunn«, und das Attentat auf den jungen Kaiser Franz Joseph.

Wiener Kriminalmuseum, Große Sperlgasse 24, A-1020 Wien

Do bis So: 10 bis 17 Uhr

www.kriminalmuseum.at

Und das elektrische Klavier klimperte leise …:
Mechanische Klangfabrik

Ein selbstspielendes Klavier ist der Höhepunkt dieser beeindruckenden Dokumentation der mechanischen Musik und ihrer Entwicklung. Untergebracht ist die »Klangfabrik« in einer früheren Textilfabrik. Die ausgestellten Automaten können nicht nur betrachtet, sondern – dem Museumsmotto »Musik liegt in der Luft« gemäß – auch angehört werden.

Museum Mechanische Klangfabrik, TuK Vonwiller, Stelzen 16, A-4170 Haslach an der Mühl

Öffnungszeiten nach Vereinbarung.

Tel. +43/7289/71 557 oder +43/7289/72 300 *www.mechanischeklangfabrik.at*

Mit dem Kaiser zu Fuß unterwegs:
Kleines Sanitärmuseum

Menschlichem und allzu Menschlichem widmet sich dieses Museum im südsteirischen Leibnitz. Das älteste Stück, ein barockes Zimmerklosett, ist aus dem Jahr 1683. Zu sehen sind unter anderem mobile Toiletten, die auf Kutschen mitgeführt wurden, und eine platzsparende, weil ausklappbare Schrankwanne aus den 1960er Jahren.

Walter Haas Installateur GmbH, Fettinger Gasse 13, A-8430 Leibnitz

Mo bis Do: 8 bis 12 Uhr und 13 bis 17 Uhr, Fr: 8 bis 12 Uhr und 13 bis 16 Uhr, Sa/So und an Feiertagen nach vorheriger telefonischer Terminvereinbarung.

Tel. +43/3 452/820 47
www.walterhaas.at

Arnie's Life
Das Museum ist im Geburtshaus der »steirischen Eiche« in Thal-Linak bei Graz untergebracht. Laut eigenen Angaben ist es das einzige Museum weltweit, das den Namen Arnold Schwarzenegger tragen darf und von ihm persönlich mit Originalen bestückt wird.

Arnold Schwarzenegger Museum, Linakstraße 9, A-8051 Thal
31. Oktober bis 3. März
Mi – So: 10 bis 16 Uhr
4. März bis 27. Oktober
Mo – So: 10 bis 17 Uhr
Tel. +43 (0)316/571 947
www.arnieslife.com

»Stille Nacht« an der Salzach (Hallein)
Ausstellung von Originalautographen und Originaldokumenten über die Entstehung und Verbreitung des wohl berühmtesten Weihnachtsliedes. Direkt gegenüber dem Museum liegt die ehemalige Wirkungsstätte des Organisten und Komponisten Franz Xaver Gruber: die Stadtpfarrkirche. Auch Grubers Grab ist in Hallein, und zwar vor seinem einstigen

Wohnhaus. Jeden Heiligabend um 17 Uhr versammeln sich hier Menschen aus aller Welt zum »Singen am Grubergrab«.

Stille Nacht Museum, Gruberplatz 1, A-5400 Hallein
7. Januar bis Erster Advent: täglich 15 bis 17 Uhr
Erster Advent bis 6. Januar: täglich 11 bis 17 Uhr
Tel. +43/6245/85 394
www.stillenachthallein.at

Ein Pülverchen für jedes Leiden:
Theriak Museum
Einst von König Mithridates von Pontus um 100 v. Chr. als Allheilmittel und Gegengift entwickelt, wurde dem Theriak nun in den 300 Jahre alten Räumlichkeiten der Grazer Mohren-Apotheke ein eigenes Museum gewidmet. Im Mittelalter erlebte der Theriak seine Hochblüte, vor allem in Italien, wo er unter behördlicher Aufsicht und öffentlich hergestellt wurde. Der Theriak setzte sich aus 50 bis 300 verschiedenen Bestandteilen zusammen, von denen Opium und Vipernfleisch besonders dominant waren. Die letzte offizielle Theriak-Rezeptur fand sich 1953 im Deutschen Arzneibuch.

Apothekenmuseum Winkler, Herzog-Friedrich-Str. 25, A-6020 Innsbruck
Ganzjährig nach telefonischer Voranmeldung zu besichtigen. Tel. +43/512/58 93 88

Kitsch und Realität: Wilderermuseum St. Pankraz
Die geschichtlichen und sozialen Hintergründe der Wilderei werden in diesem Museum ebenso dokumentiert wie die Bestrafung der Wildschützen, einzelne Wildererschicksale und die legendäre Wildererschlacht von Molln. Das Museum zeigt Wildererwaffen und Fangeisen, veranschaulicht aber auch die kitschige Wildererromantik, die in Heimatfilmen, Romanen und Liedern vermittelt wird.

Verein Wilderermuseum St. Pankraz, Kniewas 17, A-4572 St. Pankraz

Tel. +43/7565/313 33

www.wilderermuseum.at

»A schene Leich«: Bestattungsmuseum Wien
Im Haus der Pompfüneberer, wie das Gewerbe der Bestattungsunternehmer in Verballhornung des französischen Ausdrucks in Wien heißt, werden zum Beispiel der wiederverwendbare Klappsarg aus der Zeit Joseph II. gezeigt sowie Glocken, die über dem Grab angebracht und über eine Schnur mit der Hand des Beerdigten verbunden wurden. Auf diese Weise sollten Scheintote die Möglichkeit bekommen, ein Lebenszeichen von sich zu geben.

Wichtig: Das Museum ist wegen des Umzugs an den *Wiener Zentralfriedhof* (Simmeringer Hauptstr. 234, A-1110 Wien) voraussichtlich erst wieder ab September 2014 geöffnet.

Auf vier oder zwei Rädern durch die Alpenrepublik

Die zehn höchsten Alpenpässe Österreichs

Name	Ausgangs-punkte	Pass-höhe	Winter-sperre	Land	Maut
Timmels-joch	Sölden – St. Leonhard (I)	2474	ja	Tirol/ Italien	ja
Staller Sattel	St. Jakob – Antholz (I)	2052	ja	Ost-Tirol/ Italien	nein
Kühtai-sattel	Oetz – Sellrain	2017	nein	Tirol	nein
Hahn-tennjoch	Boden – Imst	1894	ja	Tirol	nein
Arlberg-pass	St. Anton – Stuben	1793	nein	Tirol/ Vorarl-berg	nein
Sölkpass	St. Nikolai – Schöder	1788	ja	Steier-mark	nein
Flexen-pass	Stuben – Lech	1773	nein	Vorarl-berg	nein
Furkajoch	Laterns – Damüls	1760	ja	Vorarl-berg	nein

Köstliche Weinstraßen

Niederösterreich (Weinviertel)
Mit 830 Kilometern Länge gehört die Weinstraße Niederösterreich zu den längsten der Welt. Sie führt durch die acht niederösterreichischen Weinbaugebiete, in mehr als 150 Weinorte und zu rund 1500 Genussplätzen.

Burgenland
Gleich vier Weinstraßen führen durch das Burgenland. Auf den Weinstraßen im Mittelburgenland, Südburgenland, Neusiedler See und Neusiedler See-Hügelland durchquert man rund 16 000 Hektar Weinanbaugebiet.

Steiermark
Die Oststeirische Römerweinstraße führt zwischen Gleisdorf, Hartberg und Bad Waltersdorf durch sanftes Hügelland mit Weinbergen und kleinen Wäldchen. Archäologische Spuren in dieser alten Kulturlandschaft reichen bis zur Jungsteinzeit zurück.

Die Südsteirische Weinstraße zwischen Ehrenhausen und Leutschach führt 25 Kilometer durch die größte Weinbauregion der Steiermark. Hier gedeihen einige der besten Weißweine der Sorten Welschriesling, Sauvignon Blanc und Muskateller. Zudem gibt es Chardonnay, der in der Steiermark Morillon genannt wird.

Österreichische Romantikstraße
Die Strecke führt über rund 380 Kilometer von Salzburg nach Wien unter anderem durch das Salzkammergut mit Ausblicken auf idyllische Seen vor imposanter Bergkulisse. In der Wachau schließlich fährt man entlang der Donau mit Reb- und Waldhängen an den Ufern.

Mühlviertler Weberstraße
Die goldenen Zeiten des Weberhandwerks sind schon lange vorbei, aber im Mühlviertel sind ihre Traditionen noch zu besichtigen. Reisende auf der Mühlviertler Weberstraße lernen Interessantes über den Produktionsprozess vom Flachsanbau bis zur Herstellung feiner Leinenstoffe.

Österreichische Eisenstraße
Die Region »Eisenwurzen« im Dreiländereck von Oberösterreich, Niederösterreich und Steiermark war früher ein Wirtschaftsraum. Mit dem steirischen Erzberg als Zentrum stand die Region einst mit der Wirtschaft in ganz Europa in Beziehung. Die Tour mit einer Länge von rund 100 Kilometern ist eine spannende Zeitreise von der Vergangenheit bis in die Gegenwart von Erzabbau und Verhüttung.

Käsestraße Bregenzerwald

Im Bregenzerwald wird aus bester Milch ein würziger Bergkäse erzeugt. Die Käsestraße lehrt auf 100 Kilometern Länge Wissenswertes über Herstellung, Lagerung und Vertrieb.

Ja, mir san mit'm Radl da

Jeder dritte Österreicher über 15 Jahren tritt täglich oder mehrmals die Woche in die Pedale, um mit dem Rad zur Arbeit zu fahren oder Besorgungen zu machen. In Vorarlberg liegt der Anteil der Alltagsradler bereits bei 48 Prozent. Schlusslicht ist Wien, in dessen engen Gassen nur 19 Prozent ihren »Schlapfendampfer« (Schlapfen = Hausschuhe) als Fortbewegungsmittel im Alltag benutzen.

Die Pedalritter unter den Österreichtouristen haben die Wahl zwischen Mountainbikestrecken, Kulturradwegen und Genusstouren, für die meist GPS-Tracks zur Verfügung stehen. Und wer's luftig und trotzdem bequem mag, der steigt einfach aufs E-Bike.

Tipps:
- Elektrisch durchs Wachauer Landl: Elektro-Fahrräder und E-Mountainbikes, Elektro-Scooter und Segways (einachsige Elektroroller) stehen an spe-

ziellen Verleihstationen bereit und ermöglichen Wachau-Urlaubern und Ausflugsgästen umweltfreundliche Mobilität. Öffentliche Ladestationen gibt es in Melk, Emmersdorf, Aggsbach-Dorf, Spitz und Krems. Aber auch bei 13 Verleihbetrieben – Hotels, Gasthäuser, Cafés – kann gratis Strom getankt werden.

- Mit dem Radl durchs Salzkammergut: Ausgehend vom Kaiserbad Ischl führt der 63 Kilometer lange Rundweg durch die traditionsreiche Urlaubsregion entlang an Wolfgang-, Mond- und Attersee, zum Fuß des Höllengebirges, zur Weißenbachschlucht und zurück nach Ischl. Trotz einiger steiler Anstiege ist die Strecke bei einem Höhenunterschied von nur 300 Metern auch für weniger Geübte zu bewältigen.

- Auf der Weltkulturerberoute durch die Steiermark: Die »Von Ghega nach Graz«-Route ist Teil des Murr-Radweges und führt von Semmering (siehe auch Seite 165) bis Graz mit seinem Schloss Eggenburg: drei UNESCO-Weltkulturerbestätten auf einem Trip. Die zweitägige Radtour über 112 Kilometer gilt als familientauglich.

- Mit Genuss auf dem Neusiedler-See-Radweg durchs nördliche Burgenland: Die Tour entlang des Weiden- und Schilfgürtels am österreichischen und ungarischen Seeufer ist ein Klassiker unter den europäischen Radausflügen. (121,8 km)

- Auf dem Mountainbike durch die Kalkalpen: Diese relativ leichte Tour zur Blahbergalm führt durch den oberösterreichischen Nationalpark Kalkalpen auf eine der schönsten Almen Österreichs. Strecke: knapp 54 Kilometer / 706 Höhenmeter. Fahrzeit: 2,5 bis 4 Stunden.
- Durchs Montafon in Vorarlberg auf den Itonskopf: Diese Trasse ist nur etwas für trainierte Mountainbiker. Denn auf einer Länge von 20 Kilometern müssen am »Sonnenbalkon« Bartholomäberg 1050 Höhenmeter bezwungen werden. Die Fahrzeit liegt bei drei Stunden.
- Mit dem Rennrad über die Passhöhe der alten Arlbergstraße: Die 24,5 Kilometer lange Westroute von Innerbraz in Vorarlberg klettert über 1085 Höhenmeter nach oben. Besonders attraktiv für Radfahrer ist der östliche Anstieg von Pians (1006 M. ü. M.) aus.
  Der alte Arlbergpass ist Teil des Montafon-Arlberg-Marathons *(www.montafon-arlberg-marathon. com)*, der im August auf 148 Kilometern über 2400 Höhenmeter von St. Anton über den Pass ins Montafon und über die Silvrettastraße und das Paznauntal zurück nach St. Anton führt.
- Ab in die Tiroler Bike-Parks: Die beiden Bike-Parks liegen im Brixental und im Wipptal am Fuße des Brenners. Der Park im Brixental eignet sich auch für Mountainbike-Anfänger; die 2,5 Kilometer lan-

ge »Red Devil«-Piste hingegen ist mit dem Höhenunterschied von etwa 380 Metern selbst für Fortgeschrittene eine Herausforderung.
Die 3 Kilometer lange Downhill-Strecke im Wipptal, zu deren Startpunkt eine Gondelbahn führt, wurde sogar mit einer Zeiterfassung ausgestattet.

- Unterwegs in den Kärntner Nockbergen: Die naturbelassenen Trails führen auf über 2000 Meter hohe Berggipfel.
- Biken am Hintertuxer Gletscher (Zillertal): Durchtrainierte Mountainbiker können die 600 Höhenmeter von Hintertux (1300 M. ü. M.) bis zur Sommerbergalm in etwas mehr als einer Stunde schaffen. Bequemere Radelfans nutzen die kostenlose Bikebeförderung zur Sommerbergalm. Von dort führt eine Trasse weiter zum Tuxerjoch.
- Mit dem Radl durch Wien: In der Bundeshauptstadt gibt es jede Menge Führungen auf zwei Rädern: von der »Classic Vienna Radtour« über die »smart ebike design tour« – samt Besichtigung der Werke von Architekturstars wie Hans Hollein, Zaha Hadid, Gustav Peichl und Friedensreich Hundertwasser (siehe auch Seite 290) – entlang am Freizeitparadies Donauinsel und am Donauufer bis hin zu einer abendlichen Happy Hour Tour.

Rund 300 000 Pedaleure nutzen jährlich den österreichischen Abschnitt des Donauradwegs; etwa ein Fünftel von ihnen legt die gesamten 360 Kilometer zwischen den Grenzstationen beim niederbayrischen Passau und der slowakischen Hauptstadt Bratislava (Pressburg) in drei bis fünf Tagesetappen zurück. Wie so oft in Österreich, locken landschaftliche Reize, romantische Ortschaften und gekonnte Gastlichkeit. Doch kann die Strecke, die zumeist über den einstigen Treppelweg (Treidelpfad) führt, auch als Streifzug durch die jüngere Geschichte Österreichs betrachtet werden.

In Linz beginnt's ...
Die drittgrößte Stadt Österreichs war im vergangenen Jahrhundert als staubige Industriestadt berüchtigt. Den schlechten Ruf verdankte sie ihrem größten Arbeitgeber, den Stahlwerken der *Voestalpine AG*. Das Motto der Kommune am südlichen Donauufer lautet *Linz bewegt* – und tatsächlich hat sich in der Hauptstadt von Oberösterreich in der letzten Zeit viel bewegt. Die Luftverschmutzung wurde derart radikal bekämpft, dass Linz 2006 den Titel *Naturfreundlichste Gemeinde Österreichs* einheimste.

Alljährliche Kulturveranstaltungen: *Klangwolke, Brucknerfest, Pflasterspektakel, Filmfestival Crossing Europe.*

Ein Highlight: *Ars Electronica Center*, Heimat des 1979 gegründeten *Ars Electronica-Festivals* für Computerkunst; abends spiegeln sich die 40 000 Leuchtdioden an der Fassade des Ars Electronica Centers zusammen mit der illuminierten Glasfassade des Lentos eindrucksvoll in der Donau.

Ganz traditionell: das Markenzeichen der Stadt, die Original Linzer Torte (nach dem ältesten bekannten Tortenrezept der Welt), gibt es zu genießen in Leo Jindraks »Haus der Original Linzer Torte« (inklusive Mitmach-Backstube), Herrenstraße 22–24.

Gedenken in Mauthausen

Oberhalb der ehemaligen Zollstation Mauthausen, etwa 20 Kilometer von Linz entfernt, liegt die Gedenkstätte KZ Mauthausen. Das größte Konzentrationslager auf österreichischem Gebiet wurde im August 1938 eingerichtet. Bis zur Befreiung durch US-amerikanische Truppen am 5. Mai 1945 kamen in Mauthausen und dessen Nebenlagern mehr als 100 000 Menschen aus ganz Europa ums Leben. Auf der steilen »Todesstiege« brachten die SS-Schergen die entkräfteten Häftlinge, die abends völlig sinnlos schwere Brocken aus den nahen Steinbrüchen 31 Meter nach oben schleppen mussten, zu ihrer persönlichen Belustigung zum Stolpern und zum Absturz. Etwa 500 sowjetischen Kriegsgefangenen gelang im Februar 1945 gemeinsam die Flucht vom Lagergelände. Sie wurden in einer dreiwöchigen Verfolgungsjagd unter eifriger Mithilfe der örtlichen Bevölkerung nahezu ausnahmslos ermordet. Die Gräueltat ist 1994 von *Andreas Gruber* (* 1954) verfilmt worden.

Radlertreff statt AKW in Zwentendorf

Am Donauradweg in Niederösterreich liegt die Atomruine Zwentendorf – ein Mahnmal der heute unverbrüchlichen Gegnerschaft des Landes wider die nukleare Energiegewinnung. Der Siedewasserreaktor mit 723 Megawatt Bruttoleistung wurde nach Investitionen von 5,2 Milliarden Schilling (nach heutiger Kaufkraft eine Milliarde Euro) im Jahr 1978 fertig. Im selben Jahr lehnte die Bevölkerung die Atomstromproduktion in einem Referendum ab. Einen Ausblick auf das Kernkraftwerk, das nie in Betrieb gehen durfte, bietet die praktisch auf dem AKW-Gelände gelegene Bärndorfer Hütte im Zwentendorfer Sonnenweg. Das Gasthaus in einem rund 200 Jahre alten Bauernhaus aus dem Kärntner Lavantal, das hier wieder aufgebaut wurde, hat sich zu einem beliebten Radlertreff entwickelt.

»Pornographie«-Maler im Tullner Knast

»Wen der Herr liebt, den lässt er früh sterben«, lautet ein Sprichwort.

Den Expressionisten *Egon Schiele* muss der Herr sehr geliebt haben, denn er starb im Jahr 1918 mit

28 Jahren. Heute erzielen seine Frauen- und Mädchenbilder auf Auktionen Millionenbeträge. Zu seiner Zeit hatte es der Maler schwerer. Tulln an der Donau hat für seinen berühmten Sohn ein Schiele-Museum eingerichtet – unter anderem im alten Stadtgefängnis. Dort wurde die Neulengbacher (Wienerwald) Gefängniszelle rekonstruiert, in welcher der als Pornograph verschriene Maler wegen des Verdachts auf Verführung Minderjähriger 24 Tage lang einsitzen musste. (Siehe auch Seite 269)

Widerstand in der Au
Etwa 50 Kilometer südöstlich von Wien und gewissermaßen vor den Toren Bratislavas liegt das Städtchen Hainburg. Auch hier hat ein verhinderter Kraftwerksbau in den Donau-Auen Geschichte geschrieben (1984). Die Partei der österreichischen Grünen hat im Hainburg-Protest ihre Wurzeln.

Es muss nicht immer Meer sein

Mit Meeresstränden ist Österreich nicht gesegnet, aber das macht nichts. Von Bergseen bis zu heißen Quellen steht alles zur Verfügung, was Wassersportler, Sonnenanbeter und Faulenzer erfreut. Und da sich die österreichische Hotellerie schon früh der Wellness verschrieben hat, gehören Schwimmbad, Sauna und/

oder Whirlpool auch auf dem Land fast schon zum guten Ton eines Standard-Ferienhotels.

Zwischen den Tiefen des Bodensees im Westen und der schilfumkränzten Badewanne Neusiedler See im Osten finden sich Gewässer genug, um jeder Wassersportart, auch Tauchen und Rafting, frönen zu können. Besonders aufregend ist die Unterwasserwelt im Salzkammergut, wo Gerüchte um versenktes Nazi-Raubgut immer wieder für Schlagzeilen sorgen. Spitzenreiter bei Badeurlaubern aber ist Kärnten mit Millstätter, Pressegger- und Faaker See. Von jedem Kärntner Urlaubsquartier aus ist eine natürliche Bademöglichkeit in wenigen Minuten erreichbar.

Wilde Wasser als Energiequelle

Die Hochgebirge von Vorarlberg, Oberösterreich, Kärnten und Steiermark sind Hochburgen für Wassersportler, die es wild mögen. Der WildeWasser-Park mit dem vier Tagesetappen langen WildeWasserWeg im Stubaital aber präsentiert noch einen anderen Aspekt, der für die Energiegewinnung im atomkraftfreien Österreich eine Rolle spielt: Bergbäche, Stauseen und nicht zuletzt die Donau ermöglichen es aufgrund ihres Freizeitwertes, neue Energie zu tanken, sind aber auch Wasserkraft- und Trinkwasserquellen.

Im »Thermenland Steiermark« sprudelt das mineraliengetränkte Wasser bis zu 111 Grad heiß aus der Erde. Rund 175 Jahre Spa-Tradition haben sich hier in einer hohen Dichte an modernen Wellnesstempeln manifestiert. Ein sehenswertes Exemplar ist die Therme von Bad Blumau, etwa 60 Kilometer östlich von Graz, wo der Allround-Künstler *Friedensreich Hundertwasser* seine mit bunten Kacheln und runden Kuppeln verzierten Spuren hinterlassen hat.

Tröpferlbäder und Kabanen

Selbst Wien verfügt über eine von Schwefelwasser gespeiste Therme. Die Badelandschaft Oberlaa am Rand des 10. Gemeindebezirks hat eine Fläche von 75 000 Quadratmetern und wird täglich von rund 3000 Badenixen und Wassermännern besucht. Zum unerwarteten Höhepunkt eines Wienaufenthalts aber könnte eine Visite in einem der Traditionsbäder werden, wenn es wie das »Konge« (Kongressbad) herrliche Ausblicke von den Hängen des Wienerwaldes über die Stadt bietet.

Nach dem Ersten Weltkrieg waren viele Hallenbäder, so auch das Architekturjuwel Amalienbad, als sozialistischer Gegenentwurf zum Wirtshausbesuch geplant. In den 1920er Jahren herrschte in der

»roten« Industriemetropole mit ihrer Vielzahl von Zinshäusern (Mietshäusern) ohne Bad der Ehrgeiz, jedem Bezirk zumindest ein Tröpferlbad (Dusch- und Wannenbad) zu bescheren. Und als Erfrischung im Sommer wurden eigens für Berufsgruppen wie Straßenbahner, Eisenbahner und die Wiener Feuerwehrleute proletarische Einrichtungen wie das »Arbeiterstrandbad« geschaffen. Diese Bäder existieren zum Teil bis heute.

Wer es bevorzugt, nackert zu schwimmen, der sollte sich auf die Donauinsel begeben, wo der südliche Teil für FKK-Anhänger reserviert ist. Wer Wiener Alltagsleben hingegen im Badeanzug erleben will, der begebe sich in das Traditionsbad »Gänsehäufel«. Hier trifft er auch auf eine austriakische Eigenheit, die der hauptstädtische Arbeiteradel bis in die Gegenwart gerettet hat: Vor allem Pensionisten verbringen in den Sommermonaten oft viele Stunden auf den Terrassen vor ihren Kabanen (Badehütten). Diese Sechs-Quadratmeter-Paradiese, ausgestattet mit Campingkocher und Klappliegen, werden ausschließlich vermietet. Allerdings erfreuen sich die Kabanen so großer Beliebtheit, dass das Mietrecht von Generation zu Generation weitervererbt wird.

Im 19. Jahrhundert kam der Bergtourismus in Mode, der alpine Skisport wurde 1921 mit der Gründung der ersten Skischule am Arlberg eingeläutet. Seitdem sind nicht nur Seilbahnen, Mountainbikes, Snowboards und Carving-Skier erfunden worden.

… im Schnee

Airboard: aufblasbare Schlitten
Blades: Kurzskier mit vorne und hinten aufgebogenen Kufen
Hammerhead: wendiger »Formel 1«-Schlitten mit lenkbaren, skiartigen Kufen, auf dem man bäuchlings gen Tal rast
Schneemobil/Scooter: Motorrad auf Kufen
Snowbike: Fahrrad auf Kufen
Skifox: Fahrgerät mit Sitz, Lenker und Federung; kurze Skier an des Fahrers Füßen geben Balance und helfen beim Bremsen
SnowCart: Go-Kart-ähnliches Vehikel auf Kurzskiern
Tube: Reifenschlauch zum Rodeln

Auf der Tressdorfer Alm im Kärntner Skigebiet Nassfeld warten elf Funsportgeräte auf Neugierige, die's einfach mal ausprobieren wollen …

Mit folgenden Errungenschaften des alpinen Winters sollte man nur unter kundiger Anleitung auf die Piste:

Snowkiten
Auf Snowboard oder Ski lassen sich die Snowkiter von einem großen Lenkdrachen (Kite) und der Windkraft über verschneite Wiesen ziehen. Snowkiteschulen gibt es in Thalgau bei Mondsee sowie in Obertauern.

... in der Luft

Tandemflug mit Gleitschirm
Vom Gletscher am Dachstein in 2700 M. ü. M. segeln die Gespanne etwa eine halbe Stunde lang 1700 Höhenmeter nach unten, bevor sie im Tiefschnee landen.

Skispringen für Anfänger
Hubert Neuper, von 1977 bis 1985 international erfolgreicher Skispringer, betreibt eine Skischule im steirischen Salzkammergut, in der Wagemutige die Grundlagen des Skispringens mit Originalausrüstung erlernen können.

… zu Wasser

Die vielen Wildwasser und Bergbäche in Österreich vermarkten die *Rafting- und Canyoning*-Anbieter. Beim Rafting, das die Veranstalter auch für Kinder und ältere Leute auslegen, steuern professionelle Bootsführer die Riesenschlauchboote. Canadier hingegen sind Minischlauchboote, die von den Teilnehmern selbst gesteuert werden. Anspruchsvoll ist das Canyoning: Unter Anleitung staatlicher Führer werden Wildwassertouren unternommen, bei denen Hindernisse wie Felsbarrieren und Wasserfälle durch Überspringen oder gar Abseilen überwunden werden.

… in Tirol

Der 3,5 Kilometer lange *Alpine Coaster* in Imst ist von Mai bis Oktober in Betrieb – und wird als die längste *Alpen-Achterbahn der Welt* beworben.

Fisser Flieger und Fisser Flitzer
Eine Abwechslung im Familienurlaub gesucht? Mit dem Fisser Flieger, einem »Fluggerät an Rollen«, geht's »schwebend« talwärts – bei bis zu 80 Stundenkilometer und in einer maximalen Höhe von 47 Metern. Der Fisser Flitzer ist eine 2,2 Kilometer lange Sommerro-

delbahn, auf der die Schlitten 45 Stundenkilometer erreichen können.

Wie flüsterte doch der Verkehrsdirektor einer Tiroler Ortschaft bei seiner Verabschiedung dem Amtsnachfolger zu? »Jetzt verrate ich dir noch mein bestgehütetes Geheimnis: Man kann auch zu Fuß durch die Alpen wandern.«

… für Gipfelstürmer

Österreichs höchste Gipfel sind nicht einfach nur mit Bergbahnen erschlossen, um Wanderer und Kletterer nach oben zu befördern. Zunehmend versuchen die Touristiker, sich über Themen- und Eventangebote von der Konkurrenz abzuheben. Hier eine klitzekleine Auswahl:

A Haferl Kaffee am Gletscher
Die höchste Seilbahn Österreichs, die Pitztaler Gletscherbahn, führt ins Pitztaler Gletscherskigebiet am 3440 Meter hohen Hinteren Brunnenkogel – und zu Österreichs höchstem Café. Das Bonbon: kostenlose Führungen zu den Gletschereishöhlen.

Kino am Kitzsteinhorn
Die Bergstation der Seilbahn auf das Kitzsteinhorn präsentiert die »Gipfelwelt 3000« mit Salzburgs höchstem ohne Kletterei erreichbaren Aussichtspunkt (3029 M. ü. M.). In der Multimedia-Ausstellung gibt es ein Kino, im Berg die »Nationalpark Gallery« mit Infostationen.

Hängebrücke am Stubnerkogel
Die 140 Meter lange, aber nur einen Meter breite Hängebrücke in Bad Gastein, die frei schwingend über einen 28 Meter tiefen Abgrund führt, bietet eine atemberaubende Aussicht – wenn man sich denn drauftraut.

Eispalast auf dem Dachstein
Die künstliche Riesenhöhle wurde im Jahr 2007 in den Schladminger Gletscher geschlagen. In »Kristalldom«, »Thronsaal« und »Blauem Salon« sind Figuren zu besichtigen, die unter anderem von professionellen Eisschnitzern aus China geschaffen wurden.

Zur Info: Der Gletscher (ca. 2500 M. ü. M.) hat seit Mitte des 19. Jahrhunderts knapp zwei Drittel seiner Fläche eingebüßt.

Die Mär von der Erstbesteigung

Es ist wie bei den Sherpas auf dem Dach der Welt: Oft haben jene den eigentlichen Ruhm verdient, denen zur lautstarken Prominenz Möglichkeit oder Neigung fehlt. Auch die vielgerühmten Erstbesteigungen der Alpengipfel waren sicher bewundernswerte Höchstleistungen. Nur Premieren, das waren sie meist nicht. Ohne die Hilfe ortskundiger Wilderer oder Schmuggler, die verständlicherweise lieber anonym blieben, hätten viele »Erstbesteiger« im Eroberungsboom seit Mitte des 19. Jahrhunderts wohl niemals die unwirtlichen Steilwände unterhalb der Gipfel durchkraxeln können.

Der weiße Tod

Lawinen und Schneebretter sind bis in den Frühsommer hinein die größte Gefahr beim Alpinsport. Prominentestes Lawinenopfer war in jüngster Zeit der niederländische *Prinz Friso von Oranien-Nassau*, der im Februar 2012 von den weißen Massen im Gebiet von Lech-Zürs verschüttet wurde und nach 18 Monaten im Koma verstarb. Allein in jener Wintersaison kamen in den österreichischen Alpen 19 Menschen durch Lawinen ums Leben. Und trotz verstärkter Bemühungen um Lawinenverbauungen bleiben auch

Katastrophen, bei denen zum Teil Dutzende Menschenleben zu beklagen sind, nicht aus.

28. Dezember 1999: Bei einem Lawinenunglück im Tiroler Jamtal (Silvrettagebiet) sterben neun Teilnehmer einer geführten Gruppe des Deutschen Alpenvereins.

23. Februar 1999: Die Lawinenkatastrophe von Galtür fordert 38 Menschenleben.

11. Januar 1954: Eine Lawine zerstört die Ortschaft Blons in Vorarlberg. 118 Menschen werden in ihren Häusern verschüttet. Eine zweite Lawine neun Stunden später begräbt einen Großteil der Rettungsmannschaften unter sich. 55 Menschen können schließlich nur noch tot geborgen werden, zwei weitere Opfer sind verschollen.

1950/51: In diesem Lawinenwinter verlieren im gesamten Alpenraum 265 Menschen ihr Leben durch Lawinenabgänge, allein in Österreich sind es 135.

Sicherheitsregeln haben ihren Grund

Dieter Althaus, bis 2009 Ministerpräsident von Thüringen, verursachte damals während eines Winterurlaubs in der Steiermark bei einem Zusammenstoß auf der Piste den Tod einer slowakischen Skifahrerin und wurde selbst schwer verletzt. Das ist bei weitem kein Einzelfall. So starben in der Saison 2012/13 mehr als 100 Menschen in Österreich bei Alpinunfällen (dazu zählen auch Verkehrs- und Arbeitsunfälle). Insbesondere die Zahl der tödlich verunglückten Tourengeher verdoppelte sich fast im Vergleich zum Vorjahr auf 32. Und bei den knapp 2500 Unfällen kamen in betreuten Skigebieten rund 4300 Personen zu Schaden. Diese Zahlen machen deutlich, warum da und dort schon eine »Skipolizei« eingeführt wurde und warum die Bergrettung auf die Einhaltung der Pistenregeln dringt.

Pistenregeln der Fédération International de Ski (FIS)

- *Nehmen Sie Rücksicht auf die anderen Skifahrer und Snowboarder.*
- *Beherrschen Sie die Geschwindigkeit und die benötigte Fahrweise.*
- *Wählen Sie die richtige Fahrspur.*
- *Überholen Sie nur mit Abstand.*
- *Vermeiden Sie es, an unübersichtlichen Stellen anzuhalten.*
- *Aufstieg und Abstieg nur am Rand der Piste.*
- *Jeder Skifahrer muss die Pistenmarkierungen beachten.*
- *Hilfeleistung bei Unfällen.*
- *Ausweispflicht im Falle eines Unfalls.*

Höhlen, Stollen, Keller … Ein unterirdisches Laby-
rinth durchzieht die Republik. Die längste bislang
entdeckte Höhle Österreichs befindet sich unter dem
Grenzgebiet zwischen Oberösterreich und Steiermark.
Der Zusammenschluss von *Raucherkarhöhle* (knapp
86 Kilometer) und *Feuertal-Höhlensystem* (knapp
35 Kilometer), das sogenannte *Schönberg-Höhlensys-
tem,* soll sogar die längste Höhle der Europäischen
Union sein. Als eine der tiefsten Höhlen der Erde
hingegen gilt mit einem Höhenunterschied von rund
1600 Metern der *Lamprechtsofen* in den Leoganger
Steinbergen unweit der bayrischen Grenze.

Eine der größten Eishöhlen der Welt ist die *Eisrie-
senwelt Werfen* im Tennengebirge. In den Sommermonaten kann aber auch die *Dachstein-Eishöhle*
besichtigt werden, zu der man von Obertraun am
Hallstätter See mit der Seilbahn auf die Schönberg-
alm gondelt. Bötchen fahren unter Felsenkuppeln ist
in der *Lurgrotte Semriach* möglich: Kaum eine halbe
Autostunde nördlich von Graz entfernt kann man in
dem 5 Kilometer langen Höhlensystem vom Wasser
aus bizarre Sinterbildungen, Tropfsteine, Felsendome
und Schluchten bestaunen.

Mit dem Höhlenkahn fahren Besucher auch in der *Seegrotte Hinterbühl*, einem stillgelegten Gipsbergwerk, umher. Nach einer Sprengung entstand hier 1912 der größte unterirdische See Europas. Und in Kärnten kann man mit dem Mountainbike vom Klopeiner See aus in einem 7 Kilometer langen ehemaligen Bergwerksstollen fahren – und überquert dabei unterirdisch die Grenze nach Slowenien.

Kuren unter Tage

Doch die unterirdischen Gänge, die Älpler zum Abbau von Bodenschätzen tief in den Berg trieben, sind heute nicht nur Touristenattraktion, sondern bisweilen auch Labsal für die Gesundheit. Am bekanntesten ist zweifellos der *Gasteiner Heilstollen*: In der radonhaltigen Luft des ehemaligen Goldbergwerks werden Rheuma und Gelenkerkrankungen behandelt. Wer hingegen an Atemwegserkankungen leidet, findet Linderung im ehemaligen *Silberbergwerk Oberzeiring* (Niedere Tauern), bei 99,9 Prozent Luftfeuchtigkeit im *Barbara-Stollen* im Kärntner Drautal oder bei frischen 8 Grad Celsius im *Heilklimastollen Friedrich* von Bad Bleiberg.

Künstlich angelegt sind meist auch die zahllosen Keller, die Österreichs Winzer zur Lagerung des Rebensafts nutzen. Berühmt für ihre pittoreske Lage sind die *Kellergassen* im Weinviertel und im Burgenland. Die Weinhauer legten sie aus praktischen Erwägungen außerhalb der Ortschaften an steilen Absätzen direkt unter ihren Weingärten an. Feudaler geht es unter den Schlössern und Stiften Österreichs zu. So bietet das *Stift Klosterneuburg* vor den Toren Wiens zum Beispiel Führungen durch seine subterranen Gewölbe an. Sie sind das Herzstück der fast 900 Jahre alten Weinproduktion in dem Kloster der Augustiner-Chorherren, die heute 108 Hektar Rebfläche bewirtschaften.

Aber auch die Bierbrauer wussten die Kühle in der Tiefe zu nutzen. Eine einfache Bauweise demonstriert das *Museum in der Kellergröppe* im oberösterreichischen Raab. Hier wurde einst ein kompletter Hohlweg am Ortsrand von Bierkellern gesäumt, damit das Gebräu aus Hopfen und Malz dank der unterirdischen Lagerung bei konstanten acht Grad – winters wie sommers – lange genießbar blieb.

Wiens Unterwelt ist spätestens seit dem zitherumplätscherten US-Nachkriegsfilm »Der dritte Mann« weltbekannt: Verzweifelt krampfen sich die Finger von Bösewicht Harry Lime *(Orson Welles)* nach vergeblicher Flucht durch die Kloake von unten um das Gullygitter, bevor er vom eigenen Freund *(Joseph Cotten)* den Gnadenschuss erhält. Diese Filmsequenz hat der Verwaltung des Wiener Abwassersystems zu einem einträglichen Nebengeschäft verholfen: Mitarbeiter der Wien Kanal (WKA) stellen die verfilmte Verfolgungsjagd nach, in 45-minütigen *3.MANNTOURen* durch Rundbogengänge und über Emporen des 2400 Kilometer umfassenden Abwassersystems – inklusive echoverstärktem Pistolenknall.

Weniger bekannt sind die Kellersysteme, die vor allem die Innere Stadt und die Stadtbezirke bis zur belebten Stadtumfahrung »Gürtel« durchziehen. Denn nicht erst im Zeitalter der Tiefgaragen haben sich die Wiener tief in die Erde gewühlt, um neuen Platz zu schaffen. Schon seit Jahrhunderten reicht das Reich der Ratten bei vielen Zinshäusern vier Stockwerke unter die Erde. Während der Türkenbelagerungen Wiens (1529/1683) dienten Geheimgänge unter anderem dazu, Sprengladungen in Stellung zu bringen oder Spione und Boten hinter die osmanischen Stellungen zu schleusen.

Einem ganz anderen Geheimzweck diente dagegen ein unterirdischer Gang, der die Hofzuckerbäckerei Demel am Kohlmarkt mit der nahen Hofburg verband. Angeblich ließen sich die Schleckermäulchen bei Hofe, allen voran *Kaiserin Elisabeth von Österreich-Ungarn*, auf diesem Wege unbemerkt mit Konfekt beliefern … *Sisis* Lieblingssüßigkeit: kandierte Veilchen.

Jedem Tierchen sein Pläsierchen: Besonderes für Österreich-Besucher

Ein echtes Parkhotel
Das Parkhotel Ottensheim bietet Erholungsuchenden von Mai bis Oktober Übernachtungen in Betonröhren in einer Linzer Grünanlage an (nur Onlinebuchungen möglich) – Stehhöhe, Doppelbett, Stauraum, Licht, Netzstrom, Wolldecken und Hüttenschlafsäcke inklusive; Toiletten, Duschen und Cafeteria in erreichbarer Nähe; Bezahlung nach eigenem Ermessen. *www.dasparkhotel.net*

In der Krone gebettet
Im oberösterreichischen Sauwald gibt es nicht nur einen bohlengezimmerten Baumkronenweg, sondern auch das *Baumhotel*. Hier kann man sich in »schwebenden« Holzhütten zur Ruhe legen. *Baumkronen-*

weg und *Baumhotel* sind ganzjährig geöffnet. *www. baumkronenweg.at*

5-Sterne-Komfort für den Hund
Die legendäre Sacher-Chefin Anna Sacher (1859–1930) liebte Schoßhündchen. Schon deshalb hat man sich in den Luxushotels mit dem berühmten Tortennamen ein Herz für Tiere bewahrt und bietet ihnen einen speziellen Service (siehe auch Seite 192).

Unter *www.travel4dogs.de* gibt's für weniger betuchte Hundebesitzer interessante Buchungstipps – auch in Österreich.

Semmeringbahn und Südbahnmuseum Mürzzuschlag
Vor 160 Jahren wurde die Semmeringbahn als Teilstück der Südbahn von Wien nach Graz erbaut. Die Strecke über den Gebirgszug Semmering zwischen Niederösterreich und Steiermark ist seit 1998 UNESCO-Weltkulturerbestätte. Am Rande der Strecke mit wunderbaren Ausblicken finden sich ein Informationszentrum im Bahnhofsgebäude Semmering, das Südbahnmuseum in Mürzzuschlag mit dem angeblich weltgrößtcn *Draisinenmuseum* sowie das historische Postamt Küb. *www.semmeringbahn.at*

Bahn frei für Pedalritter
Für die Fahrt auf einer ehemaligen Bahnstrecke kann man in der Nähe der niederösterreichischen Klos-

terstadt Melk das *Mostviertler Schienenradl* mieten: vorne zwei Fahrradsättel und Pedale für die beiden Fahrer, hinten eine Rückbank für zwei Mitfahrer. *www.mostviertler-schienenradl.at*

Donaudampfschifffahrtsgesellschaftskapitäne gibt's noch

Sie musste abwracken, aber es gibt sie noch. 1829 wurde die »Erste Donau-Dampfschiffahrts-Gesellschaft« (da vor der Rechtschreibreform mit zwei »f«) gegründet, dank der Wortlänge bis heute im gesamten deutschsprachigen Raum berühmt. Inzwischen dieseln die Schiffe der *DDSG Blue Danube* vor allem zu Rundfahrten in Wien und zu Fahrten in die Wachau über die Donau. Mit dem Tragflügelboot werden auch Fahrten in das 60 Kilometer von Wien entfernte Bratislava (Pressburg) und nach Budapest angeboten. *www.ddsg-blue-danube.at*

Venedig in Kärnten

Auf dem Rosskofelsee im Kärntner Nassfeld wird eine Rundfahrt in einer venezianischen Gondel angeboten – »inklusive authentischem Gondoliere«. *www. nassfeld.at/de/summer/wandern-biken-kaernten/ wandern/erlebnisberg-nassfeld.htm*

Lipica-Ersatz für die Lipizzaner-Zucht

Die weißen Lipizzaner-Hengste werden seit 1580 im heute slowenischen Lipica gezüchtet. Nach Auflösung der Doppelmonarchie fand Österreich im steirischen Piber Ersatz für die Belieferung der Spanischen Hofreitschule in Wien. Das Bundesgestüt bietet Stallbesichtigung an und beherbergt eine Gespannfahrschule mit staatlich geprüften Fahrlehrern. Wer möchte, kann sein eigenes Pferd zur Fahrstunde mitbringen. *www.piber.com/das-gestuet*

Hoch zu Ross den Berg hoch

Auf dem kräftigen Rücken eines gebirgserfahrenen Norikerpferdes geht's unter ebenso fachkundiger wie freundlicher Leitung eines Nationalparkrangers auf dem *Knappentreck* in Osttirols Berg- und Almenwelt. Dauer: 2 Tage. *www.nationalparkerlebnis.at/de/ erlebnisportal-mobil-filter-2/1467-auf-den-spuren-der-knappen.html*

Ren(n)t a Traktor

Schon mal Trecker gefahren? Das Traktormuseum Stainz macht's möglich. Hier werden Ackerschlepper für Ausflüge durch die Rebenlandschaft des steirischen Schilcherlands verliehen. Ähnliches bietet der *Trattlerhof* in den Kärntner Nockbergen an. *www. traktormuseum.at*

Mit Schneid bei der Arbeit
Professionelles Sensenmähen und Dengeln kann man bei *Karl Katzinger* lernen. Vorteile dieser traditionellen Herstellung einer »g'mahden Wies'n«, was im bayrisch-österreichischen Sprachraum auch für eine klare Sache steht: meditative Tätigkeit, angenehmes Betriebsgeräusch, Abgasarmut und platzsparende Lagerung der Gerätschaft. *www.sensenmaehen.at*

Auf der Alm, da gibt's a Butterbrot
Auf einem alten Bauernhof hoch droben auf der Kalchkendlalm in den Kärntner Nockbergen können Wissbegierige lernen, wie ein Butterbrot entsteht: vom Kuheuter über den Dreschflegel bis zur Ofenglut. *www.schule-am-berg.at*

An der Schokoseite des Lebens naschen
Die steirische Schokoladenmanufaktur Zotter bietet nicht nur die ausgefallensten Kreationen des Kakaoprodukts an, sondern auch einen »essbaren Tiergarten« in Bad Riegersburg. Hier gibt es neben der Vielfalt der Natur mit verschiedensten Kräutern, Obst- und Gemüsesorten auch jede Menge Tiere zu bestaunen. *www.zotter.at*

Kunst am Berg in Zell am See
Auf der Schmittenhöhe (2000 M. ü. M.) erwarten den Wandersmann und die Wandersfrau 26 überdimensio-

nale Skulpturen. Der größte Freiluft-Kunstraum Europas entstand seit 1995 im Zuge von fünf internationalen Kunst-Symposien in der Region. *www.schmitten.at*

Wintersonnenwende in Roseggers Heimat
Ein Höhenweg in den Fischbacher Alpen führt zum Teufelstein. Jedes Jahr am 23. Dezember brechen viele Menschen um 6 Uhr morgens auf, um dann etwa anderthalb Stunden später auf der Felsfläche des keltischen Kultorts die länger werdenden Tage zu begrüßen. *www.teufelstein.at*

Der Weg führt auch an der Waldschule in *Alpl* vorbei. Diese von Heimatdichter *Peter Rosegger* in seinem Geburtsort eingerichtete Schule ist heute ein Museum. *www.rosegger.steiermark.at/cms/ beitrag/11 767 111/93 595 695*

Leben in der Vergangenheit
Die Agentur *Zeitenwanderer* hat den Anspruch, das Mittelalter durch eigenes Erleben wieder spür- und erfahrbar zu machen. Angeboten werden Urlaub im Mittelalter, historische Firmenfeiern, mittelalterliche Hochzeiten und Renaissancefeste. *www.zeitenwanderer.at*

Fundbüro für verlorene Zeit
»Wenn jemand Zeit verliert, dann muss doch auch irgendjemand diese Zeit finden«, haben sich Krea-

tivkaufmann *Ludwig Eidenhammer* und Künstler *Franz Basdera* gedacht – und in Linz ein virtuelles Fundbüro für verlorene Zeit eröffnet. Sie sammeln Zeit-Anekdoten und belohnen Menschen, die in ihr Fundbüro kommen, mit einem Zeitpolster für Entschleunigung. Zeitverluste und -gewinne können per Mail unter *fundbuero-fuer-verlorene-zeit@basdera.at* oder per Post (Fundbüro für verlorene Zeit, Dieselstr. 4, A-4030 Linz) gemeldet werden.

Schwullesbisches Österreich

Von den 1,7 Millionen Wienerinnen und Wienern sind schätzungsweise 170 000 schwul oder lesbisch – von den Homosexuellen unter den jährlich 5,6 Millionen Wientouristen ganz zu schweigen. Die Donaumetropole hat schwule Kaiser, Kriegsherrn und Künstler erlebt. Wien ist nicht New York, London oder Köln, bietet aber dennoch eine lebendige schwullesbische Szene, deren Höhepunkte – *Life-Ball* (siehe Seite 267), *Regenbogen-Parade, Wien in Schwarz* und *Regenbogen-Ball* – über die Stadtgrenzen hinaus Schlagzeilen machen.

Für den weisen Wiener Magistrat war das Anlass genug, den Flyer *Queer Guide* auf Deutsch, Englisch und Italienisch verfassen zu lassen (*www.wien.info/media/files/queer-guide-wien.pdf*). Diese Pioniertat offizieller Tourismuswerbung gibt Szene-, Shopping- und Event-Tipps und informiert über das Nachtleben für Schwule und Lesben.

HOSI Wien (Homosexuelle Initiative Wien) – 1979 gegründet – versteht sich als wichtigste politische Interessenvertretung von Lesben und Schwulen in dem katholisch geprägten Alpenstaat. Seit 2010 gibt es das Vereinszentrum *Gugg* (Heumühlgasse 14, A-1040 Wien); Informationen sind aber auch im Lesben- & Schwulenhaus *Rosa Villa* (Wienzeile 102, A-1060 Wien, *www.villa.at*) zu bekommen. Auf der Website der HOSI Wien finden sich auch die Kontaktdaten der HOSIs Linz, Salzburg, Tirol und der *Rosalila PantherInnen,* einer schwullesbischen Arbeitsgemeinschaft in der Steiermark.

Tipp: Das *Pink Lake – International Gay Festival* findet jedes Jahr Ende August in Velden am Wörthersee statt.

Sommerkino vor dem Wiener Rathaus

Der Abend ist warm, und vom Volksgarten zwischen Burgtheater und Hofburg weht ein angenehmes Lüftchen über die Ringstraße herüber. Die Stadt Wien hat zum Sommerkino vor das Wiener Rathaus eingeladen, der Eintritt ist also frei. Vor der neugotischen Fassade, der Manifestation Wiener Bürgerstolzes, wird heute der Filmmittschnitt einer Aufführung der Oper Figaros Hochzeit von »Wolferl« Mozart gezeigt.

Eine halbe Stunde vor Beginn der Vorführung, es wird bereits dunkel, sind noch einige Klappstühle frei. Mit einem Spritzer von einer der Buden in der Hand suchen wir uns ein Plätzchen, entweder in der vorderen Hälfte oder auf der Tribüne links von der Mitte des Asphaltplatzes. Nur von dort aus ist die Sicht auf die 300-Quadratmeter-Leinwand zufriedenstellend.

Anscheinend hat die ganze Welt Delegationen auf den Wiener Rathausplatz geschickt. Viele Asiaten frönen mit andächtiger Miene ihrer Leidenschaft für klassische Musik, Fetzen amerikanischen Slangs wehen herüber. Weiches Russisch ist zu hören, Italiener, Spanier, Franzosen und Ungarn testen flirtend ihre Fremdsprachenkenntnisse. Nach Beginn der Vorführung stört das Gequatsche zwischen den Gastronomieständen allerdings ein wenig. Aber wegen des Musikgenusses für lau sind wir ja eigentlich auch nicht hergekommen. Wir wollen den herrlichen Abend genießen und einfach Menschen gucken.

Mit eherner Miene betrachtet der »Rathausmann« aus 98 Metern Höhe die Szenerie. Der Ritter aus Gusseisen, den die Wiener fast mehr noch als Stephansdom und

Riesenrad als ihr Wahrzeichen betrachten, krönt den Hauptturm des Rathauses. Die knapp vier Rittermeter eingerechnet, überragt der Magistratssitz den Turm der nahen Votivkirche, die zum Dank an das Scheitern eines Attentats auf Kaiser Franz Joseph I. errichtet worden war. Auf diese Weise gelang es den Wienern trotz des ausdrücklichen Wunsches des Monarchen, das Rathaus dürfe nicht höher werden als das Gotteshaus, listig zu umgehen.

Veranstaltungen auf dem Wiener Rathausplatz

Das *Sommerkino am Wiener Rathausplatz* – nicht zu verwechseln mit dem Alten Rathaus in der Wipplingerstraße – findet im Juli und August statt. Das Programm ist eine Mischung aus verfilmten Opern, Operetten und Ballettvorführungen sowie Rock- und Popkonzerten. Dazu werden Schmankerl geboten.

Im Advent wird hier einer der *Wiener Weihnachtsmärkte* veranstaltet; nach Weihnachten wird beim *Eistraum* Schlittschuh gelaufen (kostet Eintritt).

Vor dem Rathaus finden auch zahlreiche Einzelevents wie die Maifeier der österreichischen Gewerkschaften, die Eröffnung der Wiener Festwochen und der Auftakt zum Schwulen- und Lesbenfest *Life-Ball* statt. *www.wiener-rathausplatz.at*

Das Wort Fiaker – Bezeichnung für den Kutscher ebenso wie für sein zweispänniges Mietgefährt – kommt aus dem Französischen: In der Pariser Rue de Saint Fiacre befand sich der erste Standplatz für Lohnkutschen, die im 17. Jahrhundert en vogue wurden. Die Straße selbst wiederum ist nach dem irischen Heiligen Fiacrius benannt, der als Einsiedler auf der Île-de-France lebte.

Sommer für Sommer beklagen Wiener Tierschützer, dass die langen Wartezeiten in der prallen Sonne eine Quälerei für die insgesamt etwa 115 Zugtiere seien. Angeblich leiden die aus den Steppen Zentralasiens stammenden Pferde aber weniger unter der Hitze als die Kutscher. Zudem haben die Zugtiere laut Gesetz Anspruch auf zwei freie Tage in der Woche. Und in gut geführten Betrieben werden die Pferde darüber hinaus im Sommer mehrere Wochen zum Ausspannen auf eine Koppel außerhalb der Stadt gebracht.

Auch in Innsbruck wird versucht, den Fiakern, Tier und Mensch, das Leben im Sommer zu erleichtern: Dort warten die Kutschen in einer Allee auf die Touristen. Und in Salzburg weichen die Fiaker an heißen Tagen in den Schatten des Doms zurück.

In Wien gibt es 36 Fiakerbetriebe, in Salzburg sechs und in Innsbruck drei.

Böhmischer Prater und Stegreiftheater

Der Verein der geprüften Fremdenführer in Wien hat mehr als 400 Mitglieder, die Führungen in dreißig verschiedenen Sprachen anbieten. Die beliebtesten Touren zum Preis zwischen 160 und 180 Euro für drei Stunden: »Stephansdom«, »Gustav Klimt«, »Im Schatten der Hofburg«, »Jüdisches Wien«, »Kaiserliches Wien«, »Lustvolles Wien«, »Schloss Schönbrunn«, »Spittelberg«, »Verborgenes Wien« und zu gegebenem Zeitpunkt das »Weihnachtliche Wien«.

Aber es gibt auch noch ein paar Plätzchen, die der allgemeinen Aufmerksamkeit entgehen:

Der Böhmische Prater
Mit dem ehemaligen Jagdgebiet Prater auf der Donauinsel hat dieser Vergnügungspark am *Laaer Berg* (11. Gemeindebezirk) bis auf den Namensbestandteil nichts zu tun. Im 19. Jahrhundert schufen sich hier die massenhaft zugewanderten tschechischen Gastarbeiter (»Ziegelböhmen«) ein Refugium in der Nähe ihrer Unterkünfte bei den Ziegelwerken. Heute ist der Böhmische Prater eine Mischung aus Rummel, Gar-

tenwirtschaft und Freilichtmuseum. Die ältesten Fahrgeschäfte sind mehr als 100 Jahre alt. *http://austriaforum.org/af/Heimatlexikon/Böhmischer_Prater*

Stegreiftheater Tschauner
Das Theaterspielen aus dem Stegreif (Mittelhochdeutsch: aus dem Steigbügel) war schon im 16. Jahrhundert eine beliebte Volksbelustigung. Nicht nur in Wien, Stichwort Commedia dell'Arte. Heute ist in der Donaumetropole noch eine feste Spielstätte übrig, die die Kunst des improvisierten Textes pflegt. Die »Original Wiener Stegreifbühne« (ehedem Tschauner) in Ottakring (16. Gemeindebezirk) bietet im Sommer Volkstheater mit Klavierbegleitung unter freiem Himmel (mit Schiebedach bei Gewitter). Grundkenntnisse des Wienerischen werden vorausgesetzt. *www.tschauner.at*

Friedhof der Namenlosen
Alle Wiener Friedhöfe sind spannend, der berühmte Zentralfriedhof aber ist laut einem bekannten Bonmot zufolge zwar nur halb so groß wie Zürich, aber doppelt so lustig. Melancholisch hingegen stimmt ein Gang über den Friedhof der Namenlosen (11. Gemeindebezirk), wo die »Opfer der Donau« begraben werden, unbekannte Tote von der Selbstmörderin bis zum ertrunkenen Sandler (Obdachlosen), die nach ihrem Verscheiden niemand vermisst hat. *www.friedhof-der-namenlosen.at*

Das Dorotheum
Dieses von Kaiser Joseph I. 1707 gegründete Pfand-
haus in der Dorotheergasse 17 im 1. Bezirk gehört
zweifelsohne zum Touristenprogramm, aber es lohnt
sich, hier etwas mehr Zeit einzuplanen – und an einer
Versteigerung teilzunehmen; denn das »Pfandl« ist
inzwischen ein renommiertes Auktionshaus, wo man
aber auch den Wert von so ziemlich allen Antiquitä-
ten, ob Kunstwerke, Schmuckstücke oder alte Bücher,
schätzen lassen kann. *www.dorotheum.at*

Die Wiener Vorstadtmärkte
Unzählige Lebensmittelmärkte gibt es in Wien, der
Naschmarkt ist der berühmteste und weist entsprechende hohe Preise auf. Mehr vom Alltagsleben
bekommt mit, wer auf einem der Vorstadtmärkte
bummeln geht: Karmelitermarkt (2. Bezirk – Leopoldstadt), Viktor-Adler-Markt (10. Bezirk – Favoriten),
Meidlinger Markt (12. Bezirk – Meidling), Brunnenmarkt (16. Bezirk – Ottakring) etc. *www.wien.gv.at/*
wirtschaft/marktamt/maerkte/lebensmittel/

Strudlhofstiege

Wenn die Blätter auf den Stufen liegen
herbstlich atmet aus den alten Stiegen
was vor Zeiten über sie gegangen.
Mond darin sich zweie dicht umfangen

hielten, leichte Schuh und schwere Tritte,
die bemooste Vase in der Mitte
überdauert Jahre zwischen Kriegen.

Viel ist hingesunken uns zur Trauer
und das Schöne zeigt die kleinste Dauer.

Die Verse *Heimito von Doderers* (1896–1966), der auch seinen wohl berühmtesten Roman nach der Treppe zwischen Liechtenstein-Palais und Strudlhofgasse im vornehmen Alsergrund (9. Gemeindebezirk) benannte, sagen alles über diesen zauberhaften Platz. *www.wien.gv.at/verkehr/brueckenbau/historischeanlagen/strudlhofstiege.html*

Altes AKH
Das Allgemeine Krankenhaus (AKH), dessen Anfänge auf ein Invalidenhaus aus dem Jahr 1697 zurückgehen, wurde inzwischen längst durch einen Monsterneubau ersetzt. Der alte Komplex in der Spitalgasse im 9. Gemeindebezirk ist inzwischen Campus der Universität Wien, in welchem auch Geschäfte und Kneipen untergebracht sind (*http://campus.univie.ac.at*). In den Höfen des alten AKH schweigt der Großstadttrubel. Der *Narrenturm* im Hof No 6 von 1784 war seinerzeit eine Weltneuheit: Reformkaiser *Joseph II.* sorgte damit für eine geordnete Unterbringung Geisteskranker inklusive reichlich rabiater Behandlung. Heute ist dort

die pathologisch-anatomische Sammlung mit reichlich schrägen Ausstellungsstücken der dunklen Seiten der Medizin untergebracht (geöffnet: Mittwoch,
Samstagvormittag oder nach Vereinbarung). *www.
narrenturm.at*

Kellergasse Stammersdorf
Es muss nicht immer Grinzing sein. Wer den Weg
an den nördlichen Stadtrand auf sich nimmt, kann
in der Kellergasse von Stammersdorf Heurigen- und
Buschenschank-Atmosphäre abseits vom Touristen-
rummel genießen. Der »31er« (*www.wienerlinien.at*)
bringt Weinselige von der Straßenbahnendhaltestelle
in die Stadt zurück. *www.stammersdorf.at*

»Freiwilliger Durchgang«
Diese Inschrift über dem Eingang zu einer Innen-
hofpassage zwischen Lerchenfelder Straße 13 und
Neustiftgasse 16 bedeutet »Durchgang gestattet«. Es
ist der weise Rat, in Wien hinter jeder Tür und jedem Tor eine begrünte Hofoase und ein idyllisches
»Durchhaus« zu vermuten. Wenn nicht gerade eine
Kneipe wie der »Narrische Kastanienbaum« in der
Josefstadt (8. Gemeindebezirk) oder »Herrgott am
Staa« in Ottakring (16. Gemeindebezirk) in ein solches Hinterhofparadies lockt, verpasst man sonst
leicht das Beste. (Siehe Seite 144: Führung »Das ver-
borgene Wien«)

Der höchste Berg Wiens
Ausflug gefällig? Der von den Wiener Linien (*www.
wienerlinien.at*) erschlossene Wienerwald bietet nicht
nur Ausblicke satt über Rebhänge und Parkwälder
bis hinunter nach Wien, sondern atmet auch den
gediegenen Geist der Monarchie, das beweisen die
Hinweisschilder an den Spazierwegen ebenso wie
die zahlreichen Schlösschen, Kirchen und historisch
bedeutsamen Stätten. Ein mögliches Ziel wäre das
Gasthaus zum Agnesbrünnl auf der Jägerwiese am
Hermannskogel (542 Meter ü. M.). *www.jaegerwiese.at*

Mitbringsel

Burgenland
In Stoob im Mittelburgenland findet sich seit alters
der richtige Ton, um ein blühendes Hafnerhandwerk
entstehen zu lassen, das bis heute reizvolles Keramik-
geschirr brennt. *www.stoob.at*

Bereits in dritter Generation macht die Familie *Koó*
in ihrer kleinen Färberei »blau« und verarbeitet hochwertige Stoffe zu indigofarbenen Unikaten. *www.
originalblaudruck.at*

Kärnten

»Alpine Flower Power«, so lautet das Motto von »Pleamle« (Blümchen). Das junge Label bietet sport-lich-trendige Trachtenmode. *www.pleamle.com*

Einen alpinen Likör, der sich als Mitbringsel für Menschen mit empfindlichem Magen eignet, stellt die Gurktaler Alpenkräuter GmbH her. *www.gurktaler.at*

Niederösterreich

Granitschmuck von Hersteller *Reinhart Kartusch* aus Weitra im Waldviertel steht für »Eleganz und Leich-tigkeit«. *www.granitschmuck.at*

Die Schuhe und Accessoires von »CraftWerk«, einem sozial engagierten Label aus Blindenmarkt, stellen Menschen aus der Region in Handarbeit und ökologisch her. *www.craft-werk.at*

Oberösterreich

Handgefertigte Schuhe gibt es auch in Bad Goisern am Hallstätter See. Sie sind laut Hersteller-Website ein »Echo der Ewigkeit«. *www.goiserer.at*

Webereiprodukte, Filzpantoffeln und Schurwollde-cken sind im Textilen Zentrum Haslach (Mühlviertel) ebenso zu erwerben wie Wissenswertes über die lange Tradition bei der Herstellung solcher Produkte. *www.textile-kultur-haslach.at*

Salzburger Land

Kerzenzieher und Lebzelter nennen sich *Wolfgang Svoboda* und *Gabriela Adlmanseder*, die in ihrer Salzburger Nagy Lebkuchen- & Kerzenmanufaktur Essbares und Erhellendes herstellen. *www.nagy.at*

Dass zwischen den altmodischen Kittel- und modernen Designerschürzen ein Unterschied bestehen kann wie zwischen dem Hausfrauenbild vor hundert Jahren und den Heldinnen der US-Serie »Desperate Housewives« beweist *Jasmin Stanonik* aus Saalfelden mit ihrer Kollektion. *www.sheela.cc*

Steiermark

Die Alternative zum Dauerbrenner Kürbiskernöl sind Loden, deren Erwerb zwar etwas kostspieliger, dafür aber auch sehr viel langlebiger ist. Die unverwüstliche Traditionsoberbekleidung der alpinen Bevölkerung gibt es – in außergewöhnlicher Qualität und mit besonderem Schick – in der Gegend von Schladming. *www.lodenwalker.at* oder *www.wollwelt.at*

Bei der Hutmanufaktur *Josef Kepka & Söhne* in Graz, gegründet 1910, gehen Tradition und Moderne ebenfalls eine überzeugende Verbindung ein. *www.kepka.at*

Tirol

Holzschnitzerei hat in Tirol eine lange Tradition. Weihnachtskrippen sind nur eine, aber eine besonders schöne Spielart davon. *www.krippenshop.at*, *www.herrgottschnitzer.info* oder *www.krippenbau.at*

Die Brauerei im Tiroler St. Johann unweit von Kitzbühel führt seit 1883 die Familie *Huber*, die zu Recht stolz ist auf ihre traditionelle Braukunst. *www.huberbraeu.at*

Vorarlberg

Die Stickereien aus Lustenau sind bei den Reichen und Schönen in manchen Regionen Afrikas der letzte Schrei. *www.sticker.at*

Hochwertige pflanzliche Öle, darunter Leinöl, Sesamöl sowie Raritäten wie Tomaten- und Chilikernöl erzeugt die feine, kleine Ölmanufaktur Hittisau im Bregenzerwald. *http://oelmanufaktur.com/*

Wien

Originale und originelle Schneekugeln: Die Staubfänger, die es beim Schütteln auf Winterlandschaften und Sehenswürdigkeiten schneien lassen, halten viele Menschen für Kitsch par excellence. In Wien wurden sie allerdings erfunden und werden nunmehr seit 1900 beim selben Hersteller in vier Größen (von 2,5 Zentimeter bis 1,20 Meter!) fabriziert, auch als Sonderanfertigung.

Erwin Perzy III, Schumanngasse 87, A-1170 Wien, *www.viennasnowglobe.at*

Willkommen im Land der Seligen!
– Sozialstaat Österreich

Smalltalk im Auto des Wiener Immobilienmaklers auf der Fahrt zu einer Wohnungsbesichtigung. Die Rede kommt auf die Steuerquote in Österreich. Der deutsche Quartiersuchende erwartet, dass nun das gewohnte neoliberale Lamento des Selbständigen über die viel zu hohen Abgaben, die viel zu vielen Schmarotzer und die viel zu breite soziale Hängematte ausbricht. Doch weit gefehlt. »Ich zahle gern etwas mehr, wenn dadurch der soziale Friede in Österreich gewahrt bleibt«, meint der Makler gelassen, sehr zur Überraschung seines deutschen Kunden. »Harte Arbeitskämpfe schaden dem Geschäft. Dass uns das erspart bleibt, ist es mir wert, ein paar Euro Steuern mehr zu zahlen.«

Willkommen in Österreich, dem Land von Proporz und Sozialpartnerschaft. Mit seiner Meinung steht der Realitätenvermittler bei weitem nicht alleine da – und das aus gutem Grund. Immerhin liegt das Einkommen in Österreich laut der Pariser »Organisation der entwickelten Länder« über dem OECD-Schnitt – und das, obwohl zwischen 2004 und 2011 niemals gestreikt wurde. Die Arbeitslosenrate ist mit 4,9 Prozent im Jahr 2012 die niedrigste in der Europäischen Union. Und die Beschäftigten gehen im Durchschnitt mit 58,4 Jahren in Rente, womit Österreich in der EU mit die jüngsten Pensionisten aufweist.

Der erwerbstätige Österreicher arbeitet 1600 Stunden pro Jahr, im OECD-Durchschnitt sind es 1776 Stunden. Dafür verdient er mehr: 22 276 Euro im Vergleich zu 17 794 Euro im OECD-Durchschnitt. Kein Wunder, dass auch die Zufriedenheit mit den Lebensverhältnissen in »felix Austria« (glückliches Österreich) über dem OECD-Schnitt liegt. Und dabei verdienen die reichsten 20 Prozent der Bevölkerung fast viermal so viel wie das ärmste Fünftel.

»Freunderlwirtschaft«

Allerdings birgt die Zusammenarbeit von Unternehmerorganisationen, Arbeitnehmervertretern und Landwirtschaftsfunktionären auch Gefahren. Seit Bestehen der 1945 gegründeten Zweiten Republik wurde im österreichischen Parlament so gut wie nichts beschlossen, das nicht zuvor hinter verschlossenen Türen ausgehandelt worden war. »Sozialpartnerschaft hat mit Demokratie sehr wenig zu tun. Es sind Entscheidungsprozesse, die hinter dem ›Vorhang‹ stattfinden. Das ist Eliteherrschaft«, urteilt der Wiener Soziologe Emmerich Talos als ausgewiesener Experte der Sozialpartnerschaft à la Austria.

Auch der politische Proporz, der sich mit nur wenigen Ausnahmen in großen Koalitionen auf Bundesebene niedergeschlagen hat, hat seine Nachteile. Die aus den Erfahrungen der Folgen des Bürgerkriegs von »Roten« und »Schwarzen« im Jahr 1934 erwachsene Verständigungsbereitschaft führt mitunter zu unappetitlichen Kungeleien. Die »Freunderlwirtschaft« (Vetternwirtschaft) gipfelte in den letzten Jahren mehrfach in Korruptionsvorwürfen, Parteispenden-Skandalen und Affären persönlicher Bereicherung. Im Korruptionsindex von Transparency International ist Österreich zwischen 2005 und 2009 von Rang 10 auf Rang 16 abgerutscht, im Vergleich zu anderen zivilisierten Ländern kein Ruhmesblatt.

Das Gefühl, dass »die da oben« Wasser predigen und Wein trinken, verschafft Volkstribunen Aufwind. Die Versprechungen, den »kleinen Mann« gegen das Establishment zu verteidigen, war einer der Hauptgründe für den Aufstieg des 2008 tödlich verunglückten Rechtspopulisten Jörg Haider. Aktuell reitet der als Milliardär aus Kanada zurückgekehrte autokratische

Parteigründer Frank Stronach (siehe auch Seite 197) auf der Welle, Österreich als ausgewiesener Erfolgsunternehmer besser führen zu können, als es die politische Kaste vermag. Bisher ist allerdings noch jeder Stern, der Licht ins Dunkel der Hinterzimmerabsprachen bringen wollte, in der österreichischen »Mir wern uns schon einigen«-Atmosphäre verglüht.

Ein Hoch der Trafikantin

Nun soll das Hohelied auf eine Einrichtung gesungen werden, ohne die ein funktionierendes Alltagsleben in Österreich schlicht undenkbar wäre: Die Tabaktrafik, vulgo Trafik bei Betonung auf der letzten Silbe. Hier gibt es zwar weder Alkohol noch Süßigkeiten, ansonsten aber so ziemlich alles, was der Mensch in die Tasche stecken kann. Tabakwaren, Zeitungen, Magazine, Schreibwaren, Post- und Ansichtskarten, Stadtpläne, Bus- und Straßenbahnfahrkarten, Parkscheine für Kurzparkzonen und Last-Minute-Mitbringsel wie Spielwaren für Kinder. Dass die Trafikantinnen und Trafikanten auch Toto- und Lottoscheine entgegennehmen, versteht sich. »Trafikplus-Trafiken« verkaufen zudem Eintrittskarten für Konzerte und andere Events, Gutscheine für Thermenlandschaften und Vergünstigungscoupons für Casinos. Vor allem aber gibt es in den zumeist sehr schmalen Ladenlokalen

Auskünfte, wo, wie, was im österreichischen Alltag funktioniert. Deshalb sind die Trafiken (von arabisch »tafriq« über italienisch »traffico« = Handel) gerade für Touristen und Zugereiste unerlässlich.

Darüber hinaus erfüllen die Trafiken seit Kaisers Zeiten eine weitere wichtige soziale Funktion. Reformherrscher Joseph II. hatte 1784 – mit der Gründung der »Tabakregie« als Teil der Hoheitsverwaltung – das Tabakmonopol eingeführt. Bald wurden Invaliden, Kriegerwitwen und schuldlos verarmte Beamte bei der Vergabe von Tabakverkaufsbewilligungen bevorzugt. Diese schöne Sitte hat sich erhalten, selbst nachdem Österreich 1995 der Europäischen Union beigetreten ist: Vier Fünftel der Tabaktrafiken werden von »Vorzugsberechtigten« betrieben. Nur wenn die Monopolverwaltung eine bestimmte Gegend für unterversorgt hält, kommen auch andere Antragsteller zum Zuge. Da Gastronomiebetriebe und Tankstellen Tabakwaren zum Trafikpreis beziehen, sind sie überall sonst mindestens zehn Prozent teurer.

Und das Trafik-Geschäft blüht: 2008 gab es in Österreich 2830 Trafiken, das macht eine für etwa 2150 Erwachsene. Die Branche hat ein eigenes Medium (*www.trafikantenzeitung.at*) und Trafik-Tarifverträge für ihre Angestellten. Nur einen Nachteil bringt die traditionelle Form der Inklusion mit sich: Von Samstagmittag bis Montagmorgen bleiben die Rollgitter in aller Regel unten – mit Tabakwaren, Zeitungen oder Fahrscheinen fürs Wochenende sollte man sich also vorher rechtzeitig eindecken …

Greißlersterben im Grätzel

Nicht so gut wie den Trafikanten ergeht es den österreichischen Greißlern. Die einen leiten die Bezeichnung für die Kleinkrämer von den Grieslern ab, die einst am Wiener Salzgries mit Salz handelten (Gries bezeichnet einen Untergrund von Kies oder Sand); andere Quellen vermuten das mittelhochdeutsche grûsz (= Getreidekorn) hinter der vor allem im Osten Österreichs üblichen Bezeichnung für die Eigentümer von Lebensmittelläden mit weniger als 250 Quadratmetern Verkaufsfläche.

Sicher ist, dass die Greißlereien mit denselben Schwierigkeiten zu kämpfen haben wie ihr deutsches Pendant, die Tante-Emma-Läden. Die Konkurrenz der Lebensmittelketten, steigende Gewerbemieten in den Städten und die wachsende Zahl der Singlehaushalte mit ihrer Neigung zu kleinen Packungsgrößen machen den engen Geschäften zu schaffen. Allein in Wien ist die Zahl dieser Viktualienhändler in zweieinhalb Jahrzehnten von etwa 850 im Jahr 1983 auf schätzungsweise 260 Läden im Jahr 2009 gesunken.

Besonders auf dem Land reißt die Entwicklung Lücken: In Tirol hatte laut einer Studie bereits 2006 ein Fünftel aller Ortschaften kein eigenes Lebensmittelgeschäft mehr. Doch die »Greißler ums Eck« fehlen vielen Österreichern. Und das, obwohl der vom langen Warmhalten triefende Pferdeleberkäse und der Joghurt mit abgelaufenem Haltbarkeitsdatum das vielversprechende Schild »Feinkost« über dem manchmal angestaubten Schaufenster nicht rechtfertigten. Auch Klatsch und Tratsch am Anwohnertreffpunkt sind nicht jedermanns Sache. Dass Menschen mit Kirchturm-Horizont allerdings einer »Greißlermentalität« geziehen werden, haben die unermüdlichen Einzelhändler mit den langen Arbeitszeiten auch wieder nicht verdient.

»Grätzel« heißt in österreichischen Städten die nähere Wohnumgebung ohne genau definierte Grenze – in Berlin würde man Kiez sagen. Dort wie auf dem Land ist die Greißlerei kommunikativer Mittelpunkt. Geburtstage, Hochzeiten und Taufen … Der Greißler informiert auch die Vergesslichsten und wartet nicht selten mit einer kleinen Aufmerksamkeit auf. Und bei den meisten gehört es zu den greißlerischen Selbstverständlichkeiten, dass alten Leuten Lebensmittel und Drogerieartikel auf telefonische Bestellung vorbeigebracht werden, auch zur Wohnung unterm Dach.

Bei republikweit etwa 250 Geschäftsschließungen jährlich machte alsbald das drohende »Greißlersterben« die öffentliche Runde – und nun keimt Hoffnung auf: Die Wirtschaftskammer in Wien hat unlängst festgestellt, dass sich die Zahl der kleinen Alimentationsgeschäfte stabilisiert. Zumal inzwischen meist eine spezifische Geschäftsidee dahintersteckt, um sich von den Supermarktketten abzuheben. Zuweilen liegt der Akzent auf dem Bioangebot, bei anderen wird die regionale Herkunft der Produkte im Sortiment betont. Auch Spezialitätenläden, die mehrheitlich von Migranten betrieben werden, haben das Greißlersterben gestoppt. Auf dem Land wiederum sind es pfiffige Ideen wie die Unterstützung von ehrenamtlichen Verkäufern und Greißlereien auf Rädern, die den Ausverkauf gebremst haben. Ein modernes greißlerisches Plus ist auch, dass die kleinen Läden in den Dörfern die Aufgaben der mittlerweile verschwundenen kleinen Postämter übernommen haben.

Kaufkraft in Österreich	im Jahr pro Person
Wien	19 600 €
Salzburg	19 500 €
Niederösterreich	19 400 €
Oberösterreich	18 700 €
Vorarlberg	18 700 €

Kaufkraft in Österreich	im Jahr pro Person
Tirol	18 300 €
Burgenland	17 900 €
Steiermark	17 900 €
Kärnten	17 800 €
Österreich gesamt	18 800 €
Schweiz	30 000 €
Deutschland	19 000 €

»Ein Sackerl fürs Gackerl«

Knapp acht Millionen Haustiere gibt es in Österreich, in zwei Fünfteln der 3,7 Millionen Haushalte lebt mindestens eine Katze, ein Hund, ein Nager oder ein Schwarm Zierfische. Das ist in Deutschland und der Schweiz ähnlich. Gemeinsam ist den drei Nachbarn auch, dass die Katze mit Abstand das populärste Haustier ist: 1,5 Millionen Stubentiger putzen sich schnurrend in Österreichs Wohnungen.

Die etwa 640 000 österreichischen Hunde wiederum schaffen es am häufigsten in die Schlagzeilen. Die Entscheidung über Leinenpflicht und Maulkorbzwang ist Gemeindesache. Wo beides flächendeckend gilt, wird das Gebot zumeist auf gut Österreichisch nach dem Motto »Nur net ignorieren« gelöst und gar nicht erst beachtet. Berufen kann man sich darauf aber nicht. Deshalb sollten Leine und Maulkorb auf Reisen nach Österreich vor allem für Fahrten in öffentlichen Verkehrsmitteln immer bei der Hand sein.

Noch mehr aber beschäftigt die österreichischen Medien die »Hundsträmmerl«-Debatte. Denn leider sehen es nicht alle Hundebesitzer als Selbstverständlichkeit an, die Häufchen ihres Vierbeiners beim »Äußerln« (Gassigehen) von Gehwegen und aus Grünanlagen zu entfernen. Da hilft's auch nicht, »Nylonsackerl« (Plastiktüten) zum Einsammeln der Exkremente zur Verfügung zu stellen und deren Nichtbenutzung mit einer Geldbuße zu bedrohen.

Doch Österreich wäre nicht das gastfreundliche, serviceorientierte Urlaubsland, als das es sich gerne verkauft, wenn nicht auch für die vierbeinigen Gäste gesorgt würde. Auf diversen Websites wie *www.austria.info*, Suchwort »Haustier«, werden entsprechende Angebote unterbreitet und hiesige Vorschriften erläutert. Selbst »Wellness für Wuffi« wird geboten. Bei solchen Urlaubsangeboten kann sich Bello mit Stretching, Massagen, Magnetfeldtherapie, Infrarot, Pfotenreflexzonenmatten, Trampolin und Wackelbrett verwöhnen lassen, während Herrchen und Frauchen nebenan ebenfalls der Entspannung frönen.

Bei solchem Luxus ist es kein Wunder, wenn selbst die Nobelherberge Sacher mit ihren Hotels in Wien und Salzburg mit einem speziellen Angebot aufwartet. Das Traditionsunternehmen, dessen Grande Dame Anna Sacher meist mit ihren Schoßhündchen posierte, offeriert das Special »Sacher pets« *(www.sacher.com/hunde-willkommen-sacher-pets)*. Für 35 Euro gibt es Hundezimmer mit Bett, Handtuch, Wasser- und Futternapf für den anspruchsvollen Vierbeiner. Und die Rezeption hält Leckerlis, Leinen, Maulkörbe sowie Routenpläne fürs Äußerln bereit.

Bei so viel Bemühungen ist es nicht erstaunlich, dass auch ein Museum auf den Hund gekommen ist: Das Europäische Hundemuseum im burgenländischen Kloster Marienberg ist nach eigener Darstellung die einzige öffentlich zugängliche Sammlung, die »dem besten Freund des Menschen« gewidmet ist.

Goodbye, Austria!

Berühmte Auslandsösterreicher

Peter Brabeck-Letmathe (* 1944 in Villach): Der Kärntner brachte es in der Schweiz zum Verwaltungsratspräsidenten des weltgrößten Nahrungsmittelkonzerns Nestlé.

Dietmar Feichtinger (* 1961 in Bruck an der Mur): Der Architekt wurde als Preisträger des im Jahr 1998 ausgeschriebenen Wettbewerbs für die Errichtung der Pariser Fußgängerbrücke Passerelle Simone de Beauvoir bekannt, doch der Dozent der Ecole Nationale Supérieure d'Architecture de Paris La Villette (ENSAPLV) hat als Gastprofessor in Wien und Innsbruck sowie als Architekt zahlreicher Bauten in Krems, Weiz, Linz und Klagenfurt den Kontakt zur Heimat nie verloren.

Reinold Geiger (* 1947 in Dornbirn, Vorarlberg): Der Maschinenbau-Ingenieur mit Diplom der ETH Zürich baute in Frankreich die Naturkosmetikkette L'Occitane auf, deren Wert inzwischen auf 300 Millionen Euro geschätzt wird.

Klaus Heidegger (* 1957 in Götzens, Tirol): Im Wintersport hatte er in der zweiten Hälfte der 1970er Jahre bereits fünf Weltcupsiege im Slalom- und Riesenslalom eingefahren, als er zu seiner Frau nach New York zog. Dort baute er die auf Naturkosmetik spezialisierte Apotheke seines Schwiegervaters zum Kosmetikunternehmen Kiehl's aus, das er 2000 für mehr als 100 Millionen Dollar an den französischen Konzern L'Oreal verkaufte.

Eugen Kedl (* 1933 in Stadtschlaining, Burgenland † 2008 in Québec): Der Fotograf machte sich in Kanada international einen Namen.

Wolfgang Puck (* 1949 in Sankt Veit an der Glan, Kärnten): Er ist einer der zahlreichen österreichstämmigen Kochkünstler. Puck, der in Kalifornien lebt und arbeitet, ist Besitzer von mehr als 70 Restaurants und in den USA auch durch Gastrollen in mehreren Fernsehserien bekannt.

Stefan Sagmeister (* 1962 in Bregenz): Der Grafikdesigner konnte sich in den USA durchsetzen. Der ehemalige Student der Universität für angewandte Kunst in Wien gründete dort seine eigene Grafikdesigner-Agentur. Seit Juni 2012 führt Sagmeister die Firma zusammen mit der Designerkollegin Jessica Walsh unter dem Namen »Sagmeister & Walsh« in New York.

Romy Schneider (* 1938 in Wien; † 1982 in Paris): Die »Sissi«-Darstellerin war dank dieser Rolle schon als junges Mädchen im deutschsprachigen Raum berühmt, zum Weltstar aber wurde die Partnerin von Alain Delon, Yves Montand und Michel Piccoli erst nach ihrer Übersiedlung nach Paris. (Siehe auch Seite 286)

Arnold Schwarzenegger (* 1947 in Thal, Steiermark): Der Bodybuilder hat es in Kalifornien bekanntlich nicht nur zum »Terminator«, sondern auch zum Gouverneur gebracht. Die Trennung von Maria Shriver aus dem Kennedy-Clan nach 25 Jahren Ehe aufgrund von Tändeleien mit dem Dienstmädchen ist wohl so ziemlich das Einzige in Arnies Leben, wo der Ehrendoktor der University of Wisconsin patzte. (Siehe auch Seite 135)

Helmut Sohmen (* 1939): Dieser Sohn der Stadt Linz ging ans andere Ende der Welt, um steinreich zu werden. Der Herr über das Schifffahrtsimperium Bergesen-Worldwide rangiert auf der Liste der reichsten Menschen Hongkongs auf Platz 13.

Frank Stronach (* 1932 in Kleinsemmering bei Weiz, Steiermark): Nach den Anfängen in einer kanadischen Garage kam der Gründer des kanadischen Automobilzulieferers Magna zu Milliarden, kehrte dann in die Heimat zurück und will es der etablierten Politik nun mit österreichischem Unternehmensableger und einer eigenen Partei mal so richtig zeigen. (Siehe auch Seite 320)

Franz Welser-Möst (* 1960 in Linz): Der Dirigent ist vor allem in den USA zu Hause, wo er nach Stationen beim London Philharmonic Orchestra und als

Generalmusikdirektor in Zürich nun Chefdirigent des Cleveland Orchestra ist. Seit 2010 ist er zudem Generalmusikdirektor der Wiener Staatsoper.

Von den vielen österreichischen Fußballern, die im Ausland zu Ruhm und Ehre kamen, sind als Trainer zweifellos *Ernst Happel* (* 1925 in Wien; † 1992 in Innsbruck) und *Max Merkel* (* 1918 in Wien; † 2006 in Putzbrunn, Oberbayern) hervorzuheben. Von den aktiven Kickern, die außerhalb Österreichs ihr Geld verdienen, ist jetzt schon *David Alaba* (* 1992 in Wien) am erfolgreichsten: Mit dem FC Bayern München gewann der Stammspieler in der Saison 2012/13 die Deutsche Meisterschaft, die Champions League, den DFB-Pokal und den UEFA-Supercup.

Sportliches Österreich

Die Sportbegeisterung der Österreicher ist groß – jedenfalls vor der Glotze. Wenn sich Extremsportler wie der Weltallspringer Felix Baumgartner, der Skiflieger Gregor Schlierenzauer und die Alpinfahrerin Nicole Hosp in die Tiefe stürzen, sitzt die halbe Nation vor dem Fernseher. Mit dem eigenen Bewegungsdrang sieht es dagegen mau aus: 57 Prozent der Bevölkerung ab 15 Jahre betreiben laut einer repräsentativen Umfrage des Linzer Meinungsforschungsinstitutes

»Spectra« selten oder überhaupt nie Sport. Im Einzelnen: Rund 24 Prozent erklärten den Demoskopen im Juni 2013, dass sie regelmäßig »sporteln«. Weitere 19 Prozent sagten, dass sie »ab und zu« Sport treiben. 16 Prozent sind nach Aussagen selten und 41 Prozent nie sportlich aktiv. Frauen und Männer sind in ihrem Sportverhalten nahezu gleich. Bei Abiturienten und Akademikern ist der Anteil der Gelegenheitssportler überdurchschnittlich hoch. Hingegen geht es mit dem sportlichen Ehrgeiz ab 50 Jahren deutlich bergab.

Herausragende Sportler

Die österreichischen Sportjournalisten haben 1999 »Österreichs Sportler des Jahrhunderts« gekürt, bei den Männern den Tiroler *Toni Sailer* (1935–2009), der bei den Olympischen Winterspielen 1956 in Cortina d'Ampezzo dreifaches Gold holte; bei den Frauen *Annemarie Moser-Pröll* (* 1953 in Kleinarl, Salzburg), die sechsfache Weltcup-Gesamtsiegerin, die zudem fünf WM-Titel und 1980 Olympia-Gold in Lake Placid gewann.

Annemarie Moser-Pröll wurde insgesamt siebenmal zur »Sportlerin des Jahres« gewählt, der Ski Alpin-»Herminator« *Hermann Maier* viermal zum »Sportler des Jahres«.

Jahr	Sportlerin	Sportart	Sportler	Sportart
2013	Anna Fenninger	Ski alpin	David Alaba	Fußball
2012	Marlies Schild	Ski alpin	Marcel Hirscher	Ski alpin
2011	Elisabeth Görgl	Ski alpin	Thomas Morgenstern	Ski-springen
2010	Andrea Fisch-bacher	Ski alpin	Jürgen Melzer	Tennis
2009	Mirna Jukić	Schwimmen	Wolfgang Loitzl	Ski-springen
2008	Mirna Jukić	Schwimmen	Thomas Mor-genstern	Skisprin-gen
2007	Nicole Hosp	Ski alpin	Thomas Vanek	Eishockey
2006	Michaela Dorfmeister	Ski alpin	Benjamin Raich	Ski alpin
2005	Renate Götschl	Ski alpin	Georg Totsch-nig	Radsport
2004	Kate Allen	Triathlon	Markus Rogan	Schwimmen
2003	Michaela Dorfmeister	Ski alpin	Werner Schlager	Tischtennis
2002	Mirna Jukić	Schwimmen	Stephan Eberharter	Ski alpin
2001	Stephanie Graf	Leicht-athletik	Hermann Maier	Ski alpin

Jahr	Sportlerin	Sportart	Sportler	Sportart
2000	Stephanie Graf	Leichtathletik	Hermann Maier	Ski alpin
1999	Alexandra Meissnitzer	Ski alpin	Hermann Maier	Ski alpin
1998	Alexandra Meissnitzer	Ski alpin	Hermann Maier	Ski alpin
1997	Renate Götschl	Ski alpin	Toni Polster	Fußball
1996	Theresia Kiesl	Leichtathletik	Andreas Goldberger	Skispringen
1995	Ursula Profanter	Kanu	Thomas Muster	Tennis
1994	Emese Hunyady	Eisschnelllauf	Thomas Stanggassinger	Ski alpin

Seit 1960 wird in Bad Goisern im oberösterreichischen Salzkammergut während der Gamsjagatage der schönste Gamsbart gewählt. Die Kriterien: Beschaffenheit und Dichte der Barthaare sowie Schönheit des hellen Reifens oder Reims an den Bartspitzen.

Sackhüpfen im Dirndl ist ebenso eine Disziplin der Gamsjagatage wie die *Vogelzwitscher-Europameisterschaft*, bei der die Kontrahenten den Ruf von Stieglitz, Kreuzschnabel, Buchfink oder Steinkauz möglichst genau nachahmen müssen. Und in einer vierten Disziplin müssen Schnäpse erkannt werden. *www.gamsjagatage.at*

Das Kufenstechen ist ein Reiterspiel, das zu Pfingsten im unteren Kärntner Gailtal gespielt wird: Die Burschen müssen von ungesattelten Pferden aus mit einer Eisenkeule ein Fass zerschlagen, das an eine Stange gebunden wird. Anschließend werden die Mädchen zum Lindentanz geführt. *www.feistritz-gail.at*

Kuhfladenroulette ist eine besondere Form des Glücksspiels: Eine Weide wird in mehrere Felder eingeteilt, und die Spieler setzen darauf, wo die Kuh ihren Fladen hinterlässt. *www.rauriseral.at*

Ranggeln: Vor allem in Salzburg und Tirol wird diese Ringertechnik gepflegt, mit der früher Hirten und Hütebuben ihre Streitigkeiten ausfochten. Mit Hilfe von Wurf- und Hebeltechniken soll der Gegner dabei auf die Schultern geworfen werden (vergleichbar dem Schwingen in der Schweiz).

Das *Hundstoaranggeln* am Hohen Hundstein im Pinzgau ist vermutlich die älteste im Alpenraum ausgetragene Sportart. Seine Wurzeln reichen bis ins 15. Jahrhundert zurück. *www.salzburg.com/wiki/index.php/Hundstoa-Ranggeln*

Scheidlball: Gespielt wird dieses Querfeldein-Fußballspiel mit einem 33,3 Zentimeter hohen Holzscheit, das beliebig platziert wird und von den Mannschaften mit einem Fußball getroffen werden muss. Scheidlball kann prinzipiell überall gespielt werden, zum Beispiel in Gastgärten, Parks, Wohnstraßen, Freibädern und auf Spielplätzen. *http://scheidlball.at*

Von der Pawlatsche zum Gemeindebau

Wohnen war in der zweiten Hälfte des 19. Jahrhunderts auch in Österreich für weite Teile der städtischen Bevölkerung eher ein Vegetieren. Die Städte platzten wegen des hohen Arbeitskräftebedarfs im Zuge der Industrialisierung aus allen Nähten. Zwischen 1869 und 1910 verdoppelte sich die Einwohnerzahl von Wien, Graz und Linz. Es herrschte blanke Wohnungsnot. Und wer ein Dach über dem Kopf hatte, musste zumeist mit Massenquartieren vorliebnehmen – so auch die aus Böhmen und vor allem aus Mähren zugewanderten »Ziegelböhmen« der Ziegeleien am Wienerberg. Andere konnten ihr Haupt nur stundenweise in untervermieteten Quartieren als »Bettgeher« oder »Schlafbursche« betten. Dienstmädchen nächtigten bisweilen in ausziehbaren Laden in der Küche der Herrschaft oder in engen »Kabinetten« neben dem Dienstboteneingang.

Angesichts dessen war es – vor allem nach der Eheschließung – schon ein Privileg, in einer »Substandardwohung« in einem der Wiener oder Grazer Pawlatschenhäuser eingemietet zu sein. *Pawlatsche* kommt von dem tschechischen *pavlač* und bezeichnet die vom ersten Stock überdachten Laubenzugänge von Bauernhäusern. In den mehrstöckigen Pawlatschenhäusern in Wien und Graz wurden diese Veranden zu offenen Gängen um einen viereckigen Innenhof, von denen aus die Einzimmerwohnungen für die oft kinderreichen Familien erreicht werden konnten. Das einzige Wasserbecken auf jedem Stockwerk war die »Bassena« in einer Ecke der offenen Gänge, weshalb Klatsch in Österreich als »Bassenatratsch« abgetan wird. Für die körperliche Hygiene sorgte das »Tröpferlbad«, das in jedem Gemeindebezirk mit Brausen für jedermann eingerichtet wurde. Die 18 Wiener Brausebäder wurden nach Angaben des Magistrats zwischen 1887 und 1914 von rund 3,5 Millionen Menschen besucht.

Wer sich derartige Verhältnisse vor Augen führt, kann die Leistungen des »Roten Wien« in Sachen Wohnungsbau nicht genug würdigen. Die Sozialdemokraten, die in der österreichischen Hauptstadt außer während der Nazizeit bis heute den Bürgermeister, den Rathaus-Chef, stellen, entwickelten im Bemühen um den »Neuen Menschen« riesige Gemeindebauten, die den proletarischen Bewohnern neben bezahlbaren Mieten und eigenen sanitären Anlagen auch weite Innenhöfe und somit Licht und Luft zum Feierabend garantierten.

Das berühmteste Beispiel, der Karl-Marx-Hof im 19. Wiener Gemeindebezirk, hat eine Länge von einem Kilometer und umfasste bei seiner Fertigstellung 1930 insgesamt 1882 Wohnungen für 5500 Bewohner. Der zentrale »Platz des 12. Februar« erinnert an den Ausbruch des österreichischen Bürgerkriegs von 1934, als die Sozialisten die Errungenschaften des »Roten Wien« gegen den Beschuss der Panzer des austrofaschistischen Ständestaates verteidigten.

Gemeindebauten gibt es heute auch in Salzburg (Stadtteil Lehen), Linz (Urfahr), Innsbruck (Wilten) und Graz (Triester Siedlung). Aber die Tradition, die Beschaffung günstigen Wohnraums mit architektonischer Avantgarde zu verbinden, wird vor allem von der Gemeinde Wien fortgesetzt.

Den älteren Bestand an Gemeindebauten bewohnen – nicht immer ohne Spannungen mit den Ateingesessenen – die heutigen Migranten aus dem früheren Jugoslawien und der Türkei. Zu den neueren Errungenschaften gehören Spielereien wie das Hundertwasserhaus im 3. Bezirk sowie die große Passivhaus-Siedlung auf den Aspanggründen unweit des künftigen Wiener Hauptbahnhofs.

Wie sich, ganz abgesehen von dem öffentlichen Wohnungsbau, die Lebensverhältnisse in Österreich im Lauf eines Jahrhunderts verbessert haben, zeigt ein Blick in die Statistik. Durchschnittlich hat jeder Bürger zum Wohnen 1,7 Räume zur Verfügung. Zwar gibt jeder fünfte Österreicher den Großteil seines Einkommens für ein Dach über dem Kopf aus, der durchschnittliche Aufwand je Mietwohnung betrug 2012 jedoch gnädige 463 Euro (6,69 Euro pro Quadratmeter) – Tendenz allerdings stark steigend.

Aber Frau und Herr Österreicher wohnen ohnehin gern im Eigenheim. Knapp jeder Zweite (47,7 Prozent) besitzt laut Angaben der Oesterreichischen Nationalbank (OeNB) eine Immobilie. Ein Fünftel davon hat Haus, Grundstück oder Eigentumswohnung geerbt. Deshalb nennen rund 60 Prozent der 60- bis 65-Jährigen eine Immobilie ihr Eigen, bei den 25- bis 29-Jährigen ist es nur knapp ein Drittel. In Salzburg hat jeder Zweite eine eigene Wohnung, von den Wienern allerdings nur 40 Prozent. Der durchschnittliche Wert dieser Immobilien betrug zuletzt knapp 260 000 Euro.

Im Zinshaus

Seit Maria Theresias Zeiten, als die Bespitzelung durch die Geheimpolizei organisierte Form annahm, achten die Österreicher ganz besonders auf ihre Privatsphäre. Das schlug sich nicht nur in anonymen Sparbüchern nieder, die auf Drängen der Europäischen Union abgeschafft wurden, sondern auch in namenlosen Briefkastenreihen ohne Einwurfschlitz. Schlüssel zu den mit Wohnungsnummern versehenen »Postkasterln« hatten nur der Briefträger und der Wohnungsbesitzer. Inzwischen musste die österreichische Post wegen einer EU-Richtlinie die österreichischen Briefkastenanlagen, die sich sämtlich in ihrem Besitz befinden, für 30 Millionen Euro austauschen. Dass die Briefkästen jetzt mit einem Einwurfschlitz versehen sein müssen, nutzt vor allem den Werbetreibenden, die ihre Prospekte und Broschüren bis dahin treppauf, treppab in Plastiktüten an die Klinken der Wohnungstüren hängen mussten.

In anderen Obrigkeitsfragen waren die Zinshauseigentümer pfiffig. So rätselt mancher Besucher aus dem Ausland, warum das Geschoss zwischen Parterre und 1. Stockwerk in vielen schönen Jugendstilbauten als »Mezzanin« bezeichnet wird. Das erklärt sich von selbst, wenn man weiß, dass die Steuer für die Zinshäuser früher nach der Zahl der Stockwerke berechnet wurde. Das Mezzanin war ursprünglich ein Zwischenstockwerk, das vom Fiskus nicht einbezogen wurde. Nach und nach wuchs die Deckenhöhe in neuerbauten Mietshäusern – ohne dass der »Zwischenstock« dem Fiskus gegenüber erwähnt wurde.

Auch in den Wohnungen selbst gibt es Besonderheiten: Wenn von einem »Klopfbalkon« die Rede ist, ist ein kleiner Austritt mit Geländer gemeint. Der Name rührt offenbar daher, dass man hier Tischdecken und Teppiche ausklopfen kann. Wird in einer Anzeige eine Zinswohnung mit »Kabinett« angeboten, so verfügt sie über einen Nebenraum, der als ausgewachsenes Zimmer nicht mitgezählt werden kann.

Herrn Walter Obertseder, Wiener Hauptstr. 10, 1014 Wien. Solche Nachlässigkeit sollte sich nicht erlauben, wer seine Post in Österreich zugestellt wissen möchte. Dass die Stiegen genannten Treppenhäuser und Wohnungen peinlich genau durchnummeriert werden, hat gerade in den riesigen Gemeindebaukomplexen, aber auch in modernen Hochhäusern durchaus seinen tieferen Sinn. »Herrn Hofrat Walter Obertseder, Wiener Hauptstraße 10/A/4/15, 1014 Wien« nennt die Deutsche Post AG in ihrem Webangebot www. postadressglobal.com/de-de/ als korrektes Beispiel für Österreich, um Rückläufer zu verhindern. Das bedeutet, dass der Herr Hofrat in der Wiener Hauptstraße Hausnummer 10 im Block A auf der Stiege 4 in der Wohnung N°15 zu finden ist. Häufig wird die Wohnungsnummer auch mit »Tür x« bezeichnet. Oder es steht das »TOP x«, angeblich eine Abkürzung aus dem griechischen τόπος (topos = Ort).

Das Adressensystem hat eine Tradition, die bis ins ausgehende 18. Jahrhundert zurückreicht. Zuweilen verbargen sich dahinter Informationen, die längst in Vergessenheit geraten sind. So waren Altösterreichs Straßen, die vom Stadtrand ins Zentrum führen, mit rechteckigen Nummern- und Straßenbezeichnungstafeln versehen, die Querstraßen dagegen mit ovalen

Tafeln. In der stadteinwärts führenden Elisabethstraße und der Klosterwiesgasse in Graz kann man dafür bis heute ebenso Beispiele finden wie in der quer verlaufenden Merangasse und der Jungferngasse der steirischen Landeshauptstadt.

»Fragen S' den Hausmasta!«

Sollten alle Stricke reißen, bleibt einem immer noch der Hausbesorger als Ansprechpartner. In fast allen Wohnungsblocks österreichischer Großstädte ist unübersehbar mindestens eine Handynummer angegeben, die bei Bedarf kontaktiert werden kann. Die Gepflogenheit aus einer Zeit, in der die Beschäftigung eines Hauswarts in einem Zinshaus zum guten Ton gehörte, führt aber oft nur noch zu einer Betreuungsfirma. Denn das Hausmeistergesetz mit der Festlegung eines Mindestlohns und eines Anspruchs auf eine Dienstwohnung haben eifrige Reformer im Kampf gegen überflüssige Reglementierung im Jahr 2000 abgeschafft. Dazu mag beigetragen haben, dass der Berufsstand – subsumiert unter dem Dialektwort »Hausmasta« – nicht gerade das beste Image hatte. Als lauernde Ungeheuer fanden sich die Wächter über die Hausordnung in der Literatur wieder, als Griesgrame, die aus ihren mit Schalterfensterchen versehenen Wohnungshöhlen den Hausbewohnern misstrauisch auf die Finger schauten. Kabarettisten rückten die Hausbetreuer in die Nähe ewig gestriger Nazi-Blockwarte, die ihre klammheimliche Freude am Verleumden und Denunzieren pflegen.

»Die gute Seele der Gemeindebauten«

Die meisten heutigen Hausmeister sind ohnehin Österreicher mit Migrationshintergrund. Im Februar 2010 hatten sich vier Fünftel der Wiener in einer Volksbefragung dafür ausgesprochen, die Möglichkeit zur Einstellung eines Hausbesorgers (mit modernem Berufsbild) zu schaffen. »Die gute Seele in unseren Gemeindebauten« nennt die zuständige städtische Gesellschaft Wiener Wohnen jene Spezies, die Callcenter, Techniker und ein wenig Sozialarbeiter ist. Zumindest in den 220 000 Gemeindewohnungen von Wien hat sich herumgesprochen, dass der Berufsstand die durchschnittlichen Mehrkosten von zwei Euro im Monat wert ist. Denn der »Hausmasta« hilft nicht nur bei Gebrechen (technischen Pannen), sondern hat auch sonst ein Auge auf seine Schäfchen: Schon so mancher Hausmeister war der Helfer in höchster Not – zum Beispiel, wenn er einen bewegungsunfähigen älteren Mitbewohner entdeckte, bei dem Tag und Nacht das Licht brannte, und für ihn die Rettung rief.

Die nicht mehr ganz so heilige Familie

Familien

Jahr	insgesamt	Ehepaare		Lebensgemeinschaften		Alleinerziehende Mütter	Alleinerziehende Väter
		ohne Kind	mit Kindern	ohne Kind	mit Kindern		
1984	2 037 000	593 000	1 107 000	49 000	30 000	226 000	32 000
2012	2 347 000	741 000	978 000	194 000	148 000	245 000	41 000

Private Haushalte

Jahr	insgesamt	Einpersonenhaushalte	Mehrpersonenhaushalte	Ø Haushaltsgröße
1984	2 765 000	743 000	2 022 000	2,70
2012	3 678 000	1 341 000	2 337 000	2,27

Hätte Bertha von Suttner mit einer solch langen Zeitspanne der Emanzipation gerechnet? Die 1843 in Prag als Gräfin Kinsky geborene Gefährtin von Alfred Nobel und erste weibliche Trägerin des Friedensnobelpreises (1905) hatte allen Anlass, in ihren späten Lebensjahren engen Kontakt zur Frauenbewegung zu halten. Schließlich waren die Verdienste der 1914 in Wien verstorbenen Pazifistin auch erst spät und gegen starke öffentliche Widerstände gewürdigt worden.

Seither hat sich in Österreich in Sachen Gleichberechtigung von Frauen vieles gebessert. Gut ist es noch nicht. Laut dem jüngsten Report »The Global Gender Gap« des World Economic Forum (2012) liegt das Land auf Platz 20, direkt hinter Kuba, aber einen Platz vor Kanada und zwei vor den USA. In der Untersuchung, in der der Zugang von 93 Prozent der Weltbevölkerung in 135 Staaten zu Gesundheitsversorgung und Bildung, ihre politische Beteiligung und wirtschaftliche Gleichstellung geprüft werden, rangiert die Schweiz auf Platz 10 und Deutschland auf Platz 13.

Strukturelle Probleme haben die ursprünglichen Fragen des Zugangs von Frauen zur gesellschaftlichen Teilhabe abgelöst. Laut Statistik Austria haben Frauen hinsichtlich Ausbildungsniveau und Erwerbsbeteiligung stark aufgeholt. Zwischen den Jahren 2001 und 2011 hat sich die Erwerbstätigenquote der 15- bis 64-Jährigen von 59,9 Prozent auf 66,5 Prozent erhöht. Das liegt aber vor allem an der Zunahme von Teilzeitarbeit. Denn im Zehnjahresvergleich hat sich die Teilzeitquote der Frauen von 34,3 auf 44,0 Prozent erhöht.

Frauen verdienen auch immer noch deutlich weniger als ihre männlichen Kollegen. Gemäß dem von Eurostat publizierten »Gender Pay Gap« betrug der geschlechtsspezifische Verdienstunterschied – gemessen an den Bruttostundenverdiensten in der Privatwirtschaft – 23,7 Prozent. Die damit verbundenen Einkommensnachteile sowie die unterschiedlichen Beschäftigungschancen von Frauen und Männern schlagen sich auch in niedrigeren Pensionen und somit in einem höheren Armutsrisiko nieder. Die Armutsgefährdung bei alleinlebenden Pensionistinnen liegt bei 26 Prozent, doppelt so hoch wie bei alleinlebenden Pensionisten.

Auch Akademikerinnen sind von Gehaltsdiskriminierung betroffen. Eine aktuelle Studie der Universität Wien ergab, dass Frauen drei Jahre nach Studienabschluss 13 Prozent weniger verdienen als ihre ehemaligen Kommilitonen. Nach Ansicht der

Studienautoren hat das allerdings auch mit der Studienwahl zu tun. Von den knapp 31 000 Absolventen zum Studienzeitpunkt waren fast 21 500 Frauen. Der Anteil der Studentinnen der Sozial-, Geistes- und Kulturwissenschaften betrug knapp 77 Prozent. Ein annähernd ausgeglichenes Geschlechterverhältnis gab es hingegen bei den Rechts- (46,4 Prozent Männer und 53,6 Prozent Frauen) und den Wirtschaftswissenschaften (51,6 Prozent und 48,4 Prozent).

Ansturm aus »Piefkinesien«

Kein Numerus clausus, keine Studiengebühren – klingt nach einem Paradies für Studierende … In den vergangenen Jahren wurden die österreichischen Hochschulen von deutschen Studierenden regelrecht überrannt. Etwa jeder Vierte der rund 375 000 Studenten kommt aus dem Ausland, knapp 40 Prozent der ausländischen Studierenden aus Deutschland. Mit weitem Abstand folgen angehende Akademiker/-innen mit italienischem Pass, von denen jedoch die allermeisten aus Südtirol stammen.

Die österreichische Politik reagiert mit Besorgnis. Wiener Bildungspolitiker werfen die Frage auf, ob es den österreichischen Steuerzahlern zumutbar ist, die Qualifizierung von Akademikern der Nachbarländer zu finanzieren. Doch für ein Mitgliedsland der Europäischen Union ist es schwierig, den Zuzug Studierender aus anderen EU-Staaten einzugrenzen. Im Jahr 2013 gab es lediglich im Fach Medizin eine Zugangsbeschränkung (befristet bis 2016): Zwei Drittel der Studienplätze sind für Österreicher reserviert. Widerwillig ließ Brüssel vorerst das Argument durchgehen, in Österreich drohe sonst Ärztemangel.

In besonders überlaufenen Fächern, zum Beispiel Psychologie, in den Unis der grenznahen Städte Innsbruck und Salzburg liegt der Anteil deutscher Studenten bei bis zu 60 Prozent. Doch offene Beschimpfungen der »Piefkes« sind trotz der angespannten Situation selten. Die meisten deutschen Studierenden fühlen sich in Österreich ganz wohl – zumal von einem Massenbetrieb wie in Deutschland mit seinen inzwischen 2,5 Millionen Studenten nicht die Rede sein kann. Allerdings machen die deutschen Akademiker/-innen in spe immer wieder die Erfahrung, dass sie im Studienalltag und in ihrer Freizeit unter sich bleiben.

Einstufung der österreichischen Hochschulen	
Rang	Name
158	Universität Wien
264	Technische Universität Wien
289	Universität Innsbruck
394	Karl-Franzens-Universität Graz
501	Johannes Kepler Universität Linz
601	Paris-Lodron-Universität Salzburg
701	Alpen-Adria-Universität Klagenfurt

Die beste Schweizer und die beste deutsche Hochschule zum Vergleich:

Rang	Name
12	Eidgenössische Technische Hochschule (ETH) Zürich
50	Ruprecht-Karls-Universität Heidelberg

Quelle: QS Worldwide University Ranking

Studieren in Österreich ist kein Zuckerschlecken

Die Lage der österreichischen Studierenden wäre aber auch ohne die ausländischen Kommilitonen nicht rosig. Die zunehmende Wohnungsknappheit und rasante Mietpreissteigerungen in den Großstädten ziehen zwar kuriose Lösungsversuche wie die Errichtung eines Containerdorfs in Salzburg nach sich, doch immer mehr Studierende bleiben mangels Alternative im »Hotel Mama« wohnen: Eine 2013 veröffentlichte Eurostat-Statistik ergab, dass mehr als die Hälfte der 18- bis 24-jährigen Österreicher noch bei den Eltern lebten.

Dennoch hat ein Drittel der Studierenden erhebliche finanzielle Probleme: Etwa 15 Prozent gaben bei einer Befragung des Instituts für Soziologie an der Uni Wien an, regelmäßig zu wenig Geld für Lebensmittel zur Verfügung zu haben; 21 Prozent überziehen immer wieder das Konto, und 16 Prozent hatten zum Zeitpunkt der Studie private Schulden oder einen Bankkredit aufgenommen.

Angesichts dieser Situation – selbst im Sozialstaat Österreich – ist es kein Wunder, dass der gesellschaftliche Status mehr ererbt denn erworben wird: Je besser der sozioökonomische Status der Eltern, desto besser die beruflichen Chancen. Das ergab der im Mai 2013 veröffentlichte »Better Life Index« der OECD beim Ländervergleich des Bildungssystems seiner Mitgliedsstaaten.

Die Österreicher im WWW

Vier Fünftel der Österreicher sind inzwischen online mit der Welt verbunden. 88 Prozent davon nutzen das Netz laut Statistik Austria (2012), um sich über Waren und Dienstleistungen zu informieren. Die Hälfte der Nutzerinnen und Nutzer sucht nach Angeboten oder Leistungen für Reisen oder Reiseunterkünfte im Netz. Das Internet wird aber auch gerne zum Lesen oder Herunterladen von Online-Nachrichten, -Zeitungen, -Zeitschriften oder -Magazinen verwendet (57 Prozent der Nutzerinnen und Nutzer). Ebenso beliebt ist das Internet für Bankgeschäfte. 46 Prozent der Nutzer chatten oder posten Nachrichten in sozialen Netzwerken.

56 Prozent der Nutzerinnen und Nutzer gaben an, auch außerhalb des Haushalts oder der Arbeitsstätte über Laptop oder Tablet, Smartphone oder ein anderes mobiles Gerät ins Internet zu gehen. Die meisten von ihnen sind unter 35 Jahre alt: 83 Prozent sind es bei den 16- bis 24-Jährigen, 71 Prozent bei den 25- bis 34-Jährigen.

Private Internetnutzung in Österreich (im Vergleich mit D und CH)					
	2010	2011	2012	2012	
				Deutsch-land	Schweiz
Haushalte mit Internetzugang	73 %	75 %	79 %	85 %	85 %
Personen, die das Internet nutzen	74 %	79 %	80 %	86 %	85 %
Online-Shopper	43 %	45 %	49 %	55 %	55 %
Unternehmen					
Internetzugang	97 %	98 %	98 %	97 %	100 %
Website	80 %	83 %	82 %	82 %	90 %

Zeitungslandschaft in Schieflage

Eine derartige Konzentration der Druckmedien dürfte europaweit einmalig sein: Das Boulevard-Blatt *Kronen Zeitung* mit einer aktuellen Auflage von 805 000 Exemplaren nehmen jeden Tag 2,7 Millionen der 8,4 Millionen Österreicher in die Hand. Das Blatt mit einem Leseranteil von 38,2 Prozent, das seit den 1980er Jahren zur Hälfte im Besitz des Essener WAZ-Konzerns ist, hat in den vergangenen Jahrzehnten Kanzler gemacht und Minister abgesägt. Kein österreichischer Politiker kommt an dem Wiener Mediamil-Komplex vorbei, zu dem neben diversen Magazinen auch der Verlag der Tageszeitung *Kurier* (156 000 verkaufte Exemplare) gehört.

Das Ungleichgewicht wäre noch stärker, hingen die Qualitätszeitungen nicht am Tropf staatlicher Subventionen. Das größte Stück vom Kuchen der fast neun Millionen Euro Presseförderung im Jahr erhalten laut Statistik Austria die konservative *Presse* (1,36 Millionen Euro bei einer Auflage von 71 000 Exemplaren und 3,7 Prozent Reichweite) sowie der *Standard* (1,29 Millionen Euro / 69 000 Exemplare und 5 Prozent Reichweite). Alle genannten Tageszeitungen erscheinen in Wien. Meinungsprägend sind aber auch die in Graz erscheinende *Kleine Zeitung* (13,1 Prozent / 280 000 Exemplare) mit ihren Ausgaben für die Steiermark und Kärnten sowie die *Salzburger Nachrichten* (3,4 Prozent / 68 000 Exemplare).

Beim Fernsehen und beim Rundfunk hat sich der öffentlich-rechtliche Rundfunk ORF gegenüber einer Unzahl kommerzieller TV-Sender im eigenen Land, vor allem aber in der Konkurrenz zu den deutschen Privatsendern der Mediengruppe RTL und der ProSiebenSat.1 Media AG mit ihren österreichischen Werbefenstern ganz gut behauptet. Die Kanäle ORF 1 und ORF 2 erreichten laut Statistik Austria 2012 im Durchschnitt 51 Prozent der Erwachsenen und Jugendlichen (ab zwölf Jahren), vor allem in den Programmkategorien Unterhaltung und Information.

Tipp: Über Österreich und die österreichische Sicht der Dinge erfährt man zum Beispiel etwas in:

Wochenzeitungen

Falter: Besonders empfehlenswert ist die Kolumne des Gründers, Herausgebers und Chefredakteurs Armin Thurnher. Der *Falter* ist als Wiener Stadtzeitung entstanden – und sieht auch immer noch so aus.

Bei der Skandalaufdeckung dürfte der *Falter* das *Spiegel*-ähnliche Magazin *profil* und die Illustrierte *News* inzwischen überholt haben. Und für Wien- und Graz-Besucher ist die Wochenzeitung mit ihrem ausführlichen Veranstaltungsteil ohnehin ein Muss.

Tageszeitungen

- »Kommentar der Anderen« (täglich im *Standard*)
- Gastkommentar »Quergeschrieben« (täglich in der *Presse*)
- Thurnher contra Fleischhacker (Debatte einmal im Monat in der *Kleinen Zeitung*)
- »Wollen Sie mit mir streiten?« (Interviewserie mit *Presse*-Chefredakteur Michael Fleischhacker, monatlich in *Datum*)
- Kontroverse Andreas Unterberger und Katharina Krawagna-Pfeifer (freitags in den *Salzburger Nachrichten*)

ORF-Perlen

- Das Nachrichtenmagazin ZIB2 (Zeit im Bild 2) wird – in der Regel um 22 Uhr – via 3sat auch nach Deutschland und in die Schweiz übertragen.
- Unterhaltsam und informativ gibt die Reportagenserie »Liebesg'schichten und Heiratssachen« der TV-Journalistin Elisabeth T. Spira Einblicke in das österreichische Seelenleben.

Die österreichischen Konsumtrends folgen, wenn auch stets mit etwas Abstand, den deutschen. Wen wundert's? Ist doch ein Großteil der österreichischen Supermarktketten und Discounter in deutscher Hand. Geiz ist inzwischen auch in Österreich geil; der Marktanteil der Billigläden beträgt allerdings erst rund 30 Prozent (beim internationalen Spitzenreiter Deutschland sind es 42 Prozent). Wie im restlichen Mitteleuropa gibt es aber auch die Gegenbewegungen: Wegwerfkonsum steht der Suche nach Nachhaltigkeit gegenüber, ständige Erreichbarkeit neben dem Bedürfnis nach Ruhe und Besinnung, Mobilität und Dauerpräsenz im Netz konkurrieren mit dem Wunsch nach Bodenständigkeit.

Landestypische Ausprägungen

Ökoreich: Frau und Herr Österreicher verstehen sich als Bio- und Öko-Weltmeister. Das Verhältnis der Anbaufläche von Bioprodukten zur Agrarfläche ist nur noch in Liechtenstein und auf den Falkland-Inseln höher. Knapp 22 000 Betriebe produzieren biologische Lebensmittel, der Anteil von Biohöfen liegt damit bei 17 Prozent. Auch die Verwendung von Biomaterialien bei der Fertigung von Kosmetika, Kleidung und Möbeln wird immer wichtiger. Da die Öko-Nachfrage ziemlich früh einsetzte, gibt es schon eine Generation, die Bio mit der Muttermilch eingesogen hat. Auch deshalb liegt Österreich mit einem Pro-Kopf-Verbrauch an Bioprodukten von durchschnittlich knapp 120 Euro jährlich im europäischen Spitzenfeld – vor Deutschland, aber hinter der Schweiz.

Heimat im Regal: Neben dem alteingesessenen Würstelstand haben sich auch die Klopsebrater und Pizza-Ketten breitgemacht. In den Großstädten boomen der Verkauf von Fertiggerichten und das Angebot von Lieferdiensten. In einem gegenläufigen Trend legen die Verbraucher jedoch Wert auf Qualitätsprodukte aus der Region. Ein Drittel der Konsumenten schaut nach aktuellen Erkenntnissen von Marktexperten beim Einkauf auf regionale Lebensmittel, ein Drittel kann sich das nicht leisten, und ein weiteres Drittel denkt nicht darüber nach.

Spielgier contra Selbstbesinnung: Der Trend zur Spaßgesellschaft wird immer deutlicher. Die Ausgaben für Glücksspiele sind in Österreich zwischen 2000 und 2012 selbst bei Berücksichtigung der Geldentwertung um 117 Prozent gestiegen. Gleichzeitig wächst der Wunsch nach Selbstfindung und Spiritualität. Das Modewort heißt »Mindness«: Zeit, Ruhe und Besinnung werden zum Marketingfaktor. Das Revival von

Produkten wie Vinyl-Schallplatten und der Nostalgie-konsum entspringen zu einem gewissen Grade ebenfalls der Sehnsucht, zu den Wurzeln zurückzukehren.

Leihen, Teilen, secondhand: Der Markenwahn und das Überschütten mit immer neuen Produktgenerationen zeigt Wirkung. Leasen, leihen und gemeinsam nutzen werden immer beliebter. Leihskier, Carsharing, Wohnungstausch sind keine Nischenthemen mehr. Secondhand-Läden schießen wie Pilze aus dem Boden; Kosmetikflohmärkte sind auf Anhieb gut besucht. Mit der Entdeckung der Vorteile gemeinsamer Nutzung ist auch eine gewisse Demokratisierung von Kreativität und Konsum verbunden. Ein besonders originelles Beispiel ist das Konzept »You create fashion« der Wiener Jungunternehmer Anna Rihl und Moritz Baier. Auf der Website des Modelabels *(www.useabrand. com)* kann jeder User seine eigenen Entwürfe für ein Kleidungsstück hochladen. Die Online-Nutzer stimmen monatlich darüber ab, welches Design produziert und im Shop verkauft werden soll.

Flotte Heimat

Die Beziehung zu Heimat und Brauchtum ist in Österreich gleich mehrfach gebrochen. Zunächst kam die Abkehr von der schwülstigen Blut-und-Boden-Romantik der Nazizeit nicht über Nacht. Die Sehnsucht nach der ländlichen Idylle war in der Nachkriegszeit so groß, dass die Heimatromane belasteter Autoren wie Karl-Heinrich Waggerl in den 1950er und -60er Jahren noch Auflagenrekorde feierten. Die Aufarbeitung dieser Verherrlichung des dörflichen Gemeinschaftslebens brachte sogar die österreichtypische Gattung der »Anti-Heimatliteratur« hervor, zu der auch Werke so namhafter Autoren wie Peter Handke, Thomas Bernhard und Elfriede Jelinek gehören. (Siehe auch Seite 272)

Hinzu kommt, dass die Austria-Touristiker seit langem die Anziehungskraft von landschaftlicher Schönheit und Brauchtum bei ihren ausländischen Kunden nutzen. Die Verkäufer der »Marke Österreich« sehen in der Sehnsucht nach Heimat ein Marketingpotential, das sich gut als Alleinstellungsmerkmal eignet. Kritiker sind eher der Meinung, diese Fremdenverkehrsprofiteure würden mit der Vermarktung ihrer kulturellen Wurzeln ihre Seele gleich mitverkaufen.

Hand in Hand mit dieser Entwicklung geht die Kommerzialisierung der Volksmusik in der Unterhaltungsbranche. Ausgerechnet der Linzer Karl Moik und der Wiener Adolf Andreas Meyer alias Andy Borg stehen für die Vermischung bäuerlicher Musiktraditionen und banaler Schlager zur »Heile Welt«-Illusion.

Dirndl und »Bauernjoschi« (Steireranzug für den Sonntag) stehen trotzdem nicht per se unter Kitschverdacht. Im Gegenteil: Eine Reihe österreichischer Designer hat die Trachtentraditionen des Landes so aufgepeppt, dass sich unter der Rubrik »Landhausmode« ein Kaleidoskop pfiffiger Ideen versammelt hat. Alpine Flower-Power verspricht das Label »Pleamle« aus dem kärntnerischen Villach; als »Tiroler Adlerin« bietet die Jungunternehmerin Margret Schiestl mit ihrem Team eine kreative Verbindung aus Kunst, Mode und Tradition; Jasmin Stanonik aus Saalfelden im Salzburger Land hat mit ihren Schürzen-Kreationen die »Sheela Housewife Revolution« ausgerufen. Und richtig narrisch wird's bei der Wiener Modemacherin Susanne Bisovsky, die in Kollektionen wie »Trachtenpunk« vermeintlich Unvereinbares vereint.

Ein – auf Neudeutsch – Cluster ist, was sich in Bad Aussee im Salzkammergut bei der Fertigung von Trachtenmoden entwickelt hat. Um die dreißig Hosen stellt beispielsweise Christian Raich in seiner Ausseer Maßschneiderei jedes Jahr her. Für ein solches Beinkleid mit Ewigkeitsgarantie muss der Käufer dementsprechend mehrere tausend Euro hinblättern. Billiger sind Trachten beim Discounter »Zillertaler Trachtenwelt« mit knapp 40 Filialen. Fast 50 000 Billigdirndl und knapp 70 000 Lederhosen ab 99 Euro wandern dort jährlich über den Ladentisch. Wer die Anschaffung wegen der raren Gelegenheiten zum Tragen eines Dirndls für unnötig hält, kann das Kleidungsstück – nach dem Vorbild eines Magdgewandes aus dem 19. Jahrhundert – in Hallstatt auch stunden- oder tageweise mieten.

»Echtes Österreich«

Das real existierende Brauchtum Österreichs lässt sich anhand eines Echtheitszertifikats der Vereinten Nationen identifizieren. Die Liste des »immateriellen Kulturerbes«, das die Anerkennung der UNESCO-Kommission gefunden hat, ist lang. Unter anderem führt sie einmal durch das Kirchenjahr. Das beginnt mit dem Anklöpfeln im Tiroler Unterland, wenn als Hirten verkleidete Sänger an den drei Donnerstagen vor Weihnachten (Klöpflnächte) den Häusern in der Nachbarschaft einen Besuch abstatten, und geht über die diversen Faschings- und Fasnetsbräuche, die mit dem Funkensonntag in vielen Vorarlberger Orten am Wochenende nach Aschermittwoch enden. Seit 400 Jahren finden zudem im Tiroler Erl zur Osterzeit Passionsspiele statt. Zu Fronleichnam wird beim Samsontragen, einem Umzug im Lungau und im Bezirk Murau in den Bundesländern Salzburg und Steiermark, zur Einhaltung der Kirchengebote gemahnt. Dem Bergfeuer im Tiroler Ehrwald zur Sommersonnwende folgt der Lichtbratlmontag im oberösterreichischen Bad Ischl. An diesem Tag Ende September spendierten die Meister ihren Gesellen einen Braten, weil diese von nun an häufig bei Kerzenlicht arbeiten mussten. In Niederösterreich feiern die Weinhauer das Erntedankfest beim Perchtoldsdorfer Hütereinzug.

Auch Unerwartetes hat's in der Kulturerbe-Liste. Dazu gehört zweifellos der »Wiener Dudler«. Er entwickelte sich aus dem Jodler, den Tiroler Gastarbeiter bei ihrer Ansiedlung in Wien mitgebracht hatten. Nicht nur geographisch ist das immaterielle Gut meilenweit von jener Bergbauernkultur entfernt, das im Burgenland südöstlich von Wien von der Roma-Minderheit gepflegt wird: Dazu gehört sowohl der Erhalt des Roman als auch der »Lieder der Lovara« (ungarisch = Pferdehändler), in denen sich viele typische Ausdrücke der Roma-Sprache erhalten haben.

Marterlsprüche

Wie in Bayern gehören die derb-humorigen Sprüche auf Grabkreuzen und Gedenktafeln auch in den österreichischen Alpen zu den wichtigsten Zeugnissen

von Volkes Stimme – vor allem in Tirol. Hier einige
Beispiele:

Hier schweigt Johanna Vogelsang,
sie zwitscherte ihr Leben lang.

Christ steh still und bet a bissl!
Hier liegt der Bauer Jakob Nissl.
Zu schwer musste er büßen hier,
er starb an selbstgebrautem Bier.

Hier liegt begraben mein Weib, Gott sei Dank
Ewig hat sie nur mit mir gezankt.
Drum lieber Wanderer geh weg von hier,
sonst steht sie auf und zankt mit Dir.

Hier liegt der Messner Krug
Der Kinder, Weib und Orgel schlug.

Hier ruht in süßer Ruh
erdrückt von einer Kuh
der Xander Meier,
der Herr schenke ihm die ewge Ruh.

Hier ruht leider mein Gemahl,
er war Schneider unten im Tal.
An seiner Stell' setz ich dort
mit dem Gsell die Arbeit fort.

Allhier liegt begraben eine äußerst Tugendsame
Jungfrau Viktoria Schreiner war ihr Name
Sie trieb im Pfarrhaus die Kocherei
doch sonst war sie von Lastern frei
Wandrer beug dein weltliches Knie
und lebe rein und keusch wie sie!

Im Jahr 2006 ließ ein Jagdpächter im Rofangebirge
(Tirol) ein ironisches Marterl für einen Ziegenbock er-
richten, den ein Jagdgast irrtümlich erschossen hatte.
Der Text, verfasst von dem Tiroler Autor Martin Reiter:

»Waidmannsheil! Von zwei Jägern hinterrücks
erschossen, fand man den Ziegenbock Hansi
hinter diesem Boschen. Zwischen Felsen und
Gestein ging er in die ewigen Jagdgründe ein.
Hätt's den Bock doch leben lassen, müssten wir
sein Schicksal nicht in Verse fassen. Die Moral
von dieser G'schicht: Bockig sind die Jäger nicht!
Waidmannsdank!«

Jodeln im Urwald

Ein Stückchen Tirol gibt es auch im peruanischen
Urwald. »Einzige österreichisch-deutsche Kolonie
der Welt« nennt sich die 1000 Einwohner zählende
Ortschaft Pozuzo, wo zwischen Bananenstauden und

Kakaopflanzen Wiener Schnitzel, Fleischlaberl und Würstel mit frittierter Yucca serviert werden. Auf die Frage »Wos mogsch du denn essn?« kann man als Dessert einen Bananenstrudel bekommen. In der gleichnamigen Provinz gehört Deutsch wegen der vielen Einwanderer aus Deutschland und Österreich noch zu den Amtssprachen.

Entstanden ist die Kolonie, deren dunkle Holzhäuser mit ihren großen Balkonen an Tiroler Bauernhöfe erinnern, in den 1850er-Jahren. Um die fruchtbaren Gebiete des Regenwaldes zu nutzen, sollten Arbeitskräfte angelockt werden. Hunderte katholische Bauern wanderten ein, auch aus Tirol, weil sie im Zeitalter der Industrialisierung nicht mehr von der Landwirtschaft leben konnten. Während die ältere Generation noch den Dialekt der Vorfahren beherrscht und sogar jodeln kann, stirbt das Andenken an die ursprüngliche Kultur der Einwanderer bei den Jüngeren allmählich aus.

Abgründe der austriakischen Seele

Die folgende Liste von Untaten österreichischer Übeltäter führt wiederholt in Hauskeller und dokumentiert insgesamt die Abgründe krimineller Energie unserer Nachbarn:

Der Dienstmädchenmörder. Legendär ist der Hoch-
stapler und Serienmörder Hugo Schenk (1849–1884).
Der missratene Sohn eines Richters ermordete mit
Hilfe seines Komplizen Karl Schlossarek (1858–1884)
aus Habgier vier Dienstmädchen und wurde dafür
am 22. April 1884 zusammen mit dem Schlossarek
Karl in Wien hingerichtet. Schenks Schädel wurde
vom bekannten Wiener Neurologen Moriz Benedikt
obduziert und befindet sich heute im Wiener Kriminalmuseum.

Der Karrierist. Adolf Hofrichter (1880–1945) wollte
angeblich seine Laufbahn als k. u. k. Offizier des In-
fanterieregiments »Ernst Ludwig, Großherzog von
Hessen und bei Rhein Nr. 14« beschleunigen – mit
reichlich rabiaten Mitteln, sprich Gift. Nach einem
kontrovers diskutierten Schuldspruch wurde der in
Linz stationierte Oberleutnant im Mai 1910 zu lebenslanger Haft im Militärgefängnis verurteilt. Die Richter
befanden, er habe zwölf Offizierskollegen, die in der
Rangliste zur Beförderung in den Generalstab vor ihm
standen, per Post unter falschem Namen als Potenz-
pillen getarnte Zyankalikapseln geschickt. Einer der
Militärs nahm das vorgebliche Frühzeit-Viagra und
büßte sein Leben ein.

Der »blonde Engel«. Unter diesem Spitznamen ging
Martha Marek (1904–1938) in die Kriminalgeschich-

te ein. Nach Überzeugung der Richter soll sie ihren Mann, ihre Tochter, ihre Haushälterin und die Erbtante mit Rattengift vergiftet haben. Bei ihrer Verurteilung zum Tode im Frühjahr 1938 ging das Gericht von einer späteren Begnadigung durch den österreichischen Staatspräsidenten aus. Dann aber kam es zum Anschluss an das Deutsche Reich samt dem für Gnade nicht zugänglichen Adolf Hitler an der Spitze. Mordspech. Und so wurde Martha Marek im Dezember 1938 geköpft.

Der Schiffchenversenker. Udo Proksch (1934–2001) war ein schillernder Charakter. Der ehemalige Schüler der Nazi-Eliteschule Napola und selbsternannte Bürgerschreck heiratete in den 1960er Jahren die österreichische Burgschauspielerin Erika Pluhar und nach der Scheidung dann Daphne Wagner, die Urenkelin des Komponisten Richard Wagner. Als Inhaber der Hof-Konditorei Demel in Wien, der regelmäßig Promitreffs in den Räumen über dem Demel organisierte, geriet Proksch in finanzielle Schieflage. Darauf charterte der gelernte Designer den Hochseefrachter »Lucona«. Doch der ging am 23. Januar 1977 – angeblich mit einer Uranerzmühle beladen – nach einer Explosion an Bord im Indischen Ozean unter. Sechs der sieben Besatzungsmitglieder kamen ums Leben. Proksch, der sich mit der Versicherungssumme hatte sanieren wollen, wurde als Hintermann der absichtlichen Versenkung des Schiffs überführt. Wegen Mordes und versuchten Versicherungsbetrugs wurde er zu lebenslanger Haft verurteilt. Die »Lucona-Affäre« brachte eine Reihe von Spitzenpolitikern in Schwierigkeiten, die sich zu eng mit Proksch angefreundet hatten.

Die »Todesengel von Lainz«. Die Altenbetreuerinnen Maria Gruber (* 1964), Irene Leidolf (* 1962), Stefanija Meyer (* 1940) und Waltraud Wagner (* 1960) töteten im Krankenhaus des Wiener Vororts Lainz zwischen 1983 und 1989 mehrere Dutzend Patientinnen und Patienten durch gezielte Überdosierung bei der Medikamentengabe. Die beiden Haupttäterinnen Wagner und Leidolf, die ihre Taten als Gnadenakte und Erlösung für die Opfer darstellten, aus Sicht der Richter aber von Machtphantasien geleitet waren, wurden am 7. August 2008 nach über 19 Jahren Haft auf Bewährung aus dem Gefängnis entlassen.

Die »schwarze Witwe«. Die spielsüchtige Wienerin Elfriede Blauensteiner (1931–2003) vergiftete angeblich mindestens fünf ihrer Partner und eine Nachbarin mit Überdosen Euglucon. Dieser Wirkstoff wird Medikamenten gegen erhöhten Blutzucker beigegeben. Angeklagt und verurteilt wurde die Frau, die sich von ihren Opfern als Erbin hatte einsetzen lassen, 1997 zunächst wegen Mordes an einem Bekannten, 2001 dann auch wegen Mordes an einer Nachbarin und an einem weiteren Bekannten. Die Geschichte der Elfriede Blauensteiner wurde 2001 mit Christiane Hörbiger in der Hauptrolle unter dem Titel »Die Gottesanbeterin« verfilmt.

Der Machtgeile. Weltweit Schlagzeilen machten der gebürtige Wiener Wolfgang Přiklopil (1962–2006) und sein Opfer Natascha Kampusch (* 1988). Der arbeitslose Nachrichtentechniker entführte die damals Zehnjährige im März 1998 auf dem Weg zur Schule und hielt sie dann mehr als acht Jahre in einem Verlies unter seinem Haus östlich von Wien gefangen. Als Kampusch 2006 beim Reinigen von Přiklopils Wagen von dessen Grundstück fliehen konnte, brachte sich ihr Entführer auf der Flucht vor der Polizei um.

Der Rabenvater. Josef Fritzl (* 1935) hielt die eigene Tochter rund 24 Jahre in einer Wohnung unter seinem Haus im niederösterreichischen Amstetten gefangen. Während dieser Zeit vergewaltigte er sie immer wieder und zeugte mit ihr insgesamt sieben Kinder. Drei dieser Kinder hielt er ebenfalls jahrelang unterirdisch gefangen, andere starben an Vernachlässigung. Im März 2009 wurde Fritzl in einem Prozess, in welchem – erstmals in Österreich – auch der Tatbestand der Sklaverei geprüft worden war, zu lebenslanger Haft mit Einweisung in eine Anstalt für zurechnungsfähige, geistig abnorme Rechtsbrecher verurteilt.

Der Waffennarr. Der 55-jährige Transportunternehmer Alois Huber aus Niederösterreich erschießt im September 2013 drei Polizisten und einen Sanitäter, nachdem er beim Wildern ertappt worden ist. Er flieht in einen Geheimbunker auf seinem ländlichen Anwesen, steckt das Versteck in Brand und erschießt sich dann. Die Ermittler finden später im Haus Hunderte von Jagdwaffen.

Katastrophen, über die Österreich bis heute spricht

Januar/Februar 1963. Katastrophenwinter in ganz Österreich. Der Verkehr wird vielfach eingeschränkt, Eisstöße auf der Donau behindern den Schiffsverkehr. Die Temperatur sinkt stellenweise bis auf minus 28 Grad Celsius.

2. März 1965. Eine Staublawine in den Radstädter Tauern verschüttet einen Bus mit schwedischen Studenten. 13 Menschen finden den Tod.

12. Juni 1966. Schwere Unwetter mit sintflutartigen Regenfällen und heftigem Hagelschlag treffen ganz

Österreich. In Zell am See (Salzburger Land) sterben sechs Menschen in den Fluten.

1. November 1967. Ein Brand in einer Grube im Kärntner Lavanttal fordert fünf Tote.

1. Mai 1971. Im Bahnhof Fürnitz (Kärnten) fährt der Italien-Express von Rom nach Wien auf einen im Bahnhof stehenden Güterzug auf. Acht Menschen sterben.

17. Dezember 1971. Bei dem Versuch, einen Großbrand in der Papierfabrik Ortmann im Piestingtal (Niederösterreich) zu löschen, sterben fünf Feuerwehrleute.

28. September 1973. Bei dem ersten Terroranschlag von Palästinensern in Österreich werden im Bahnhof Marchegg drei jüdische Emigranten aus der Sowjetunion und ein Zollbeamter aus einem Zug entführt. Nach Zusicherung der Regierung, ein Transitlager für jüdische Einwanderer aufzulösen, werden die Geiseln freigelassen. Die Terroristen werden ausgeflogen.

21. Dezember 1974. Eine Gruppe von Skifahrern wird am Hahnenkamm in Kitzbühel von einem Schneebrett erfasst und verschüttet. Dabei sterben 13 Personen.

Juni/Juli 1975. Unwetter und wolkenbruchartiger Regen führen zu Überschwemmungen in Ostösterreich. Es gibt 13 Tote.

21. Dezember 1975. Terroranschlag auf den Sitz der Organisation der erdölexportierenden Länder (OPEC) in Wien. Fünf Terroristen bringen während eines OPEC-Treffens elf Minister in ihre Gewalt. Ein österreichischer Kriminalbeamter, ein irakischer Sicherheitsmann und ein libyscher OPEC-Delegierter werden getötet.

1. August 1976. In den frühen Morgenstunden bricht die 373 Meter lange Reichsbrücke in Wien ein. Ein Chauffeur des ORF wird in seinem Kleinbus eingeklemmt und stirbt. Die heutige Reichsbrücke, die vom 2. Gemeindebezirk Leopoldstadt zur UNO-City führt, wird 1980 eröffnet.

1. August 1976. Der für Ferrari startende Rennfahrer Niki Lauda verunglückt am Nürburgring in der Eifel. Der Formel-1-Weltmeister überlebt mit schweren Verbrennungen – und wird danach noch zweimal Weltmeister (1977 und 1984).

1. November 1979. Bei dem zehnstündigen Brand eines Safariparks in Gänserndorf bei Wien verenden 37 Tiere.

1. Mai 1981. Der Wiener Verkehrsstadtrat Heinz Nittel wird vor seinem Haus mit zwei Schüssen niedergestreckt. Der Mord an dem Sozialdemokraten ist das erste tödliche Attentat auf einen Politiker nach dem Zweiten Weltkrieg.

31. Januar 1982. Nach einem Lawinenabgang im Tennengebirge im Salzburger Land können 13 junge Leute aus einer 18-köpfigen Schülergruppe nur noch tot geborgen werden.

Februar 1984. In Tirol gehen 30 Lawinen ab – zum Teil auf einer Breite von 100 Metern. Es gibt 14 Tote. Bei Orkanen mit Windgeschwindigkeiten bis 140 Stundenkilometern werden zwanzig Wintersportorte von der Außenwelt abgeschnitten und müssen mit Hubschraubern versorgt werden.

27. Dezember 1985. Fast zeitgleich mit einem Anschlag in Rom überfallen drei Terroristen einen Abfertigungsschalter der israelischen Fluglinie El Al in Wien-Schwechat. Es gibt vier Tote und fast vierzig Verletzte. Bei der anschließenden Verfolgungsjagd wird einer der Terroristen getötet, zwei andere werden schwer verletzt.

26. Mai 1991. Eine Maschine der Lauda-Air stürzt auf dem Flug von Hongkong nach Wien kurz nach einer

Zwischenlandung in Bangkok ab, weil sich die nur bei Landungen benötigte Schubumkehr eines Triebwerks während des Flugs für Augenblicke automatisch zuschaltet. Alle 213 Passagiere und die zehn Besatzungsmitglieder sterben.

Dezember 1993. Beginn des Briefbombenterrors in Österreich. Bevor der rechtsextremistische Einzeltäter Franz Fuchs nach drei Jahren verhaftet werden kann, gibt es im burgenländischen Oberwart bei dem Anschlag auf eine Roma-Siedlung im Jahr 1995 vier Tote. Ein Jahr zuvor werden dem Polizisten Theo Kelz beide Hände abgerissen, als er versucht, eine Rohrbombe zu entschärfen. Bei der Briefbombenserie im Dezember 1993 werden der damalige Wiener Bürgermeister Helmut Zilk, die ORF-Minderheitenjournalistin Silvana Meixner und der Ausländerpfarrer August Janisch verletzt.

17. Juli 1998. Im steirischen Lassing kommt es zu dem bis dahin schwersten Grubenunglück in Österreich. Ein Wassereinbruch in einem Kalkwerk führt zum Absacken ganzer Häuser; der Bergmann Georg Hainzl wird verschüttet. Zehn Kumpel sterben bei dem Versuch, den Eingeschlossenen zu befreien. Hainzl wird nach zehn Tagen aus einer Luftblase im Berg befreit: das »Wunder von Lassing«.

23. Februar 1999. Zwei riesige Staublawinen töten 39 Menschen in Galtür und Valzur im Tiroler Paznauntal. Die in den beiden Wintersportorten eingeschlossenen Touristen müssen im Rahmen der größten Luftevakuierungsaktion der österreichischen Geschichte nach und nach mit Helikoptern ausgeflogen werden.

4. Dezember 1999. Bei einer Massenpanik während einer Snowboard-Veranstaltung im Stadion unter der Olympia-Schanze am Innsbrucker Bergisel werden fünf junge Leute an einem Absperrzaun zu Tode gequetscht. Weitere fünf Jugendliche werden zu Pflegefällen.

11. November 2000. Bei der größten Katastrophe im Nachkriegsösterreich sterben 155 Menschen, als die Standseilbahn auf das Kitzsteinhorn über Kaprun Feuer fängt. Ursache für das Feuer: ein defekter Heizlüfter in einem der beiden in Gegenrichtung verkehrenden Waggons der Seilbahn.

Gassenhauer, Schlager, Hits – von Mozart bis »Amadeus«

Nicht ohne Stolz gibt sich Wien als Musikhauptstadt der Welt. Da mag etwas dran sein. In jedem Fall zeigt ein Blick auf einige Ausschnitte österreichischer Musikgeschichte, dass Star-Rummel und Kommerzialisierung keine Erfindung unserer Tage sind. International bejubelte Popstars, Welttourneen, Groupies, Exzesse, Klatsch und Intrigen gab es bereits, als Hits noch nicht einmal Schlager, sondern Gassenhauer genannt wurden. Das Trio op. 11 B-Dur von Ludwig van Beethoven (1770–1827) hat sogar den Beinamen »Gassenhauer-Trio« erhalten, weil der finanziell klamme Halbgott der Wiener Klassik um des schnöden Mammons willen im dritten Satz das Thema einer populären Arie aus der komischen Oper »L'amor marinaro« seines Zeitgenossen Joseph Weigl (1766–1846) variierte. Auch sonst mussten die Musikzelebritäten häufig nach dem Motto handeln: Ich bin jung und brauche das Geld.

Wolfgang Amadeus Mozart (1756–1791): Rund zehn Jahre seines kurzen Lebens von nicht einmal 36 Jahren hat das Musikgenie aus Salzburg auf Reisen verbracht, um einträgliche Gastspiele zu geben oder neue Auftraggeber zu finden. In einer Zeit, in der die Reise per Kutsche von Salzburg ins 300 Kilometer entfernte Wien bei schlechtem Wetter schon mal sechs Tage dauern konnte, holperte »Wolferl« mit dem Manager-Vater Leopold und seiner Schwester »Nannerl« während einer Tournee mit 70 Stationen über die Schlaglochpisten Europas. Die Tournee durch Deutschland, Flandern, Frankreich, England, Holland und die Schweiz zwischen 1763 und 1766 machte Mozart als Kinderstar berühmt.

Dem Freimaurer Mozart, dessen Opern »Le nozze di Figaro« (»Figaros Hochzeit«) und »Zauberflöte« deutlich sozialkritische Anklänge zeigen, dürfte die Popularität seiner späteren Bühnenwerke große Freude bereitet haben. Vor allem Arien aus dem »Don Giovanni« wurden nach der Prager Uraufführung im Oktober 1787 in den Prager Gassen und bald auch in Wien von Handwerksburschen gepfiffen und von Dienstmädchen geträllert.

Der Lohn der Rastlosigkeit Mozarts in einer Ära, in der Rundfunk, Fernsehen und Tonträger wie Schallplatten oder CDs unbekannt waren, war ein gewaltiges Einkommen. Mindestens 1000 Gulden bekam der Star nach eigenem Bekunden für ein Konzert (seiner Magd bezahlte er monatlich einen Gulden). Zeitweise verfügte er über ein Jahreseinkommen von rund 10 000 Gulden, was nach heutiger Kaufkraft etwa 125 000 Euro entspricht. Da der Meister allerdings mit schicker Kleidung, Luxuseinrichtung und einer Menge Bediensteter ziemlich aufwendig lebte, musste sich seine Witwe nach Mozarts frühem Tod am 5. Dezember 1791 sogar Geld pumpen, um die Kinder und sich durchzubringen.

Franz Liszt (1811–1886): Eine Vorwegnahme der Hysterie bei Beatles- oder Stones-Konzerten muss wohl die »Lisztomanie« gewesen sein, die der im ungarischen Teil der Habsburgermonarchie geborene Klaviervirtuose bei seinen Konzertreisen kreuz und quer durch Europa auslöste. Bei Auftritt des in Wien ausgebildeten Womanizers sei ein »elektrischer Schlag durch den Saal« gegangen, und »die Mehrzahl der Damen« habe sich erhoben, beschrieb der Schriftsteller Hans Christian Andersen nach einem Konzert in Hamburg die fast dämonische Ausstrahlung des von seinem ehrgeizigen Vater Adam zum Wunderknaben gezwirbelten Heimatlosen, der sich als Ungar, Deutscher und Franzose zugleich fühlte.

Groupies, die ihm zu seinen Konzerten nachreisten, hatte Liszt offenbar schon, bevor es den Begriff dafür gab. Auch Eitelkeit wegen seiner Nähe zu den Großen seiner Zeit wird dem Pianisten nachgesagt, der mit seinem gewalttätigen Spiel auch ein früher Vertreter der Musiker war, die ihr Instrument auf der Bühne demolierten. Neigung zum Alkoholmissbrauch nahm bei Liszt den Drogenkonsum späterer Superstars vorweg. Für einen gewissen Zynismus des tiefgläubigen Katholiken spricht, dass sich Liszt einen Hund anschaffte, um aus dessen Fell Nachschub für die große Nachfrage an Locken von »Master Liszt« bei seinen weiblichen Fans zu gewinnen.

Für eine Wohltätigkeit, die wohl auch die Afrika-Hungerhilfe Life Aid von Bob Geldof in den Schatten stellte, sprechen Benefizkonzerte und großzügige Finanzspritzen des erfolgsverwöhnten Musikers für bedürftige Freunde. Und auch die Sinnsuche, die so viele Musiker nach einer steilen Karriere in ihren Bann zieht, war dem ruhelosen Konzertpianisten nicht fremd. Vielleicht hat der Schwiegervater Richard Wagners wider Willen wenigstens im Alter seinen Frieden gefunden, nachdem er mit 54 Jahren in Rom die niederen Weihen als katholischer Geistlicher und den Titel Abbé empfangen hatte.

Johann Strauß Sohn (1825–1899): Der Boden war bereitet – die Wiener müssen im 19. Jahrhundert regelrecht »ballsüchtig« gewesen sein. Veranstaltungssäle schossen nun auch in der Vorstadt aus dem Boden, die Orchester mussten geteilt werden, um der Tanzwut musikalisch gerecht zu werden und die Nachfrage kommerziell voll auszunutzen. *Josef Lanner* (1801–1843) raste in Wien von Veranstaltungsort zu Veranstaltungsort, um seine auf die verschiedenen Hotspots aufgeteilten Orchester zu dirigieren – damals eine übliche Praxis. *Johann Strauß Vater* (1804–1849), der Komponist des »Radetzkymarsches«, brachte es immerhin schon auf eine europaweite Geschäftstätigkeit unter anderem in Frankreich und England. Ein globales Unterhaltungsunternehmen, auf das selbst die Bee Gees neidisch gewesen wären, bauten allerdings erst seine Söhne Johann Baptist, Josef und Eduard auf.

Kopf dieser »Firma Strauß« war zweifellos Johann Strauß Sohn. »Schanni«, wie der älteste der Brüder nach der italienischen Form »Gianni« genannt wurde, schrieb über 550 Kompositionen und begründete mit sechzehn Operetten – darunter »Die Fledermaus«, »Zigeunerbaron« und »Eine Nacht in Venedig« – das Goldene Zeitalter dieser Mischung aus Sprechgesang und Arien. Der »Walzerkönig«, der angeblich selbst nicht tanzen konnte, war als fescher Dirigent seiner ins Blut gehenden Kompositionen ebenfalls ein Frauenschwarm, der dreimal verheiratet war.

Auch sonst bot die Strauß-Dynastie den Stoff, aus dem heute die bunten Blätter gemacht sind. Nachdem Vater Johann Strauß fremdgegangen war, stachelte seine im Stich gelassene Gattin den Sohn Johann zum Aufbau eines Konkurrenzunternehmens an. Dessen Erfolg machte dem Vater ganz schön zu schaffen. Zehntausend Besucher bei einem Strauß-Abend waren in Wien, das damals etwa 400 000 Einwohner zählte, keine Seltenheit.

Die eigentliche Leistung war aber der Export der Popularität in alle Welt. Auf dem Höhepunkt seiner Berühmtheit gastierte Johann Strauß junior – Fischer-Chöre, horcht auf! – im Sommer 1872 beim Weltfriedensfest in Boston zum 100. Geburtstag der USA mit einem 800-Personen-Orchester unter Assistenz mehrerer Subdirigenten vor mehreren zehntausend Menschen. Dafür erhielt er 100 000 Dollar, nach heutiger Kaufkraft etwa 2 100 000 Euro. Kein Wunder, dass sein Denkmal im Wiener Stadtpark – eine der meistfotografierten Skulpturen der Welt – vergoldet ist.

Auch der PR-Maschinen wussten sich die Brüder Strauß schon zu bedienen, die ihre Gastspiele in Zeitungsartikeln groß ankündigen ließen. Selbst die Verquickung von Musik-Prominenz und Werbung ist keine Erfindung unserer Tage. In Russland hatte die

Direktion der Zarskoje-Selo-Eisenbahngesellschaft den Eindruck, dass der ersten russischen Linie der letzte Pfiff fehlte und als Attraktion für das Publikum Walzerseligkeit geboten werden musste. In den Jahren 1856 bis 1865 und im Jahre 1869 jeweils von Mai bis Oktober gastierten die Brüder Strauß daraufhin nahezu täglich mit einer Kapelle am Endpunkt Pawlowsk, 30 Kilometer außerhalb der damaligen russischen Hauptstadt St. Petersburg.

Falco (1957–1998): Mit dem Welterfolg »Rock me, Amadeus« des österreichischen Superstars Johann »Hans« Hölzel, der die Idee zu seinem Künstlernamen dem DDR-Skispringer Falko »Falke« Weißpflog verdankt, schließt sich der Kreis. Schon Titel wie der weltweit sieben Millionen Mal verkaufte »Kommissar« (1982) hatten dem »ersten Deutsch-Rapper« den internationalen Durchbruch beschert. Beeinflusst von Miloš Formans Kinofilm *Amadeus* entstand dann der Song über den »Punker« und »Superstar« Mozart. Am 20. März 1986 stieg der Hit als erster Titel eines deutschsprachigen Interpreten auf Platz 1 der US-Charts und hielt sich für drei Wochen an der Spitze. Ähnliches gelang in Großbritannien. Bis hin zu seinem alkohol- und drogenumnebelten Unfalltod an der Parkplatzausfahrt einer Diskothek in der Dominikanischen Republik gab es in Falcos Karriere wenig, was in ähnlicher Form nicht auch schon berühmten

Musikern zugestoßen ist. Ganz nebenbei beantwortet sich damit auch die Frage nach der Trennschärfe der Unterscheidung von ernster E- und unterhaltsamer U-Musik, die der von Falco besungene Mozart wohl nur sanft belächelt hätte.

Austropop-Potpourri

Falco ist der berühmteste aus zwei Künstlergenerationen, die ziemlich wenig trennscharf unter dem Begriff »Austropop« einsortiert werden. Es geht dabei weniger um eine musikalische Gattungsbezeichnung, eher schon um eine musikalische Strömung ab Mitte der 1960er Jahre in Österreich. Unter dem Oberbegriff firmieren Musiker der verschiedensten Richtungen von Rock über Hip-Hop bis hin zur Alternativen-Szene oder der alpenländischen Volksmusik. Verbindendes Element ist, dass die Texte vor allem zu Beginn in Dialekt, zumindest aber in Umgangssprache verfasst sind.

Zu den schillerndsten Figuren der Szene gehört zweifellos *Joesi Prokopetz* (* 1952). Der ehemalige Kreativdirektor einer internationalen Werbeagentur, der beispielsweise das Copyright für »Ajax – der weiße Wirbelwind« für sich in Anspruch nimmt, hat mit dem Text zu »Da Hofa« (1971) dem Liedermacher

Wolfgang Ambros (* 1952) zum Durchbruch verholfen. Auch die Texte zu den von Ambros vertonten Hits »Es lebe der Zentralfriedhof« (1975) und »Die Blume aus dem Gemeindebau« (1977) stammen von dem hauptberuflichen Werbetexter und späteren Showmoderator. Bei der Skihüttenhymne »Schifoan« (1976) hat Ambros allerdings bei Text und Melodie ganz allein eine Doppelspur gezogen.

Alpine Horror-Show »Der Watzmann ruft«

Legendär ist das 1972 uraufgeführte »Rustical« (Rustikal-Musical) »Der Watzmann ruft« des Trios *Wolfgang Ambros*, *Manfred Tauchen* und *Joesi Prokopetz* von 1974. Die Persiflage auf alpine Volkstümelei erlangte in Österreich und Bayern Kultstatus wie andernorts die »Rocky-Horror-Picture-Show«. Im Projekt *Deutsch-Österreichisches Feingefühl (DÖF)* und dem Weltraum-Hit »Codo« pflegten Prokopetz und Ambros dann mit den Schwestern *Annette* und *Inga Humpe* die Achse Wien–Berlin.

Zur selben Generation gehört auch der mittlerweile verstorbene *Georg Danzer* (1946–2007), der unter anderem mit dem Titel »Jö schau« (1975) den Auftritt eines »Nackerten« im berühmten Cafe Hawelka beschrieb. Der rund zehn Jahre jüngere *Rainhard*

Fendrich (* 1955) komplettierte mit Titeln wie »Strada del Sole« (1981), »Schickeria« (1982) oder »Es lebe der Sport« (1982) die Garde der Wiener Liedermacher. In der Formation *Austria 3* ließen Ambros, Danzer und Fendrich dann nach einem ersten gemeinsamen Auftritt bei einer Benefizveranstaltung ab 1997 die früheren Erfolge wiederaufleben. Als Gruppe konnte auch die *Erste Allgemeine Verunsicherung* mit »Märchenprinz« (1985) oder »Fata Morgana« (1987) Erfolge landen.

Übergang zum »Alpenrock«

Hubert von Goisern (* 1952) gehört bereits zu einer Generation des Austropop. Mit dem »Alpenrock« entstand ein neues Genre, ein erster Hit war das »Hiatamadl« von Goisern und seinen *Original Alpinkatzen*. Mit seinem Titel »Brenna tuats guat« aus dem Album »Entwederundoder« war der Mann aus dem oberösterreichischen Bad Goisern, der bürgerlich Hubert Achleitner heißt, auch in jüngerer Zeit in den Rundfunksendern vertreten. Eine etwas andere Art der Volksmusik pflegen auch die *Ausseer Hardbradler*, die während eines Aufenthalts in den USA ihr »Heimweh nach B. A.«, dem ebenfalls oberösterreichschen Bad Aussee, besingen.

Erfolgreichste Musikerin der letzten Jahre ist *Christina Stürmer* (* 1982), die Zweitplatzierte der ersten Staffel der ORF-Castingshow »Starmania« (2002/03). Die Sängerin an der Grenze von Austropop und Schlager erreichte sowohl in Österreich wie auch in Deutschland und der Schweiz vordere Hitparadenplätze. Aufsteigender Star ist der Steirer *Andreas Gabalier* (* 1984), der mit seinem Hintern in hirschlederner Hose weibliche Fans zu begeistern weiß. Aber das steht dann endgültig auf einem anderen Blatt …

Gestriges beim Heurigen

Die Wienerlieder, die beim Heurigen zu hören sind, heißen auch »Schrammeln«. Voller Weinseligkeit beschreiben die Kompositionen die einzigartige Schönheit der Stadt, in die selbst die »Engerln auf Urlaub« kommen. Irgendwie hört sich der Gattungsbegriff wie eine Beschreibung des Lokalkolorits an, in dem diese Musik den Touristen vorzugsweise in Grinzing, Nussdorf, Sievering und den anderen rebenumstandenen Wiener Vororten zum jungen Wein kredenzt wird. Dabei ist der Ausdruck auf einen Familiennamen zurückzuführen.

Johann (1850–1893) und *Josef Schrammel* (1852–1895) entstammten einer Musikerfamilie. Die Brüder genossen eine fundierte musikalische Ausbildung am Konservatorium. Johann Schrammel spielte nach dem Studium Geige in Theatern und war beim Militär Musikfeldwebel. Er spielte auch Salonmusik. Als diese an Beliebtheit verlor, schlug sein Bruder Josef vor, mit dem Gitarristen *Anton Strohmayer* (1848–1937) ein Terzett zu bilden. 1878 kam *Georg Dänzer* (1848–1893) mit der G-Klarinette dazu – auch »picksüßes Hölzl« genannt. Zwei Geigen, Kontragitarre, Klarinette und manchmal auch Knopfharmonika (Schrammelharmonika) sind typische Besetzung der Heurigenkapellen geblieben.

Das *Specialitäten Quartett Gebrüder Schrammel* erlangte mit seiner schluchzenden und doch beschwingten Art, Wienerlieder zu spielen, rasch große Berühmtheit. Sie spielten nun auch in den Palais der Wiener Aristokratie und den Salons des Großbürgertums. In sieben Jahren komponierten die Gebrüder Schrammel über 200 Lieder und Musikstücke. Der »Schrammeleuphorie« schlossen sich auch Johann Strauss und Johannes Brahms an. Die Brüder Schrammel starben 1893 und 1895, beide im Alter von 43 Jahren, die Bezeichnung »Schrammelmusik« als Synonym für das Wienerlied blieb bis heute bestehen. Die Schrammelgasse in Dornbach und ein Denkmal auf dem Elterleinplatz – beides im 17. Wiener Gemeindebezirk – erinnern an die beiden Brüder.

Gründungsdatum 30. Juni 1498: Welcher Chor der Welt kann das schon von sich sagen. Die *Wiener Sängerknaben* (*www.wienersaengerknaben.at*) pflegen diese lange Tradition. So beliebt sind die Konzerte der rund 100 Schüler ab zehn Jahren, dass vier Chöre unter diesem Namen die Welt bereisen. Neun bis elf Wochen eines jeden Schuljahres ist einer von ihnen in Europa, China, Japan, Südkorea oder den USA unterwegs. Alle zwei bis drei Jahre finden zudem Tourneen der »Niños Cantores de Viena« nach Lateinamerika statt. Ebensooft gastiert der »Vienna Boys' Choir« in Australien und Neuseeland. Rund 300 Konzerte der vier Chöre vor fast einer halben Million Zuschauern in der ganzen Welt kommen so jährlich zusammen.

Dabei wären die Sängerknaben, die der deutsche König und spätere Kaiser Maximilian I. Ende des 15. Jahrhunderts bei der Verlegung seines Hofes und damit auch seiner Hofmusik von Innsbruck nach Wien zur Ausgestaltung des Gottesdienstes schuf, beinahe mit der Monarchie verschwunden.

Auf Initiative des damaligen Direktors der Hofkapelle, Josef Schnitt, wurde der Knabenchor 1921 in einen privaten Verein verwandelt, dem ausschließlich ehemalige Chormitglieder angehören.

Die martialische Uniform mit Säbel aus der Kaiserzeit ist 1924 einem Matrosenanzug nach der Mode des frühen 20. Jahrhunderts gewichen. Bei festlichen Auftritten mit klassischem Programm tragen die Sängerknaben, mit denen Mozart, Bruckner und Dirigenten wie Herbert von Karajan, Riccardo Muti, Zubin Mehta, Nikolaus Harnoncourt, Kent Nagano, Pierre Boulez, Seiji Ozawa und Mariss Jansons musiziert haben, eine weiße Gala-Uniform. Ansonsten ist das Outfit blau – so auch bei Auftritten mit Titeln von Pop- oder Filmmusik.

Ihren Stammsitz haben die Sängerknaben seit 1948 im barocken Wiener Augarten. Das dortige Palais dient als Internat, in das auch in Wien ansässige Schüler gehen. Fast 250 Kinder besuchen die Schule. Im Kindergarten und in der Volksschule erhalten Buben und Mädchen eine umfassende musikalische und allgemeine Ausbildung. Die Begabtesten werden im Alter von zehn Jahren in einen der vier Chöre aufgenommen. Seit 2010 bieten die Sängerknaben auch ein Oberstufen-Gymnasium mit Schwerpunkt Vokalmusik an, das auch anderen Schülern als nur ehemaligen Wiener Sängerknaben offensteht.

Gründungsvater einer Musicalmetropole

Ein ehemaliger Sängerknabe ist auch deren ehemaliger Sopransolist *Peter Weck* (* 1930), der im deutschen Sprachraum zuerst als »spitzbübischer Sonnyboy« in einer Vielzahl von Unterhaltungsfilmen bekannt wurde. In Fernsehserien, in denen er zudem häufig Regie führte, hat der gebürtige Wiener später den »Lieblings-Papi des Fernsehvolks« gegeben. Außerhalb Österreichs wird oft eine der größten Leistungen des zeitweiligen Ensemblemitglieds am Wiener Burgtheater mit den Ehrentiteln Professor und Kammerschauspieler übersehen: Als Generalintendant der Wiener Bühnen hat Peter Weck Wien nach London zu einer der attraktivsten Musicalstädte Europas gemacht.

Seinen ersten Coup landete der ehemalige Student der Universität für Musik und darstellende Kunst und des Max-Reinhardt-Seminars in Wien als Intendant des traditionsreichen Theaters an der Wien. Auf der Suche nach einer Erstinszenierung sah Weck 1981 in London das gerade uraufgeführte Musical »Cats« von Andrew Lloyd Webber und sicherte sich die Aufführungsrechte für das Stück. Am 24. September 1983 erlebte »Cats« am Theater an der Wien seine deutschsprachige Erstaufführung. Im Jahr 1987 übernahm Weck neben dem Theater an der Wien auch das

Raimund-Theater und das Varieté Ronacher. Die drei Theater wurden im Januar 1987 zu den Vereinigten Bühnen Wien zusammengefasst und Weck Generalintendant.

Mit weiteren Erfolgsmusicals wie »Les Misérables« und »Phantom der Oper« machte Peter Weck Wien zu einer europäischen Musicalmetropole. Rund 40 Jahre nach seinem Mitwirken in den »Sissi«-Filmen setzte er am 3. September 1992 der österreichischen Kaiserin – mit der Welturaufführung des Musicals »Elisabeth« – ein Denkmal. Das Stück von Sylvester Levay (Musik) und Michael Kunze (Text) soll mit acht Millionen Zuschauern das erfolgreichste Musical aus dem deutschsprachigen Raum sein. Unter Wecks Intendantennachfolgern erlebte es in Wien 2003 und 2012 Neuinszenierungen und lief zuletzt im Raimund-Theater, wo es im März 2014 durch die Abba-Revue »Mamma mia« abgelöst wurde. Das Theater an der Wien ist seit Januar 2006 Opernaufführungen vorbehalten.

Bühnen für Edelmann, Bürger und Arbeiter

In Wien finden sich renommierte Bühnen in einer Anzahl wie sonst im deutschsprachigen Raum nur noch in Berlin. Die wichtigsten Theater Wiens sind:

Burgtheater: Als Schauspieler »an die Burg« engagiert zu werden ist zweifellos einem Ritterschlag gleichzusetzen. Die Bühne wurde 1748 »nächst der Burg« in einem ehemaligen Ballhaus im Garten der Wiener Hofburg eingerichtet. Die heutige Spielstätte am Universitätsring gegenüber dem Wiener Rathaus wurde 1888 eröffnet. Das Burgtheater ist das größte Sprechtheater im deutschsprachigen Raum. *www.burgtheater.at*

Theater in der Josefstadt: Das Theater im 8. Wiener Gemeindebezirk Josefstadt existiert seit 1788 und ist die älteste noch bestehende Spielstätte Wiens. Das ehemalige Vorstadttheater, das zeitweise auch als Opernhaus diente, hat sich nicht erst mit Direktoren wie *Helmut Lohner* (* 1933) oder *Otto Schenk* (* 1930) einen hervorragenden Ruf erworben. Die Liste der Schauspieler und Ehrenmitglieder des Ensembles der »Josefstadt« liest sich ähnlich derjenigen des Burgtheaters wie ein »Who is who« der darstellenden Kunst im deutschsprachigen Raum. *www.josefstadt.org*

Volkstheater: Das 1889 gegründete Haus sollte als Pendant zum Burgtheater breite Bevölkerungsschichten mit klassischen und modernen Dramen zu erschwinglichen Eintrittspreisen vertraut machen. In den 1970er

Jahren machte es mit Uraufführungen von Schriftstellern wie *Peter Turrini* (* 1944) von sich reden und hat die Tradition der Behandlung auch heikler Themen wie Euthanasie oder Kindesmisshandlung bis heute fortgesetzt. *www.volkstheater.at*

Klassische Musik und Ballett

Wiener Staatsoper: Die Wiener Staatsoper gehört zu den berühmten Opernhäusern dieser Welt. Die ehemalige Hofoper logiert seit 1869 in dem Historismus-Prachtbau am Opernring. Der Stardirigent *Herbert von Karajan* (1908–1989) besetzte als Direktor von September 1956 bis August 1964 das Ensemble erstmals mit den prominentesten Sängerinnen und Sängern dieser Welt – eine Tradition, die bis heute fortbesteht. Das Haus ist auch Heimat des Wiener Staatsballetts. *www.wiener-staatsoper.at*

Volksoper: Die Bühne pflegt neben der Oper auch die typisch wienerische Operette und das klassische Musical. Zum Repertoire des zweitgrößten Wiener Opernhauses an der Währinger Straße im 9. Gemeindebezirk, das als Sprechtheater zum Regierungsjubiläum von Kaiser Franz Joseph im Jahr 1898 eingeweiht wurde, gehören zudem Ballettaufführungen. *www. volksoper.at*

Theater an der Wien: Das Theater, in dem 1805 *Ludwig van Beethovens* (1770–1827) einzige Oper »Fidelio« uraufgeführt wurde, ist seit 2006 das dritte Opernhaus Wiens. Im Unterschied zu Staatsoper und Volksoper mit ihren Starbesetzungen bei den Premieren werden die Hauptrollen hier nicht nach wenigen Aufführungen von weniger namhaften Künstlern übernommen. Die seit 2012 im Theater an der Wien beheimatete Wiener Kammeroper ist für die Experimentierfreudigkeit bei der Inszenierung klassischer und moderner Opern bekannt. *www.theater-wien.at*

Das Theater an der Wien ist mit den Musicalbühnen Raimund-Theater und dem Ronacher unter dem Dach der Vereinigten Bühnen Wien zusammengefasst. *www.vbw.at*

Konzerte

Wiener Musikverein: Der Goldene Saal im Stammhaus der Wiener Philharmoniker ist allein schon durch die Fernsehübertragung des alljährlichen Neujahrskonzerts dieses Weltklasseorchesters bekannt. Das für seine außergewöhnlich gute Akustik bekannte Gebäude der 1812 gegründeten Gesellschaft der Musikfreunde in Wien am Musikvereinplatz 1 im 1. Bezirk wurde 1870 eingeweiht. *www.musikverein.at*

Konzerthaus: Das Repertoire der erstklassigen Konzerte in dem 1913 seiner Bestimmung übergebenen Gebäude in der Lothringerstraße 20 am Rande der Wiener Innenstadt reicht von Klassik über Jazz bis Folklore. *http://konzerthaus.at*

Festspiele für jedermann

Vom Bodensee im Westen bis zum Neusiedler See im Osten – in Österreich ist im Sommer Festspielzeit. An der Grenze zur Schweiz gibt es seit 1946 die *Bregenzer Festspiele*, bei denen im Juli und im August auf der weltweit größten Seebühne fast eine Viertelmillion Zuschauer die Open-Air-Inszenierungen von Opern und Musicals bewundern. Hausorchester bei den Aufführungen, die bei schlechtem Wetter ins benachbarte Festspielhaus verlegt werden, sind die *Wiener Symphoniker.*

Die *Seefestspiele Mörbisch* sind – wie viele andere Sommerfestivals in Österreich – 1957 vor allem als Fremdenverkehrsattraktion gegründet worden. Durchreisende Touristen und Ausflügler in der Region zu halten ist offensichtlich gelungen. Rund 150 000 Menschen schauen sich alljährlich im Hochsommer die Operetten an, die ebenfalls auf einer Seebühne dargeboten werden.

Die Primadonna unter den österreichischen Festivals sind selbstverständlich die *Salzburger Festspiele*. Sie wurden 1920 auf Initiative von Theaterlegende *Max Reinhardt* (1873–1943) und dem Dramatiker *Hugo von Hofmannsthal* (1874–1929) ins Leben gerufen. Getreu dem Motto der beiden Mitgründer »Von allem das Höchste« setzen die erstklassig besetzten Operninszenierungen in Salzburg häufig Maßstäbe. Aufnahmen der Aufführungen unter Leitung von Dirigentenberühmtheiten wie Bruno Walter, Arturo Toscanini, Karl Böhm oder Herbert von Karajan gehören zu den wichtigsten Film- und Tondokumenten klassischer Musik. Möglich machte das auch die Kooperation mit führenden Opernhäusern wie der Wiener Staatsoper, der Mailänder Scala, La Fenice in Venedig, der Opéra de la Bastille in Paris oder der New Yorker Met, welche die Salzburger Inszenierungen dann in ihr Repertoire übernehmen.

Das Treffen der Schönen und Reichen in der Mozartstadt, das ironischerweise traditionell mit dem mammonkritischen Mysterienspiel »Jedermann« von Hofmannsthal auf dem Domplatz eröffnet wird, ist für den Bürger mit einem normalen Geldbeutel so gut wie unerschwinglich. Doch unter den über 100 anderen Sommerfestivals in Österreich ist für jeden etwas dabei. Von Kirchenmusik über Jazz, lateinamerikanische Rhythmen, Hip-Hop bis hin zu Wiener Schrammeln und Blasmusik reicht allein das musikalische Spektrum. Da gibt es die *Innsbrucker Festwochen der Alten Musik*, das *Brucknerfest*, die steirische *styriarte* oder das Straßenmusikantentreffen *Pflasterspektakel* in Linz. Wie in Salzburg werden etwa beim *Steirischen Herbst* in Graz oder dem *Carinthischen Sommer* in Ossiach und Villach auch Sprechbühnen und Literaturlesungen ins Festivalprogramm einbezogen. Das internationale Festival *La Strada* in Graz bietet Straßenkunst und Figurentheater ein Forum.

Die Festivals aufzuzählen, die übers Jahr in der Hauptstadt Wien organisiert werden, muss Herrn Sisyphos überlassen werden. Natürlich ragen im Frühsommer die *Wiener Festwochen* heraus. Mit dem *ImPulsTanz Festival* bietet Wien jedes Jahr von Juli bis August einen Überblick über die neuesten Tendenzen auf den Ballettbühnen und im Tanztheater dieser Welt. Vorrangig an die Wiener selbst richtet sich das *Donauinselfest* Ende Juni, bei dem internationale Rockröhren, Popprominenz und Liedermacherlyrik Hunderttausende auf die Beine bringen.

Die Aufzählung sommerlicher Highlights auf Österreichs Bühnen wäre unvollständig, wenn nicht auch einer der wichtigsten Preise für deutschsprachige Literatur Erwähnung fände: Der *Bachmann-Preis*. In Klagenfurt tragen im Frühsommer während eines dreitägigen Lese-Wettbewerbs vor Publikum bis zu 14 Bewerber, die von den Jury-Mitgliedern vorgeschlagen werden, eine knappe halbe Stunde einen zuvor noch nicht veröffentlichen Prosatext oder einen Ausschnitt daraus vor. Dann vergeben Jury und auch das Publikum die Auszeichnung in verschiedenen Kategorien. Der Preis war 1976 von der Stadt Klagenfurt in Gedenken an die in der Kärntner Landeshauptstadt geborene Schriftstellerin *Ingeborg Bachmann* (1926–1973) gestiftet worden und hat schon den Grundstein für so manche Literatenkarriere gelegt. *http://bachmannpreis.eu/*

Wie läuft der Ball?

»Der Kongress tanzt«, hieß es über den Wiener Kongress zur Neuaufteilung Europas nach dem Sieg über Napoleon 1814/15. Nicht erst seit damals gehören Tanzvergnügen in Österreich zum festen Bestandteil des gesellschaftlichen Lebens. Mit dem Verkuppeln der heiratsfähigen Töchter hatten sie besonders beim Adel auch wichtige Nebenfunktionen. Ballsaison ist Fasching mit dem Wiener Opernball als Höhepunkt. Ein Vergleich mit dem schrillen Lifeball im Mai zeigt die Bandbreite solcher Society-Events auf:

	Opernball	Lifeball
Veranstaltungsort	in der Wiener Staatsoper	vor dem und im Wiener Rathaus
Ausrichtung	Ursprünge beim Wiener Kongress 1814/15, als Wiener Opernball seit 1935	seit 1993
Zeitpunkt	letzter Donnerstag vor Fasching	einer der Samstage im Mai
Anlass und Zweck	Künstlerball der Staatsoper; Einführung der Debütantinnen und Debütanten ins Gesellschaftsleben unter einem bestimmten Motto; offizieller Staatsball der Republik Österreich	Veranstaltung gegen Schwulenfeindlichkeit mit Unterstützung der österreichischen Aidshilfe
Kleiderordnung	Langes Abendkleid, Frack	keine, erwünscht sind phantasievolle Kostüme, die dem Thema des Abends entsprechen

Der Künstler als Bürgerschreck

Österreich hat eine Menge herausragender Künstler hervorgebracht. Oft gefielen sich die Träger prominenter Namen in der Rolle des Bürgerschrecks. Dass die Künstler in den vergangenen beiden Jahrhunderten so häufig als Provokateur der Spießer und Entlarver politischen Mitläufertums auftraten, ist natürlich rein zufällig und hat mit der real existierenden Gesellschaft in Österreich sicher nichts zu tun.

Die Liste der »Nestbeschmutzer«, die hier nur ansatzweise Erwähnung finden können, beginnt bereits in der ersten Hälfte des 19. Jahrhunderts. *Johann Nepomuk Nestroy* (1801–1862) war nicht nur ein umjubelter Volksschauspieler und Sänger in den meist selbst verfassten Possen, die das Altwiener Volkstheater in seinem besten Sinne zu einer frühen Blüte brachten. Wegen der Zensur in der repressiven Vormärzperiode brachte Nestroy nur zwei oder drei Strophen seiner »Couplets« (Gesangseinlagen in den Stücken) zu Papier und improvisierte den Rest je nach politischer Tageslage. Das dürfte den Geschmack der Mehrheit seines Publikums noch getroffen haben, nicht so aber, wenn sich der Theatermann mit den »Muckern« (Heuchlern) seiner Zeit anlegte. Bei der Uraufführung von »Eine Wohnung ist zu vermieten« am 17. Januar 1837 im Theater an der Wien kam es zum Skandal, als Nestroy mit ätzender Kritik an den Verhältnissen in den Wiener Zinshäusern nicht nur deren Eigentümer, sondern auch die Hausmeister gegen sich aufbrachte. Das Stück wurde nur dreimal gespielt.

Der Publizist und Satiriker *Karl Kraus* (1874–1936) hat sich in seiner im April 1899 gegründeten Zeitschrift *Die Fackel* zwischen Wien und Berlin richtig giftig mit so ziemlich jedem angelegt, der es seiner Ansicht nach wegen Verhunzung der deutschen Sprache oder seiner Doppelmoral verdient hatte. Arroganz und Egomanie warfen ihm diejenigen vor, die Ziel seiner Polemiken wurden. Kraus nannte seine Kampagnen selbst »Erledigung« einer Person. Dass der finanziell unabhängige Fabrikantensohn unter dem Sammelbegriff »Journaille« die Presse und den Hetzjournalismus seiner Zeit aufs Korn nahm und mit dem Mammut-Theaterstück *Die letzten Tage der Menschheit* schon früh im kriegslüsternen 20. Jahrhundert eine Philippika gegen Chauvinismus und Massenvernichtung geliefert hat, macht ihn bis heute zu einem der lesenswertesten Schriftsteller Österreichs.

Nicht nur mit Sprache, auch mit Bildern kann man natürlich provozieren. Die Werke von *Egon Schiele* (1890–1918) erzielen heute den Preis von mehreren Millionen, zu Lebzeiten des früh verstorbenen Malers waren seine Mädchen-Aktbilder ein einziger Skandal. Vorbei die Jugendstil-Ära der goldschimmernden Frauenporträts *Gustav Klimts* (1862–1918), einem frühen Vorbild des mit 16 Jahren in die Wiener Akademie der bildenden Künste aufgenommenen Jungtalents Schiele. Neben den anmutigen Bildern aus Krumau (Český Krumlov) in Südböhmen zeigen Schieles Akte in aller Deutlichkeit die weibliche Vulva. Dass der Maler während seiner Zeit in Neulengbach im Wienerwald auch Besuche von Kindern hatte, brachte ihm eine Anklage wegen Missbrauchs Minderjähriger ein. Selbst die Abmilderung der Vorwürfe auf »Verbreitung unsittlicher Zeichnungen« hatte dann noch eine Verurteilung zu 24 Tagen Gefängnis zur Folge.

Der Wiener Bildhauer, Maler und Zeichner *Alfred Hrdlicka* (1928–2009) hat als Sohn eines von den Nazis verfolgten Kommunisten, der der Weltanschauung des Vaters ein Leben lang treu blieb, vor allem politisch Anstoß erregt. Schon zu Beginn seiner Karriere erregte er 1965 mit einer Büste des 1950 verstorbenen österreichischen Staatspräsidenten und Sozialdemokraten *Karl Renner* (* 1870) wütende Proteste einer Gruppe, die sich als »Liga gegen entartete Kunst« bezeichnete. Einen Großteil seiner Laufbahn hat Hrdlicka, der Gregor Gysi und Oskar Lafontaine zur Gründung der Partei »Demokratische Linke« veranlasst haben soll, in Deutschland verbracht.

Einen seiner größten Coups landete Hrdlicka gemeinsam mit dem Schriftsteller *Peter Turrini* (siehe auch Seite 284) und dem Karikaturisten *Manfred Deix* (siehe auch Seite 288) während der *Waldheim-Affäre* mit dem Bau eines meterhohen hölzernen Pferdes als Widerstandssymbol. Der ehemalige UNO-Generalsekretär und spätere österreichische Staatspräsident *Kurt Waldheim* (1918–2007) hatte verschwiegen, dass er während des Zweiten Weltkriegs Mitglied einer SA-Reiterstaffel gewesen war. Das hölzerne Ross war eine Reaktion auf die Bemerkung des damaligen Bundeskanzlers *Fred Sinowatz* (1929–2008) von der SPÖ auf die Rechtfertigungsversuche des ÖVP-Kandidaten für das höchste Staatsamt: »Nehmen wir also zur Kenntnis, dass nicht Waldheim bei der SA war, sondern nur sein Pferd.«

Ätzende Kritik an verkapptem Nazigedankengut und opportunistischem Mitläufertum – damit ist die Aufzählung endgültig bei Kabarett-Altmeister *Helmut Qualtinger* (1928–1986) angekommen. Mit seinem Einakter »Der Herr Karl« – ein Lagerverwalter im Keller eines Feinkostladens – hat der Sohn eines glühenden Nationalsozialisten in den frühen 1960er Jahren wie kein Zweiter mit listigem Blinzeln und vielsagenden Halbsätzen die Abgründe der Wiener Seele und die Doppelbödigkeit des österreichischen Zeitgeistes beleuchtet. Seine »Travnicek-Dialoge« mit dem kongenialen *Gerhard Bronner* (1922–2007) sind in die Kabarett-Geschichte eingegangen. Die Texte verfasste Qualtinger jeweils gemeinsam mit seinem Kollegen *Carl Merz* (1906–1979). Qualtinger war schwerer Alkoholiker. Einen Großteil seiner Zeit verbrachte er im damaligen Szene-Café *Gutruf* in der Milchgasse 1 in der Wiener Innenstadt, das als halbes Museum bis heute existiert. Im Alter von 57 Jahren starb Helmut Qualtinger an Leberzirrhose kurz nach Abschluss der Dreharbeiten zum Film »Der Name der Rose« mit Sean Connery in einer der Hauptrollen.

Blick von außerhalb des Nestes

Wortkünstlern vom Format eines *Thomas Bernhard* (1931–1989), eines *Peter Handke* (* 1942), eines *Peter Turrini* (* 1944) oder einer *Elfriede Jelinek* (* 1946) auch nur annähernd gerecht zu werden, ist in diesem Rahmen selbstverständlich nicht möglich. Doch auch der Weg dieser Schriftsteller war von Anfang an mit Theaterskandalen gepflastert und vom Aufheulen des gesunden Volksempfindens begleitet. Die Interpretation liegt nahe, dass diesen »Netzbeschmutzern« die Gemütlichkeit der österreichischen Nestwärme von vornherein gefehlt hat. Bernhard hat seinen leiblichen Vater nie kennengelernt, Handke ist die Frucht der Affäre einer Kärntnerin slowenischer Nationalität und eines deutschen Landsers, und Jelineks tschechischstämmiger Vater endete nach langem Leiden in geistiger Umnachtung. Turrini dürfte als Abkömmling eines italienischen Kunstschreiners in der Kärntner

Ortschaft Maria Saal als Kind zumindest eine gewisse exotische Aura umgeben haben.

Wie dem auch sei: Alle vier fanden im verduckten Umgang der österreichischen Mehrheit mit der Rolle der eigenen Landsleute während des »Anschlusses« an Nazi-Deutschland und der verlogenen Idylle viel Stoff zur Provokation. Thomas Bernhards Abneigung gegen das gemeine Österreich fand 1988 bei der Uraufführung seines Dramas »Heldenplatz« zur 100-Jahr-Feier der Gründung des Wiener Burgtheaters einen seiner Höhepunkte. Dass die Auftragsarbeit vom damaligen deutschen Burgtheater-Direktor *Claus Peymann* (* 1937) bestellt worden war, trug nicht gerade zum Burgfrieden bei. Turrini nahm gleich mit seinem ersten Theater-Stück »Rozznjagd« die dörfliche Idylle aufs Korn und beschrieb später in der TV-Serie *Alpensaga* gemeinsam mit dem Niederbayern *Wilhelm Pevny* (* 1944) die majestätische Hochgebirgslandschaft als Kulisse menschlicher Niedertracht. Elfriede Jelinek hat es ihren Landsleuten nicht eben leichtgemacht, stolz auf die einzige Literaturnobelpreisträgerin Österreichs zu sein. In ihrem Werk hat Heimat mit dem Eigenschaftswort »heimelig« gar nichts und sehr viel mit dem Adjektiv »unheimlich« zu tun.

Das österreichische Kabarett hat wechselvolle Zeiten hinter sich, vor allem auch weil viele seiner Protagonisten jüdischer Herkunft waren. Seit den frühen 1980er Jahren aber blüht die Kleinkunst in dem Land, das für seine Vorliebe für einen guten Schmäh auch im Alltag bekannt ist.

Vor dem Zweiten Weltkrieg haben auf den Wiener Kabarettbühnen mit ihrem vorwiegend bürgerlich-liberalen Publikum Stars wie *Fritz Grünbaum* (1880–1941), *Armin Berg* (1883–1956), *Hermann Leopoldi* (1888–1959) oder *Karl Farkas* (1893–1971) geradezu legendären Ruhm erworben. Auch die Anfänge der Karrieren von *Ernst Waldbrunn* (1907–1977) fallen in diese Zeit. Diese Kleinkunst-Prominenz, deren Chansons und Couplets zu Evergreens geworden sind, musste nach der Vereinnahmung Österreichs durch das Deutsche Reich ins Exil gehen. Fritz Grünbaum allerdings konnte den Nazi-Antisemiten nicht mehr rechtzeitig entkommen und kam im Konzentrationslager Dachau um.

Nachdem die Emigranten mit der Wiedererstehung Österreichs zurückkehren konnten, fanden sie im *Wiener Simpl* zunächst wieder eine künstlerische Heimat. Das »Bierkabarett Simplicissimus« war bereits im Oktober 1912 als Speiselokal mit Vergnügungsprogramm eröffnet worden. In den 1920er Jahren hatten hier Grünbaum und Farkas mit ihren Doppelconférencen das Publikum begeistert. Nach dem Zweiten Weltkrieg setzte Karl Farkas im Doppel mit Ernst Waldbrunn den gewaltsam unterbrochenen Weg fort. Dem *Simpl* unter Leitung von Farkas kam der Beginn der Fernsehära mit regelmäßigen Übertragungen aus dem Kabarett zugute.

Die Lied-Kompositionen stammten größtenteils vom Hauspianisten *Hugo Wiener* (1904–1993).

Zum *Simpl*-Ensemble gehörten Wieners Ehefrau *Cissy Kraner* (1918–2012), die dessen Chansons wie den unvergessenen »Novak« (Refrain: »Aber der Novak lässt mich nicht verkommen«) vortrug.

Schauspieler wie *Fritz Muliar* (1919–2009) und *Otto Schenk* (* 1930) feierten im *Simpl*-Team Erfolge. Das Kabarett in einem Keller an der Wiener Wollzeile besteht bis heute. Mit 25 Jahren hat es der Kabarettist und Schauspieler *Michael Niavarani* (* 1968) übernommen, der es bis heute leitet.

Zwischen den Ägiden Farkas und Niavarani lagen schwierige Zeiten für das *Simpl.* Schon in der Nachkriegszeit hatte es eine Menge Konkurrenz bekommen – erstmals auch außerhalb der Hauptstadt. In Graz wurde *Der Igel* gegründet, in Linz das *Kabarett Eulenspiegel,* und in Innsbruck entstand ein *Kleines Welttheater.* In Wien stand dem Unterhaltungskabarett nach Farkas-Manier das politische Kabarett entgegen, für das *Gerhard Bronner* (1922–2007) und *Helmut Qualtinger* (1928–1986) verantwortlich zeichneten. In deren »Namenlosen Ensemble«, das bald ebenso im Fernsehen präsent war, machten sich *Carl Merz* (1906–1979), *Peter Wehle* (1914–1986), *Georg Kreisler* (1922–2011) und *Louise Martini* (1931–2013) einen Namen.

Kinder der Revolte

Nicht dass die Studentenrevolte von 1968 in Österreich nennenswerte Wellen geschlagen hätte, aber sie zog in den Jahren danach ihre Kreise auch bis Österreich. Das machte sich auch in der Kleinkunstszene bemerkbar. Als Zeichen der Neuausrichtung gilt das erste Soloprogramm von *Lukas Resetarits* (* 1947) aus dem Jahr 1977. Eine neue Garde von Kabarettisten, zu der auch *Erwin Steinhauer* (* 1951) oder *Joesi Prokopetz* (* 1952) zu zählen sind, trat in Studentenlokalen und in der neuentstandenen Beislkultur auf. Feministische Anliegen vertraten Kabarettistinnen wie *Marie-Thérèse Escribano* (* 1926) oder *Dolores Schmidinger* (* 1946). Der Kärntner *Werner Schneyder* (* 1937) stieß 1974 auf das deutsche Kabarett-Genie Dieter Hildebrandt und brachte es nach mehreren gemeinsamen Programmen in der Bundesrepublik zu hohem Bekanntheitsgrad unter anderem als Moderator des »Aktuellen Sportstudios« im ZDF.

Eine förmliche »Kabarettomanie« brach in Österreich allerdings erst in den 1980er Jahren aus. Dafür sorgte unter anderem ein Boom von Gründungen neuer Spielstätten im ganzen Land. Dazu gehören *Kulisse, Spektakel, Metropol* und *Kabarett Niedermair* in Wien, der *Posthof* in Linz, das *Treibhaus* in Innsbruck oder in Graz die Kleinkunstbühne *Hin & Wider*, die den renommierten Nachwuchspreis *Grazer Kleinkunstvogel* vergibt. Zudem hatten die einzelnen Bühnen kein festes Ensemble, sondern buchten die Künstler, die von Agenten professionell vertreten wurden, jeweils für einen oder mehrere Abende. Damals wurde der Grundstein für die Karrieren von *Andreas Vitasek* (* 1956), *Alfred Dorfer* (* 1961), *Josef Hader* (* 1962) und *Roland Düringer* (* 1963) gelegt.

Aktualitäten und Veranstaltungshinweise aus der Kleinkunstszene: *www.inskabarett.at*.

Unterhaltsamen Unterricht in österreichischer Alltagssoziologie und Regionalkunde garantiert die österreichische Kriminalliteratur, die in den vergangenen Jahren eine wahre Blüte erlebt hat. Auffällig ist, wie häufig 50 Jahre nach Veröffentlichung des mit Rezepten gespickten Geheimdienstklassikers »Es muss nicht immer Kaviar sein« des Wieners *Johannes Mario Simmel* (1924–2009) leibliche Genüsse wesentliche Zutat auch der Austrokrimis sind. Vier Autoren seien herausgegriffen:

Alfred Komarek (* 1945): Der Oberösterreicher hat die unendliche Langsamkeit des niederösterreichischen Weinviertels mit seinen Kellergassen und Presshäusern in seinen Krimis mit dem lebensweisen Wachtmeister Simon Polt als Helden in einmaliger Weise beschrieben. Durch die Kenntnis von Land und Leuten erweist sich der einfache Polizist auch den arroganten Wiener Ermittlern überlegen. Die vier Krimis der Polt-Reihe wie auch zwei Krimis aus der Reihe mit dem Ex-Journalisten Daniel Käfer als Hauptfigur sind verfilmt worden. Die Käfer-Krimis spielen in Komareks Heimat im Salzkammergut.

Edith Kneifl (* 1954): Katharina Kafka, Joe Bellini und Lisa Maurer heißen die weiblichen Hauptfiguren einer der erfolgreichsten Autorinnen der österreichischen Kriminalliteratur. Ihr 1997 veröffentlichter Roman »Ende der Vorstellung« wurde fünf Jahre später unter anderem mit Gertraud Jesserer, Karlheinz Hackl, Brigitte Kern, Karl Fischer, Libgart Schwarz und Bibiana Zeller verfilmt. Wer sich ein Bild der Wiener Vorstadt-Wirklichkeit schäbiger Kaffeehäuser und dahinsiechender Lichtspieltheater abseits der gepflegten Ringstraßenpracht machen will, findet hier ein treffendes Anschauungsbeispiel.

Wolf Haas (* 1960): Krimi-Spezialist *Wolfgang Murnberger* (* 1960) hat auch bei der Verfilmung der Romane aus der Brenner-Reihe von Wolf Haas Regie geführt. Die Handlungsorte der Bücher mit dem ehemaligen Ermittlungsbeamten in der Hauptrolle erlauben eine fiktive Rundreise durch Österreich. Der ehemalige Werbetexter Haas, der im Salzburger Land aufgewachsen ist, hat seinem resignativ sarkastischen und doch moralisch integren Detektiv wider Willen ein Idiom auf den Leib geschrieben, das bei aller Originalität unverkennbar den Ton der österreichischen Umgangssprache wiedergibt.

Eva Rossmann (* 1962): Ihrer Rolle als Verfassungsjuristin in den Hierarchien des österreichischen Bundeskanzleramts war die Autorin laut eigenem Bekunden bald überdrüssig. Als Journalistin wandte sie sich den Themen Kochen und Gastronomie zu. Entsprechend haben diese Sujets auch bei ihrer Krimireihe mit der Lifestyle-Journalistin und Hobbydetektivin Mira Valensky und ihrer Putzfrau Vesna Krajner eine nicht zu übersehende Bedeutung. Für die Mira-Valensky-Krimis betreibt die gebürtige Grazerin jeweils ausgiebige Milieu-Studien. Sie fesseln am meisten, soweit ihre Handlung in Wien und seiner Umgebung spielt.

Eine kleine Handbibliothek

20 Autoren, die Österreich beschreiben, wenn auch nicht erklären können:

1. *Franz Grillparzer* (1791–1872): Das Trauerspiel *König Ottokars Glück und Ende* des österreichischen Klassikers handelt vom Schicksal des böhmischen Přemyslidenherrschers Otakar II. und seinen Eroberungen in Österreich und Ungarn, die 1278 mit seinem Tod in der Schlacht am Marchfeld östlich von Wien in Schall und Rauch aufgingen. Die Tragödie von 1825 enthält im dritten Akt das *Lob auf Österreich*, eine Liebeserklärung Grillparzers an sein Heimatland.

2. *Bertha von Suttner* (1843–1914): Ihr 1889 erschienener Pazifismusappell *Die Waffen nieder!* entstand in

einer Zeit finstersten Militarismus. Die Mitarbeiterin von Alfred Nobel erhielt 1905 den Friedensnobelpreis.

3. *Peter Altenberg* (1859–1919): Die 1896 erstmals erschienene Text-Sammlung »Wie ich es sehe« beschreibt das Wien des Fin de Siècle im feuilletonistischen Stil des Kaffeehausliteraten, dessen Denkmal im Café Central einen eigenen Tisch einnimmt.

4. *Arthur Schnitzler* (1862–1931): Mit seiner 1900 zu Neujahr in der Neuen Freien Presse in Wien veröffentlichten Novelle *Leutnant Gustl* führt der Analyst der psychologischen Züge seiner Charaktere den inneren Dialog in die Literatur ein.

5. *Karl Kraus* (1874–1936): Die nahezu unspielbare Tragödie *Die letzten Tage der Menschheit* des großen Kritikers und Sprachpuristen entstand in den Jahren 1915 bis 1922 als Reaktion auf die Grausamkeiten und Absurdität des Ersten Weltkriegs.

6. *Hugo von Hofmannsthal* (1874–1929): Seine Fassung des Mysterienspiels *Jedermann* eröffnet seit 1920 die Salzburger Festspiele.

7. *Robert Musil* (1880–1942): Der unvollendete Roman *Der Mann ohne Eigenschaften*, begonnen 1921, beschreibt etwa anhand des Scheiterns der Organisation

der Feierlichkeiten zum 70. Thronjubiläum von Kaiser Franz Joseph nach deutschem Vorbild (»Parallelaktion«) die Unentschiedenheit der bis dato herrschenden Kreise Österreichs angesichts des Aufkommens der Massengesellschaft.

8. *Joseph Roth* (1894–1939): Im Roman *Radetzkymarsch* von 1932 schildert der Chronist des Untergangs der Monarchie den Zerfall des Habsburgerreichs am Beispiel des Enkels der Familiendynastie von Trotta, deren Erhebung in den Adelsstand der Großvater in Oberitalien mit der Rettung des jungen Franz Joseph I. in der Schlacht von Solferino im Jahr 1859 bewirkt hatte.

9. *Heimito von Doderer* (1896–1966): Im 1951 erschienenen Roman *Die Strudlhofstiege* beschreibt Doderer durch die Schilderung von Begegnungen und Gesprächen ohne eigentlichen Handlungsbogen das Leben der besseren Wiener Gesellschaft vor und nach dem Ersten Weltkrieg über eine Zeitspanne von etwa 15 Jahren.

10. *Ödön von Horváth* (1901–1938): In dem Volks- und Antivolksstück *Geschichten aus dem Wienerwald* von 1931 demaskiert Horváth in Zeiten von Massenarbeitslosigkeit und Verelendung breiter Schichten das Klischee von der »Wiener Gemütlichkeit«.

11. *H. C. Artmann* (1921–2000): *med ana schwoazzn dintn. gedichta r aus bradnsee* – veröffentlicht 1958 – heißt einer der vielen Gedichtbände des Schuhmacher-Sohns – in diesem Fall auf Hardcore-Wienerisch.

12. *Ernst Jandl* (1925–2000): Lautmalerei und exzessiver Konjunktiv sind Kennzeichen der Experimente des Sprachakrobaten. In dem erstmals 1966 erschienenen Band *Laut und Luise* sind seine populärsten Gedichte versammelt.

13. *Ingeborg Bachmann* (1926–1973): Ihr 1971 herausgegebener Roman *Malina* gilt als Aufarbeitung der beendeten Liebesbeziehung zum Schweizer Schriftsteller *Max Frisch* (1911–1991) und ihre Antwort auf sein Werk *Mein Name sei Gantenbein.*

14. *Thomas Bernhard* (1931–1989): Einen der vielen von Bernhard provozierten Skandale bewirkte das 1988 uraufgeführte Drama *Heldenplatz* am Wiener Burgtheater unter der Regie des deutschen Direktors Claus Peymann. Es geht um die mangelnde Aufarbeitung der NS-Zeit und des Mitläufertums in Österreich.

15. *Peter Handke* (* 1942): *Die Angst des Tormanns beim Elfmeter* erschien 1970 und ist der Handlung nach

ein Krimi, der in Wien und im südlichen Österreich spielt. Es geht um die Entfremdung gegenüber der auf rätselhafte Weise funktionierenden Außenwelt.

16. *Peter Turrini* (* 1944): Im 1971 uraufgeführten Erstlingsdrama *Rozznjogd* zeichnet Turrini eine kapitalistische Welt der Fremdbestimmung, die zum Zivilisationsekel führt.

17. *Elfriede Jelinek* (* 1946): Die Literaturnobelpreisträgerin des Jahres 2004 arbeitet im autobiographisch geprägten Roman »Die Klavierspielerin« aus dem Jahr 1983 die Dressur eines Mädchens durch eine geltungssüchtige Mutter ab.

18. *Karl-Markus Gauß* (* 1954): Ein Schwerpunkt der Arbeit des gebürtigen Salzburgers ist die Beschäftigung mit Minderheiten. In seiner Essay-Sammlung *Die Vernichtung Mitteleuropas* von 1991 geht Gauß dem Topos eines gemeinsamen Kulturerbes in der Mitte des Kontinents nach, deren fruchtbare Einheit in der Vielfalt er für unwiederbringlich verloren hält.

19. *Robert Menasse* (* 1954): Sein 1992 veröffentlichter Essay *Das Land ohne Eigenschaften* entlarvt die liebgewordenen Lebenslügen Nachkriegsösterreichs so lehrreich, dass der Band für dauerhaft Zugereiste praktisch zur Pflichtlektüre gehört.

20. *Josef Haslinger* (* 1955): Der Roman *Opernball* aus dem Jahr 1995 handelt von einem katastrophalen Anschlag auf den Wiener Opernball und spielt zu großen Teilen im Milieu österreichischer Neonazi-Sympathisanten.

15 Filme, die in Wien spielen

1. *Maskerade* (1934), Operettenfilm; Regie: Willi Forst; Darsteller: Paula Wessely, Adolf Walbrook

2. *Lumpacivagabundus* (1936), Filmkomödie nach Johann Nestroy, Regie: Géza von Bolváry; Darsteller: Paul Hörbiger, Heinz Rühmann

3. *Rendezvous in Wien* (1936), Liebeskomödie; Regie: Victor Janson; Darsteller: Adele Sandrock, Magda Schneider, Wolf Albach-Retty

4. *Meine Tochter lebt in Wien* (1940), Hans Moser sorgt als Gemischtwarenhändler Klaghofer für Durcheinander; Regie: E. W. Emo; Darsteller: O. W. Fischer, Hans Moser, Elfriede Datzig

5. *Wiener Blut* (1942), Verfilmung der gleichnamigen Operette von Johann Strauß Sohn; Regie: Willi Forst; Darsteller: Willy Fritsch, Hans Moser

6. *Der dritte Mann* (1949), britischer Kultfilm der Nachkriegszeit mit Szenen aus dem Wiener Untergrund im wörtlichen Sinn und berühmter Zithermusik; Regie: Carol Reed; Darsteller: Orson Welles, Joseph Cotten

7. *Ich tanze mit dir in den Himmel hinein* (1952), Regie: Ernst Marischka; Darsteller: Paul Hörbiger, Johanna Matz

8. *Sissi* (1955), erster Film der verkitschten Trilogie über das Leben der Kaiserin Elisabeth von Österreich. Regie: Ernst Marischka; Darsteller: Romy Schneider, Karlheinz Böhm. Es folgten: *Sissi, die junge Kaiserin* (1956) und *Sissi – Schicksalsjahre einer Kaiserin* (1957)

9. *Im Prater blüh'n wieder die Bäume* (1958), Liebeskomödie; Regie: Hans Wolff; Darsteller: Johanna Matz, Gerhard Riedmann

10. *Das Riesenrad* (1960), Drama aus der Zeit des Ersten Weltkriegs; Regie: Geza von Radvanyi; Darsteller: Maria Schell, O. W. Fischer

11. *Amadeus* (1984), Verfilmung des Lebens von Wolfgang Amadeus Mozart nach einem Theaterstück von Peter Shaffer; Regie: Miloš Forman; Darsteller: F. Murray Abraham, Christine Ebersole, Tom Hulce;

acht Oscars bei der Verleihung des Academy-Preises 1985 (unter anderem: bester Film, beste Regie, bester Hauptdarsteller [F. Murray Abraham] und bestes adaptiertes Drehbuch [Peter Shaffer])

12. *Oberst Redl* (1985), Drama über das Scheitern eines homosexuellen Offiziers der österreichisch-ungarischen Monarchie an gesellschaftlichen Intrigen; Regie: István Szabó; Darsteller: Klaus Maria Brandauer, Armin Mueller-Stahl, Hans Christian Blech, Gudrun Landgrebe

13. *James Bond 007 – Der Hauch des Todes* (1987). Der 15. Streifen der Reihe mit dem britischen Topagenten spielt teilweise in Wien und wurde zum Teil in der Hauptstadt und an anderen österreichischen Locations gedreht. Regie: John Glen; Darsteller: Timothy Dalton, Maryam d'Abo, Jeroen Krabbé

14. *Die Klavierspielerin* (2001), Verfilmung des gleichnamigen Romans von Elfriede Jelinek; Regie: Michael Haneke; Darsteller: Isabelle Huppert, Annie Girardot

15. *Jud Süß – Film ohne Gewissen* (2010), Film über die Entstehung des antisemitischen Hetzfilms *Jud Süß* während der Nazizeit; Regie: Oskar Roehler; Darsteller: Tobias Moretti, Martina Gedeck

Österreich überzeichnet

Zu den bissigsten Kritikern der österreichischen Verhältnisse gehören zweifellos seine Karikaturisten. Im Wachau-Städtchen Krems wurde ihnen ein eigenes Museum gewidmet (*www.karikaturmuseum.at*). Der Entwurf zu dem 2001 eröffneten Bau stammt passenderweise vom Architekten *Gustav Peichl* (* 1928), der als »Ironimus« im Nebenberuf seit Jahrzehnten auch als Karikaturist der Wiener *Presse* und der *Süddeutschen Zeitung* tätig ist. Seine Kollegen wie *Rudi (Ruud) Klein* (* 1951), *Oliver Schopf* (* 1960), *Much* (Michael Unterleitner) oder *Tex Rubinowitz* (* 1961), der als Dirk Wesenberg in Hannover geboren wurde, veröffentlichen ebenfalls außer in österreichischen auch in ausländischen Medien. Zwei Namen allerdings stechen heraus.

Manfred Deix (* 1949): Der Gastwirtssohn erregte nach eigenen Angaben durch »erste Verkäufe von Nackertzeichnungen an die aufgeweckteren Mitschüler« schon als Sechsjähriger Aufsehen. Deix, der sein Kunststudium in Wien 1975 nach 14 Semestern ohne Abschluss abgebrochen hatte, unterhielt seit 1985 persönliche Kontakte zu den *Titanic*-Zeichnern Hans Traxler, Chlodwig Poth, F. K. Waechter und zu Robert Gernhardt. Neben Politikern ist es vor allem die katholische Kirche, die Deix zur Zielscheibe seines Spottes macht. Drastische Darstellungen von pädophilen Klerikern brachten ihm von katholischer Seite den Vorwurf der Kirchen- und Gotteslästerung ein. Auch den 2008 im Vollrausch mit dem Auto tödlich verunglückten Rechtspopulisten *Jörg Haider* (1950–2008) ging Deix während dessen Aufstieg und politischen Höhenflugs mit Darstellungen etwa als Kampfhund hart an, was ihm diverse Klagen einbrachte. Adipöse Menschen werden in Österreich inzwischen nach dem Markenzeichen des Karikaturisten, der seine Zeichnungen übergewichtiger Gestalten oft mit selbstverfassten Gedichten kommentiert, als »Deixfigur« bezeichnet. Seit 1977 veröffentlicht Deix in den Magazinen *Titanic, stern, Spiegel, Playboy, profil, News* und *Extrablatt.*

Gerhard Haderer (* 1951): Nach beruflichen Stationen als Dekorateur bei einem deutschen Versandhaus und Grafiker bei Werbeagenturen fand Haderer 1984 mit der Veröffentlichung satirischer Zeichnungen seine Berufung. Ein Jahr später erschien seine erste Karikatur im Nachrichtenmagazin *profil*, später auch im Stadtmagazin *Wiener*, den *Oberösterreichischen Nachrichten* und dem österreichischen Wirtschaftsmagazin *trend*. In Deutschland wurde Haderer durch Abdrucke in der Satirezeitschrift *Titanic* und dem Reisemagazin *GEO*, vor allem aber durch die Illustrierte *stern* bekannt, für die er seit 1991 regelmäßig

Cartoons zeichnet. Im überwiegend katholischen Österreich handelte sich auch Haderer richtig Ärger mit der Kirchenhierarchie ein: So forderte der Salzburger Weihbischof *Andreas Laun* (* 1942) nach Erscheinen des Haderer-Buches *Das Leben des Jesus* im Jahr 2002 eine Verurteilung wegen Blasphemie.

Eine Wienerin erfand die **Frankfurter Küche**

Mit weit über 1,5 Millionen Besuchern jährlich ist das *Hundertwasserhaus* des Malers *Friedensreich Hundertwasser* (1928–2000) und des Architekten *Josef Krawina* (* 1928) eine der beliebtesten Sehenswürdigkeiten Wiens. Bei allem Respekt: Hundertwassers schiefe Linien, bunte Keramiksteinchen und Erkerbegrünungen bleiben Fassade, auch wenn er in Wien sogar eine Müllverbrennungsanlage mit einer goldenen Kuppel am Schornstein verziert hat. An Beiträgen zu echten Umbrüchen in der Baugeschichte hat Österreich aber erheblich mehr zu bieten als pure Kosmetik.

Eine ganze Reihe von Wegbereitern der modernen Architektur stammt aus Wien oder hat dort doch zumindest ihre berufliche Heimat gehabt. Zu nennen sind in diesem Zusammenhang radikale Neuerer wie *Otto Wagner* (1841–1918), *Joseph Maria Olbrich* (1867–1908), *Josef Hoffmann* (1870–1956) oder *Adolf*

Loos (1870–1933). Dass diese Tradition weiterlebt, beweisen zeitgenössische Namen wie *Hans Hollein* (* 1934) oder das Architekturbüro *Coop Himmelb(l)au*. Dieses avantgardistische Wiener Raumdesignstudio entwarf unter anderem den Neubau der Europäischen Zentralbank in Frankfurt, der Anfang 2014 fertiggestellt wurde.

Lange verkannt wurde die Leistung der Wiener Architektin, Raumplanerin und Möbelschöpferin *Margarete Schütte-Lihotzky* (1897–2000). Die Tochter liberaler Eltern war überhaupt die erste Frau, die in der k. u. k. Kunstgewerbeschule (heute Universität für angewandte Kunst Wien) ein Architekturstudium absolvierte. Nachdem der Stadtbaurat *Ernst May* (1886–1970) die junge Wienerin ins Team des sozialdemokratischen Städtebauprogramms *Neues Frankfurt* an den Main geholt hatte, sollte Grete Lihotzky eine möglichst zeitsparende und rationelle Küche für berufstätige Frauen entwerfen. Es entstand die *Frankfurter Küche*, die im Gegensatz zur bäuerlichen Wohnküche und der auf Hauspersonal ausgelegten Bürgerküche erstmals Feierabend-Hauswirtschaft auf engstem Raum ermöglichte.

Margarete Schütte-Lihotzky allerdings nur als Erfinderin der Einbauküche zu preisen greift ebenfalls zu kurz. Schon vor ihrer Frankfurter Zeit hatte sie sich eingehend mit dem Konzept des *Kernhauses* für die Siedlerbewegung in Wien auseinandergesetzt. In der Wohnungsnot der elenden Jahre nach dem Ersten Weltkrieg sollten damit billige Normbauten zur Verfügung gestellt werden, welche die Siedler in Eigenarbeit und mit Nachbarschaftshilfe nach individuellen Bedürfnissen und Möglichkeiten durch Anbauten ergänzen konnten.

Dieses Modell der Standardisierung von Architektur mit der Option auf industrielle Vorfertigung führte die Österreicherin schließlich mit der *Brigade Ernst May*, zu der auch ihr Mann *Wilhelm Schütte* (1900–1968) gehörte, in die Sowjetunion. Wo bisher nur Lehmhütten standen, errichtete das Team um Ernst May ab dem Jahr 1930 laut dem ersten Fünfjahresplan der Ära Stalin im Süden der Uralregion die Industriestadt von Magnitogorsk. »Grete«, die in dieser Zeit auch Möbel und Kaufhauseinrichtungen entwarf, war für das Projekt typisierter Kindergärten zuständig. Als sich die Repression im Stalinismus verstärkte und ihre Aufenthaltserlaubnis ohnehin abgelaufen war, verließ die Truppe um Ernst May 1937 die Sowjetunion.

Die Suche nach Aufträgen in einem zunehmend totalitär geprägten Europa führten das Ehepaar Schütte-Lihotzky über Paris und London 1938 nach Istanbul, wo die Architektin von ihrem Kollegen *Herbert Eichholzer* (1903–1943) für eine antifaschistische Widerstandsgruppe angeworben wurde. Daraufhin trat sie 1939 in die Kommunistische Partei Österreichs (KPÖ) ein. Die Gruppe reiste im Dezember 1940 nach Wien, wurde jedoch nach wenigen Wochen an die Gestapo verraten. Eichholzer wurde wegen Hochverrats zum Tode verurteilt und 1943 hingerichtet. Bei Schütte-Lihotzky erkannte der Volksgerichtshof auf 15 Jahre Kerker.

Nach der Befreiung aus dem Zuchthaus Aichbach in Bayern durch amerikanische Truppen im Frühjahr 1945 wurde der Architektin, die sich 1951 von ihrem Mann trennte, ihre KPÖ-Mitgliedschaft zum Verhängnis. Nach Wien zurückgekehrt, erhielt sie im österreichischen Proporzsystem der Volkspartei und der Sozialdemokraten keine öffentlichen Aufträge – auch von den strikt antikommunistisch ausgerichteten SPÖ-Machthabern in Wien nicht. Da Schütte-Lihotzky in den Jahren des Kalten Krieges zunächst nur einige private Häuser entwerfen konnte, arbeitete sie als Beraterin in der Volksrepublik China, in Kuba und in der DDR.

Erst spät wurden ihre Leistungen öffentlich gewürdigt. 1980 erhielt sie den Architekturpreis der Stadt Wien. Das österreichische Ehrenzeichen für Wissenschaft und Kunst lehnte sie 1988 ab, weil es ihr durch den Bundespräsidenten *Kurt Waldheim* (1918–2007) überreicht worden wäre, der wegen seiner Nazivergangenheit ins Zwielicht geraten war. Als 95-Jährige nahm sie es dann von dessen Nachfolger *Thomas Klestil* (1932–2004) entgegen.

»Ich hatte mit Küche und Kochen nichts am Hut. Aber die Männer um mich herum haben mich halt zu dieser Aufgabe gedrängt«, hat sich die in der ganzen Welt für ihre *Frankfurter Küche* gerühmte Architektin im Gespräch mit dem Autor dieses Buches kurz vor ihrem 100. Geburtstag beschwert. Allerdings kann der Widerstand der Wiener Bürgerstochter in den 1920er Jahren auch nicht besonders hinhaltend gewesen sein. Niemand habe 1916 geglaubt, dass je eine Frau beauftragt werde, ein Haus zu errichten – nicht einmal sie selbst, hat sie anlässlich der Feierlichkeiten zu ihrem 100. Geburtstag in einem Zeitungsinterview verraten.

Historisches und Allzuhistorisches

Wie macht man eine Melange wieder zu Kaffee und Milch? – Das zentraleuropäische Nationengeflecht

Die Nationalstaatenbildung war in weiten Gebieten Zentraleuropas keine so gute Idee. Nach der Niederlage der Donaumonarchie hat man es trotzdem versucht. Die Folge war ein einziges Kuddelmuddel. In der Donau-Ebene östlich der slowakischen Hauptstadt Bratislava (Pressburg), 60 Kilometer von Wien entfernt, gab es bis vor kurzem noch Menschen, die zwar nie umgezogen sind, aber bereits fünfmal die Staatsbürgerschaft gewechselt haben: Österreich-Ungarn, Tschechoslowakei, Ungarn, wieder Tschechoslowakei, Slowakei.

Am hartesten traf es den ungarischen Teil der Habsburger Doppelmonarchie. Das Königreich Ungarn verlor 1920 – laut dem in einem Versailler Palais diktierten *Trianon-Vertrag* – zwei Drittel seines Staatsgebiets und fast die Hälfte seiner Bevölkerung an die Nachbarstaaten. In der Südslowakei gibt es noch immer Dörfer, in denen ausschließlich ungarisch gesprochen wird. Von zwei Millionen Bewohnern der Wojwodina im Norden von Serbien sind 14 Prozent Magyaren. Unter 20 Millionen Bürgern Rumäniens sehen sich 1,2 Millionen der ungarischen Nationalität zugehörig. Andererseits verblieben viele Nicht-Magyaren auf dem Gebiet des übriggebliebenen Ungarns: Laut Volkszählung waren es mehr als 551 000 Deutsche, knapp 142 000 Slowaken, rund 24 000 Rumänen, fast 60 000 Kroaten und über 17 000 Serben.

Tschechen und Slowaken ebenso wie Serben, Kroaten und Slowenen fühlten sich nach dem Bersten des bis dato von Wien aus regierten Vielvölkerstaats noch nicht stark genug für einzelne Nationalstaaten. Die einen gründeten deshalb 1918 die Tschechoslowakei, die anderen zunächst den SHS-Staat (Država Slovenaca, Hrvata i Srba), der dann zu Jugoslawien (Südslawien) wurde.

Nach den Wirren durch Hitlers Eroberungszüge hielt der Kommunismus über Jahrzehnte den Deckel auf dem brodelnden Topf auseinanderstrebender Nationalitäten. Doch kaum war die Teilung Europas 1989 überwunden, wurden Tschechen und Slowaken Anfang 1993 von ihren führenden Politikern getrennt, ohne das Volk groß nach seiner Meinung zu fragen. Die blutige Tragödie während der Auflösung Jugoslawiens Anfang der 1990er Jahre hätten die meisten unbeteiligten Beobachter nach den bitteren Erfahrungen in der ersten Hälfte des 20. Jahrhunderts wohl nicht für möglich gehalten.

Inzwischen sind alle diese Staaten in der Europäischen Union vereint oder streben wie Serbien-Montenegro die Mitgliedschaft an. Staatliche Souveränität nach Brüssel abzugeben scheint auf einmal kein Problem mehr zu sein. Mehr noch: Die Menschen, die jahrhundertelang unter Habsburgerherrschaft vereint waren, entdecken über den gemeinsamen Traditionen eine gewisse Seelenverwandtschaft. Ein Bürger von Maribor (Marburg), der Hauptstadt der slowenischen Steiermark (Styrsko), fühlt sich dem österreichischen Steirer verbunden, ein Nordböhme der Mentalität im fernen Wien ungleich näher als den unmittelbar benachbarten Sachsen: »Wir sind uns so ähnlich, es ist geradezu grotesk«, findet der langjährige tschechische Außenminister Fürst *Karl Schwarzenberg* (* 1937), dem neben einer Burg an der Moldau auch ein Palais am Wiener Schwarzenbergplatz gehört.

Wie man die Konflikte um Grenzziehungen muster-
gültig beilegen kann, haben Italien und Österreich in
Südtirol (in Italien: Alto Adige, übersetzt: Oberetsch)
durchexerziert. Die Heimat der Gletscherleiche *Ötzi*
wurde zwischen dem 6. und dem 9. Jahrhundert wie
der Norden Tirols von Bajuwaren besiedelt. Das Gebiet heißt nach den Grafen von Tirol, welche vom
11. bis ins 13. Jahrhundert den Verkehr entlang der
Straße über den niedrigsten Alpenpass, den Brenner,
kontrollierten.

Anfang des 20. Jahrhunderts lag der Anteil der italienischen Sprachgruppe in dem seit 1363 fast durchweg
von Habsburgern regierten Landstrich – dessen Ortler
mit 3905 Metern war der höchste Berg Österreich-Un-
garns – noch bei unter drei Prozent. Dann wurde das
anfangs neutrale Italien zur Teilnahme am Ersten
Weltkrieg geködert, und zwar mit der Zusicherung,
bei einem Sieg die Obst- und Weinbauregion Südtirol
gewissermaßen als Beute zu bekommen. Unter dem
Faschisten Benito Mussolini wuchs der Anteil der ita-
lienischsprachigen Bevölkerung dann ziemlich rasch,
vor allem in den Städten Bozen und Brixen. Heute
liegt er bei etwa 26 Prozent.

Nach dem Zweiten Weltkrieg sollte das zwischen den
Außenministern der Nachbarstaaten ausgehandelte

Gruber-De-Gasperi-Abkommen für Entspannung sorgen. Doch es kam, nicht zuletzt wegen italienischer Nadelstiche, zur Eskalation: Die »Bumser« des faschistisch angehauchten Befreiungsausschusses Südtirol (BAS) versuchten mit Bombenattacken eine Loslösung ihrer Heimatregion mit den Haupttälern an Etsch, Eisack und Rienz von Italien zu erzwingen. Ihren Höhepunkt fanden die Anschläge in der »Herz-Jesu-Nacht« vom 11. auf den 12. Juni 1961, als in Südtirol 37 Strommasten gesprengt wurden, so dass ein großer Teil Bozens von der Stromversorgung abgeschnitten war.

Diplomatie ermöglichte dann aber doch einen gewaltfreien Weg. Seit 1972 gibt es in Südtirol und im angrenzenden Trentino (Hauptstadt Trient) eine weitgehende Selbstverwaltung mit finanzieller Autonomie der Regionalpolitik. Von der Mehrsprachigkeit auf den Ämtern profitieren unter anderem die gut vier Prozent Ladiner, die mehrheitlich im Gader- und im Grödnertal angesiedelt sind. Bozen, Leifers, Salurn, Branzoll und Pfatten wiederum sind mehrheitlich italienischsprachig. Seither ist Ruhe: Angesichts des florierenden Fremdenverkehrs als Haupteinkommensquelle haben die Menschen diesseits und jenseits des Brenner ohnehin keinerlei Interesse an abschreckenden Schlagzeilen …

»Kriege lass andere führen«

Von »felix Austria« (glückliches Österreich) ist bis heute die Rede. Der Ausdruck rührt von einem lateinischen Spruch her, der sich auf die clevere Heiratspolitik der Habsburger bezieht: »Bella gerant alii, tu felix Austria nube!« (Kriege mögen andere führen, du glückliches Österreich, heirate!) Die wichtigsten Ergebnisse der Strategie, sich geschickt zu vermählen, statt zu erobern:

Kaiser Friedrich III. (1415–1493) handelte mit Karl dem Kühnen, Herzog von Burgund und Luxemburg, die Heirat zwischen seinem Sohn Maximilian und Maria von Burgund aus. Durch die 1477 geschlossene Verbindung wurden die Handelsstädte und Manufakturen der Niederlande zum wirtschaftlichen Zentrum des habsburgischen Reiches. Und das Haus Österreich stieg zur europäischen Großmacht auf.

Kaiser Maximilian I. (1459–1519) dachte sich: Doppelt hält besser. Seinen Sohn Philipp den Schönen verheiratete er mit der Spanierin Johanna von Kastilien, deren Bruder Juan gab er seine Tochter Margarethe zur Frau. Durch eine Verkettung von Todesfällen aller Thronfolger fiel das Erbe der spanischen Könige an Philipps Sohn Karl V., der den Ausspruch »In meinem Reich geht die Sonne niemals unter« mit Fug und Recht hätte benutzen können, belegbar ist er allerdings nicht.

Kaiser Ferdinand I. (1503 – 1564) dachte als Renaissance-Herrscher ebenfalls an die Ausweitung seines Machtgebiets. Drei seiner Töchter wurden – auf territoriale Ausdehnung achtend – verheiratet. Die Grundlage für die Herrschaft der Habsburger in Norditalien legte die Verheiratung der Tochter Johanna mit einem Medici. Eine Herrschaft, die erst mit dem Ersten Weltkrieg beendet wurde.

Kaiserin Maria Theresia (1717 – 1780), die durch Heirat mit Franz Stephan von Lothringen selbst die Linie Habsburg-Lothringen begründet hatte, hatte bei der Verkupplung ihrer Töchter vor allem die Absicherung ihrer Bündnispolitik im Auge. Gegen den aggressiven Preußenkönig Friedrich den Großen zum Beispiel sollte die Festigung der Allianz mit Frankreich schützen. Maria Theresias Tochter, Erzherzogin Maria Antonia, heiratete Louis XVI. – und endete als Marie Antoinette samt ihrem Gatten 1793 auf der Guillotine.

Marie Louise von Österreich (1791 – 1847) musste aus Staatsräson sogar einen Aufsteiger heiraten, der das bürgerliche Recht des Code civil über Europa gebracht und viele alte Dynastien hinweggefegt hatte. Im Frühjahr 1810 fand die Eheschließung der Tochter von Kaiser Franz I. mit Napoleon Bonaparte statt. Dass Marie Louise ihren Bräutigam verabscheute, spielte keinerlei Rolle. Und tatsächlich überlebte das Habsburger Reich diesen Napoleon dank ihres Opfers – und konnte sich nach dessen Sturz im Jahr 1814 auf dem Wiener Kongress an die Restauration der alten Verhältnisse in Europa machen.

Historische Abkürzungen

A. E. I. O. U.
Diese Vokalabfolge hinterließ der Habsburger-Kaiser Friedrich III. (1415 bis 1493) auf unzähligen Dokumenten und einigen Bauwerken. Bis heute ziert sie die Ringe, die österreichische Reserveoffiziere nach Abschluss der Militärakademie erhalten. Die Bedeutung der fünf Buchstaben ist allerdings nicht geklärt. Das Rätseln darüber hat sogar zu rund 300 Ergebnissen geführt – einschließlich mystischer und kabbalistischer Zahlen- und Buchstabenspiele. Hier vier Erklärungsversuche:

- *Austriae est imperare orbi universo.* Es ist Österreich bestimmt, die Welt zu beherrschen.
- *Austria erit in orbe ultima.* Österreich wird ewig sein.
- *Alles Erdreich ist Oesterreich untertan.*
- *Am End' is' ollas umasunst.* Das kommt natürlich aus der Rubrik »Schmäh«.

k. u. k. und k. k.

Es waren Feinheiten, die den Unterschied der Abkürzungen ausmachten, welche nach dem Ausgleich des Habsburger Herrscherhauses mit den Patrioten in Budapest im Jahr 1867 in Gebrauch kamen:

K. u. k. galt in der Doppelmonarchie für gemeinsame Behörden der ungarischen Reichshälfte (inoffiziell: »Transleithanien« jenseits des Flüsschens Leitha / ungarisch: Lajta) und der österreichischen Reichshälfte (»Cisleithanien«).

K. k. (kaiserlich-königlich) wurde nach 1867 Behörden und staatlichen Einrichtungen der westlichen Reichshälfte vorangestellt. Es unterstrich die Abgrenzung des österreichischen Herrschaftsgebiets des »Hauses Austria« von den Landesteilen, welche die Habsburger als ungarische Könige regierten.

O5

Diese Buchstaben-Zahlen-Kombination ist in einen der Quader des Wiener Stephansdoms eingeritzt und steht für eine der bedeutendsten Gruppen des österreichischen Widerstands gegen den Nationalsozialismus. Der fünfte Buchstabe des Alphabets ist das E. In Kombination mit dem O ergibt sich OE = Ö wie Österreich, ein Bekenntnis zur Unabhängigkeit der »Ostmark« vom »Dritten Reich«.

Sissi oder Sisi?

Als hätte sie zu Lebzeiten nicht genug Schlimmes erlebt, posthum wurde der Kaiserin *Elisabeth I.* von Österreich fast noch mehr angetan. Die süßliche Sissi-Romantik der gleichnamigen Filmtrilogie mit der jungen Romy Schneider in der Hauptrolle (siehe auch Seite 196) hat die Gattin von Kaiser *Franz Joseph I.* (1830 – 1916) jedenfalls nicht verdient. Noch nicht einmal der Kosename wird in den Filmtiteln richtig wiedergegeben, denn sie selbst schrieb ihn nur mit einem s in der Mitte (die Handschrift ließe sich sogar als »Lisi« lesen). Schon eher als die Sissi-Filme von Regisseur Ernst Marischka wird der an Heiligabend 1837 geborenen Wittelsbacherin das berühmte Porträt von *Franz Xaver Winterhalter* (1805–1873) gerecht. Es zeigt sie als distanzierte Dame mit einem Dutzend von Hofjuwelier *A. E. Köchert* (1824–1879) gefertigten Edelweiß-Sternen aus Diamanten im prachtvollen Haar. Die Schönheit der Cousine des bayrischen Märchenkönigs Ludwig II. (Schloss Neuschwanstein) war schon bald nach der Heirat mit dem späteren Langzeitherrscher Franz Joseph im Jahr 1854 legendär.

Die Frau hatte wohl ihre Marotten. Ihr Schlankheitswahn (Taillenumfang zeitlebens 51 Zentimeter), fanatische Turnübungen und der Drang zu weiten

Ausritten waren aber vermutlich auch Ausdruck des Protests gegen die Zwänge bei Hof und ihre diktatorische Schwiegermutter Sophie. Zudem fand sie als Mutter kein Glück. Die erste Tochter, die auch Sophie getauft worden war, starb mit zwei Jahren, zu der von der Schwiegermutter eifersüchtig behüteten Zweitgeborenen *Gisela* (1856–1932) entwickelte sie kein inniges Verhältnis; und nachdem sich ihr Sohn, Thronfolger *Rudolf* (1858–1889), mit seiner Geliebten *Mary Vetsera* (1871–1889) auf Schloss Mayerling erschossen hatte, trug die damals 51-Jährige nur noch Schwarz. Umso mehr hing sie an Nesthäkchen *Marie Valery* (1868–1924), die Sisi auf ihre Fluchten vor dem steifen Hofzeremoniell nach Korfu, Kleinasien und Afrika mitnahm.

Die ebenso empfindsame wie empfindliche Kaiserin mischte sich nur einmal in die hohe Politik ein. Ihre enge Beziehung zu dem ungarischen Nationalhelden Graf *Gyula Andrássy* (1823–1890), den sie im Schloss Gödöllő bei Budapest häufig traf, machte »Erzsébet« zu einer glühenden Verfechterin der 1867 dann auch tatsächlich erzielten ungarischen Selbstverwaltung – sehr zum Leidwesen ihres Mannes. Ansonsten aber muss sich das Kaiserpaar glänzend verstanden haben: Die verständnisvolle Elisabeth vermittelte Franz Joseph, der mit 68 Jahren Regierungszeit alle anderen Habsburgerkaiser übertraf, eine Vertraute und Freundin. Für diese, Hofschauspielerin *Katharina Schratt* (1853–1940), wurde sogar eine geheime Pforte in die Mauer des Schönbrunner Schlossgartens eingelassen, damit sie von ihrer Wohnung im Wohlsituiertenviertel Hietzing ungesehen zum Kaiser geleitet werden konnte.

Einer so tragischen Ausnahmeerscheinung wie Elisabeth war es auch nicht vergönnt, einfach so im Bett zu sterben. Die Kaiserin fand am 10. September 1898 den Tod, als ihr der italienische Anarchist *Luigi Lucheni* (1873–1910) an der Uferpromenade des Genfer Sees eine zugespitzte Feile ins Herz rammte.

»Österreich ist frei!«

Jedes Schulkind in Österreich kennt den Satz, den der österreichische Außenminister *Leopold Figl* (1902–1965) am 15. Mai 1955 bei der Präsentation des österreichischen Staatsvertrags der Menschenmenge vom Balkon des Schlosses Belvedere zugerufen haben soll. Doch wie so viele historische Anekdoten stimmt auch diese nicht so ganz: Der Satz fiel bereits kurz zuvor bei der Unterzeichnung des Dokuments im Inneren des Winterpalais Prinz Eugen. Eh wurscht. Entscheidend ist: Mit dem Staatsvertrag erhielt Österreich nach der Kriegsniederlage des Deutschen

Reiches und der Aufteilung in vier Besatzungszonen durch die Siegermächte die volle staatliche Souveränität zurück. 35 Jahre bevor Deutschland sie im Zuge der Wiedervereinigung 1990 wiedererlangte.

Angeblich soll der trinkfeste Figl in einer durchzechten Nacht seinen sowjetischen Amtskollegen Wjatscheslaw Molotow mit seinem Zitherspiel weichgekocht haben. Eine Legende mit mehr Wahrheitsgehalt? Jedenfalls konnte Figl verhindern, dass die Mitverantwortung von Österreichern für die Verbrechen des NS-Regimes in der Präambel des Staatsvertrags erwähnt wird. Allerdings hatten die Alliierten schon während des Zweiten Weltkriegs in der Moskauer Deklaration vom 30. Oktober 1943 zur Stärkung des Widerstandes gegen Hitler von Österreich als erstem Opfer des Nationalsozialismus gesprochen. Diese beschönigende Opferthese war für die spätere Aufarbeitung der NS-Verbrechen durch das offizielle Österreich nicht gerade hilfreich …

Bedingung der Sowjetunion für ihre Unterschrift unter den Staatsvertrag und den Truppenabzug war die immerwährende Neutralität Österreichs. Dabei ist mit »immerwährend« nicht ewig, sondern allumfassend gemeint. Da dank Sozialpartnerschaft und Proporz schließlich auch der gesellschaftliche Friede gesichert war, blühte die Zweite Republik förmlich auf. »Aus einem gespaltenen Österreich der Ersten Republik und trotz aller Zerstörungen und Opfer und zehnjähriger Besetzung ist Österreich eines der wohlhabendsten Länder der Welt geworden«, blickte der Vizekanzler und spätere Wirtschaftsmagnat *Hannes Androsch* (* 1938) 2012 in einer Serie des ORF-Fernsehens mit einigem Erstaunen, aber auch Stolz und Dankbarkeit zurück. Wie dem Sozialdemokraten Androsch geht es wohl der Mehrheit seiner Landsleute. Man fühlt sich wohl in felix Austria, das sie trotz aller liebgewonnenen Raunzerei über die Zustände um nichts in der Welt verlassen wollten.

Made in Austria – eine Erfolgsgeschichte

Mehr als Mozartkugeln und Lipizzaner

Mozartkugeln, Sachertorte, Trachtenmoden und Li-
pizzaner … Man muss schon aufpassen, dass man den
Österreichern nicht auf den Leim geht. Auch wenn sie
selbst das Image eines Landes gediegener Tradition
pflegen, ist aus dem Kleinstaat im Herzen Europas
längst eine hochmoderne Dienstleistungsgesellschaft
mit einem satten Zwei-Drittel-Anteil des Tertiärbe-
reichs am Bruttoinlandsprodukt (BIP) geworden. Der
Tourismus spielt bei den privaten Dienstleistungen
übrigens nicht die erste Geige. Wichtiger sind Handel,
Verkehr und Immobilien sowie der Beitrag der Frei-
berufler wie Rechtsanwälte und Ärzte für die Wirtschaftsleistung im Land.

Im Schatten Deutschlands hat sich ein Wirtschaftswunder ereignet, das in Relation zu der jeweiligen
Größe die Erfolge des nördlichen Nachbarn noch
übertrifft. Die Weltbank bescheinigt Österreich für
das Jahr 2012 eine Wirtschaftsleistung von 47 226 Dollar pro Kopf der Bevölkerung. Zum Vergleich: In

der führenden Wirtschaftsnation USA lag der Vergleichswert bei 49 965 Dollar, in Deutschland nur bei 41 514 Dollar. Die Schweiz läuft mit einem BIP von 79 052 Dollar je Eidgenosse ohnehin außer Konkurrenz.

Kontaktpflege in Zentraleuropa

Das Ende der Teilung Europas 1989 rückte Österreich vom Rand des »Eisernen Vorhangs« wieder in die Mitte des Kontinents. Die Neutralität, aber auch die Mentalitätsnähe nach Jahrhunderten langer Verbundenheit in der Habsburgermonarchie hatten den Kontakt zu den Nachbarn während des »Kalten Krieges« nicht abreißen lassen. Nach der Wende expandierten Unternehmen wie die Handelskonzerne *SPAR Österreich* und *Julius Meinl* sowie Finanzdienstleister, zum Beispiel die Versicherung *Wiener Städtische*, zügig in die Reformstaaten. Industrieunternehmen wie die Mineralölgesellschaft *ÖMV* sind seither zu ernstzunehmenden Mitspielern auf dem europäischen Markt geworden.

Der Beitritt zur Europäischen Union 1995 und die Einführung des Euro zur Jahrtausendwende, welche die Nationalbank in Wien unabhängig machte von den Zinsentscheidungen der Deutschen Bundesbank, haben dem Handel und Wandel ohne Grenzen einen weiteren Schub verliehen.

Alpenland? Autoland!

Basis der Erfolgsstory made in Austria war allerdings auch in den letzten beiden Jahrzehnten die solide Entwicklung im Inland mit Arbeitslosenraten zwischen vier und fünf Prozent, die praktisch Vollbeschäftigung bedeuten. So hat sich die Autobranche inzwischen, von vielen unbemerkt, zu einem Stützpfeiler der österreichischen Industrie entwickelt. Das Ingenieurs-Know-how dazu hatten bereits alteingesessene Firmen wie *Steyr-Puch* entwickelt. Als die Regierung das Handelsbilanzdefizit mittels Aufbau einer Automobilbranche senken wollte, war ihr mit der Ansiedlung des *Opel*-Motorenwerks zunächst nur ein Einzelerfolg vergönnt. Dann jedoch wurde in der Region Graz ein *Autocluster ACstyria* geschaffen, in dem mittlerweile 180 Partnerbetriebe mit 40 000 Mitarbeitern kooperieren. Ein starker Antrieb für den Automotivsektor ist der *Magna*-Konzern des Austrokanadiers Frank Stronach. Magna entwickelt Fahrzeugsysteme und produziert ganze Modellserien für Mercedes, BMW, Mini, Peugeot und Chrysler. 400 000 Automobile werden nun jährlich in Österreich gefertigt. Dazu kommen Fertigungsstätten wie die von *BMW* im oberösterreichischen Steyr, wo die Münchener zwei Drittel aller Motoren produzieren. Bei einem Jahresumsatz von 21 Milliarden Euro haben 70 000 Menschen dank weltweiter Belieferung und ständigen Tüftelns an Hightech-Lösungen einen krisenfesten Arbeitsplatz in der österreichischen Automobilindustrie.

Glück aus Glas

Die Nähe zum ehemaligen Kronland Böhmen hat auch dazu geführt, dass eines der renommiertesten Konsumgüterunternehmen in Österreich angesiedelt ist: die Glasmacherdynastie *Riedel*. 1673 von Johann Christoph Riedel im nordböhmischen Neuschloss begründet, kam es wegen der Vertreibung der Sudetendeutschen nach dem Zweiten Weltkrieg zur Neuansiedlung in Tirol. Weinkenner und Sommeliers schwören inzwischen auf die Gläser des Familienunternehmens in Kufstein als beste Darreichungsform edler Tropfen.

Finanzielle Starthilfe für den Riedel-Neuanfang leistete übrigens eine alteingesessene Tiroler Kristallschleiferdynastie mit böhmischen Wurzeln, die inzwischen ihre ganz eigene Erfolgsstory geschrieben hat: Der *Swarovski*-Clan aus Wattens ist mit seinen Edelfilialen in den Fußgängerzonen von Antwerpen bis Dubai präsent, um die Welt mit seinem geschliffenen Kristallschmuck und anderen Accessoires aus dem funkelnden Material zu versorgen. Weniger bekannt ist, dass der Konzern (30 000 Mitarbeiter) auch Reflektoren für Straßenbegrenzungspfosten und Schleifmittel produziert.

Schnuller für die Welt

Nicht immer sind es die prominenten Markennamen, die den österreichischen Ausfuhrerfolg ausmachen … »Und von Schnullern kannst du leben?«, musste sich der Wiener *Peter Röhrig* jahrelang fragen lassen. Darauf fand der gelernte Kunststoffingenieur eine schlagkräftige Antwort: Heute werden seine Designerschnuller in 48 Ländern auf fünf Kontinenten genuckelt. In Skandinavien haben sogar neun von zehn Babys *MAM*-Schnuller im Mund. Neben Designern und Ingenieuren gehört zum Unternehmen eine eigene Latexproduktion in Thailand sowie eine Entwicklungsabteilung und die hauseigene Datenbank mit 8500 wissenschaftlichen Studien aus Medizin und Technik, damit die heute unmündigen Kunden nach all dem genussvollen Gezuzzel später den richtigen Biss haben.

Die zehn wertvollsten Marken Österreichs

Marke	Markenwert	Branche
1. Red Bull	15,28 Milliarden €	Getränkeindustrie
2. Swarovski	3,76 Milliarden €	Kristall, Schmuck, Schleifmittel
3. Novomatic	2,42 Milliarden €	Spielautomaten, Glücksspiel
4. A1 Telekom Austria Group	2,19 Milliarden €	Telekommunikation
5. Casinos Austria	2,18 Milliarden €	Glücksspiel
6. Raiffeisen-Bankengruppe	2,18 Milliarden €	Finanzbranche
7. Österreichische Spar-Gruppe	2,14 Milliarden €	Einzelhandel
8. Österreichische Bundesbahn (ÖBB)	1,67 Milliarden €	Verkehrswesen
9. Erste Bank	1,39 Milliarden €	Finanzbranche
10. OMV	1,32 Milliarden €	Energieproduktion und -handel

Zum Vergleich in Deutschland:

1. Volkswagen	23,12 Milliarden €	Automobilherstellung
2. BASF	18,89 Milliarden €	Chemieindustrie
3. BMW	19,21 Milliarden €	Automobilherstellung

»Ich hab halt so etwas wie das Wrumm-Wrumm-Syn-drom«, beschrieb *Dietrich Mateschitz* (* 1944) seinen Hang zum schnellen Vorankommen. Den Namen des gebürtigen Steirers kennen vielleicht nicht so viele Menschen, die Koffein-Brause »Red Bull« hingegen mindestens die halbe Welt. Beides hat insofern mit-einander zu tun, als der »Didi« den Drink zu Ös-terreichs Weltmarke und Red Bull seinen Erfinder Mateschitz zum reichsten Österreicher gemacht hat (geschätztes Vermögen: weit über sieben Milliarden Euro) – natürlich abgesehen von dem Autoindustri-ellen-Clan *Porsche/Piëch*.

Der Erfolg schien Mateschitz nicht in die Wiege gelegt, die in der Kommune Sankt Marein im stei-rischen Mürztal stand. Die alleinerziehende Mutter ist Lehrerin und streng, der »Didi« offenbar begabt, aber faul. Die Matura schafft der schlechte Schüler mit Ach und Krach, studiert dann an der Hochschule für Welthandel in Wien. Zehn Jahre braucht er für den Abschluss an der heutigen Wirtschaftsuniversi-tät Wien. Angeblich war der Vermarktungsfachmann zeitweise Handelsvertreter für Jacobs-Kaffee, bis er bei dem deutschen Zahnpflege-Konzern Blendax anheu-ert. Dort ist Mateschitz bereits zum Marketingchef aufgestiegen, als ihm Anfang der 1980er Jahre auf

Dienstreise in Thailand die Erleuchtung kommt. Er hat nämlich den Eindruck, dass die dort verbreitete Limonade »Krating Daeng« (Roter Stier) seinen Jetlag mildert. Da könnte was dran sein, denn sie enthält Taurin. Im Zweiten Weltkrieg wurde dieser Wachmacher japanischen Kampfpiloten verabreicht, um ihre Konzentrations- und Reaktionsfähigkeit zu verbessern.

Mateschitz kündigt seinen Job, kratzt sein Privatvermögen zusammen und erwirbt 1983 die Lizenz für »Krating Daeng«. Ein Jahr später gründet er mit seinen Partnern *Chaleo* und *Chalerm Yoovidhya*, beide Sprösslinge eines thailändischen Milliardärclans, die Red Bull GmbH in Fuschl am See. Die folgenden drei Jahre Wartezeit bis zur Zulassung der neuen Limonade in Österreich und Deutschland weiß der ehemalige Langzeitstudent zu nutzen. Die Rezeptur des Getränks mit dem Gummibärchen-Geschmack wird leicht verändert – und es entsteht ein zündendes Marketingkonzept: »Red Bull«, der »Energydrink«, der Flügel verleiht.

Der rote Bulle wird heute in mehr als 160 Ländern verkauft und hatte schon 2003 weltweit den sagenhaften Marktanteil von 70 Prozent bei den Energydrinks erreicht. 5,2 Milliarden verkaufte Muntermacher-Dosen entsprachen im Geschäftsjahr 2012 einem

Umsatz von fast fünf Milliarden Euro. Die GmbH, an der Mateschitz 49 Prozent der Anteile hält, beschäftigt weltweit 8300 Mitarbeiter – obwohl der klebrige Beflügler in Lizenz bei der Firma Rauch Fruchtsäfte in Nüziders (Vorarlberg) und in Widnau im Schweizer Kanton St. Gallen abgefüllt wird. Zum Firmengeflecht gehört inzwischen ein nahezu unüberschaubares Konglomerat vom Formel-1-Team mit seinem Star Sebastian Vettel bis hin zum eigenen Fernsehsender *Servus TV*.

Gelungen ist das nicht allein durch Werbung im herkömmlichen Sinne, sondern durch ein Marketing, das beispielsweise durch die Gründung einer Red-Bull-Community im Internet ein Surrogat von Lebensgefühl aus Fun, Sport und Abenteuer geschaffen hat. Dem dient das uferlose Sponsoring von Sportlern wie der US-Skirennläuferin Lindsey Vonn bis zu Vereinen wie dem Fußballclub Red Bull Salzburg (Spitzname: Die Dosen). Mit der Freestyle-Motocross-Serie »Red Bull X-Fighters« und der Luftrennen-Serie »Red Bull Air Race Series« verstärkt der weltweit größte Sportsponsor das Image beflügelten Lebens auf der Überholspur, wo es auch schon mal Tote gibt: Im Jahr 2009 starben die beiden Basejumper Ueli Gegenschatz und Eli Thompson während ihrer Auftritte für Red Bull.

Doch zurück zum Ausgangsprodukt: Das Getränk besteht hauptsächlich aus Wasser, Zucker, Glucuronolacton, Koffein, Taurin und zugesetzten Vitaminen. Die leistungssteigernde Wirkung des Kultgesöffs der Partygänger und Nachtschwärmer wird mal nachgewiesen, mal bestritten. Eindeutig ist das Ergebnis einer Analyse der Zeitschrift Öko-Test aus dem Jahr 2007. Demnach enthält der Stammvater der Bullenherde, die inzwischen in allen möglichen Variationen über den Weltmarkt stampft, zu viel Zucker, überflüssige Vitamine und problematische Inhaltsstoffe. Die Gesamtnote des Tests: mangelhaft.

Österreich

Im Jahr 2012 verfügten laut einer Analyse des Beratungsunternehmens Capgemini und der Royal Bank of Canada (RBC) knapp 100 000 Österreicher über ein anlagefähiges Vermögen von über eine Million US-Dollar. Weltweit sind dieser Quelle zufolge rund zwölf Millionen Menschen so wohlhabend.

In der berühmten »Reichen«-Liste des US-Wirtschaftsmagazins Forbes sind 2012 und 2013 auch neun Österreicher.

Name	Unternehmen/ Aktivitäten	Vermögen	Forbes-Liste 2013	Forbes-Liste 2012
1. Dietrich Mateschitz	Red Bull GmbH (49 %)	7,1 Milliarden $	Platz 162	Platz 193
2. Johann Graf	Spielautomaten-, Glücksspiel- und Sportwettenkonzern Novomatic AG (92 %)	5,4 Milliarden $	Platz 225	Platz 193
3. Karl Wlaschek	Der ehemalige Barpianist gründete 1953 die Lebensmittelkette Billa (**Billiger Laden**). Nach Verkauf an den deutschen Rewe-Konzern investierte er in Immobilien.	4,8 Milliarden $	Platz 262	Platz 223
4. Heidi Horten	Erbin von Helmut Horten, Eigentümer der gleichnamigen deutschen Warenhauskette	3,2 Milliarden $	Platz 423	Platz 358
5. Wolfgang Leitner	Der Sohn eines Schlossers ist Vorstandsvorsitzender und Hauptanteilseigner des Maschinenbauers Andritz AG. Er ist zudem Eigentümer des Arzneimittelunternehmens Genericon Pharma.	2,0 Milliarden $	Platz 736	./.

Name	Unternehmen/Aktivitäten	Vermögen	Forbes-Liste 2013	Forbes-Liste 2012
6. Reinold Geiger	Dem Sohn eines Vorarlberger Tischlers und früheren Ski-Rennfahrer gehört die französische Kosmetikfirma L'Occitane.	1,7 Milliarden $	Platz 882	Platz 960
7. Helmut Sohmen	Der Mehrheitseigentümer des Schifffahrtskonzerns BW lebt als österreichischer Staatsbürger in Hongkong.	1,3 Milliarden $	Platz 1107	Platz 913
8. Frank Stronach	Der Steirer baute in Kanada Magna auf – einen der weltgrößten Autozulieferer. In Österreich investierte Stronach nach seiner Rückkehr unter anderem in Immobilien und Sportevents. Bei Forbes wird er als Kanadier geführt, lebt aber in Österreich, wo er eine politische Partei gegründet hat.	1,2 Milliarden $	Platz 1175	Platz 1015
9. Max Turnauer	Dem Sohn des aus Prag zugewanderten Industriellen Herbert Turnauer gehört die Constantia Industries mit den Bereichen Holz und Kunststoffe.	1,0 Milliarden	Platz 1342	./.

Zum Vergleich: Der reichste Deutsche, Aldi-Süd-Ei-
gentümer Karl Albrecht (Forbes-Liste Platz 18),
kommt auf ein Vermögen von 26 Milliarden US-Dollar, die reichsten Schweizer, Ernesto Bertarelli und
seine Familie (Platz 94), kamen nach der Liste von
2013 auf elf Milliarden US-Dollar.

Laut einer Aufstellung des Wiener Wirtschaftsmaga-
zins *trend* sind etwa dreißig Österreicher Milliardä-
re. Das Magazin nennt in seiner Liste aus dem Jahr
2013 auch Familienclans und Erbengemeinschaften.
Danach sind die Mitglieder der Automobildynastie
Porsche/Piëch mit einem Vermögen von 41,5 Milliarden Euro die betuchtesten Österreicher. *trend* nennt
außerdem die *Erben des Finanzinvestors Friedrich Karl
Flick* (6,4 Milliarden Euro = *trend*-Listenplatz 3), die in
Wien aufgewachsene Eigentümerin des gleichnamigen
deutschen Autozulieferers *Maria-Elisabeth Schaeff-
ler* und ihren Sohn *Georg* (2,9 Milliarden Euro = Platz
8) und die *Tiroler Kristall- und Schmuck-Familie Swarovski* (2,6 Milliarden Euro = Platz 10).

Vom Armenhaus zum Wohlstandsland

Die Wirtschaftsleistung der Österreicher seit Wiedererlangung ihrer Selbständigkeit

Jahr	Bruttonational-einkommen	Bruttonational-einkommen pro Kopf
1955	100 Milliarden Schilling = etwa 0,4 Milliarden US-Dollar	57 US-Dollar
1961	176 Milliarden Schilling = etwa 6 Milliarden US-Dollar	846 US-Dollar
1970	15 Milliarden US-Dollar	2009 US-Dollar
1980	80 Milliarden US-Dollar	10 597 US-Dollar
1990	164 Milliarden US-Dollar	21 379 US-Dollar
2000	189 Milliarden US-Dollar	23 610 US-Dollar
2010	378 Milliarden US-Dollar	45 032 US-Dollar
Zum Vergleich		
Deutsch-land 2010	3537 Milliarden US-Dollar	43 242 US-Dollar
USA 2010	14 600 Milliarden US-Dollar	44 837 US-Dollar
Welt 2010	62 364 Milliarden US-Dollar	8908 US-Dollar

Erfinder
Vorreiter und Wegbereiter

Antonius Braun (1686–1728): Sprossenradrechenmaschine

Friedrich von Knaus (1724–1789): Schreibautomat

W. von Kempelen (1734–1804): Automatischer »Schachtürke«/Sprechmaschine

Franz Joseph Müller von Reichenstein (ca. 1740–1825): Entdecker des Elements Tellur

Jakob Degen (1760–1848): von Muskelkraft angetriebener Flugapparat mit beweglichen Schwingen; erste Guillochiermaschine für den fälschungssicheren Banknotendruck

Georg Joseph Beer (1763–1821): Begründer der wissenschaftlich fundierten Augenheilkunde

Josef Madersperger (1768–1850): ein Erfinder der Nähmaschine

Josef Ressel (1793–1857): Erfindung der am Heck angebrachten Schiffsschraube als Ersatz für das seitliche Schaufelrad

Michael Thonet (1796–1871): Möbel aus Holz, das mittels Heißdampf gebogen wird

Carl Ritter von Ghega (1802–1860): Erbauer der Semmeringbahn (Weltkulturerbe)

Christian Doppler (1803–1853): Entdecker des Doppler-Effekts (Verzerrung eines Signals bei Veränderungen des Sendeabstands)

Adolf Pollack von Rudin (1817–1884): Zündholzschie-
beschachtel mit seitlichen Reibeflächen

Peter Mitterhofer (1822–1893): hölzerne Schreibma-
schine

Johann Kravogl (1823–1889): elektrisches Kraftrad

Siegfried Marcus (1831–1898): Fahrzeug mit Benzin-
motor (1865)

Anton Freissler (1838–1916): erster Personenaufzug
(1870) in Wien

Ernst Mach (1838–1916): Entdecker der Mach-Zahl
(Geschwindigkeit im Verhältnis zur Schallge-
schwindigkeit); Mitbegründer des Empiriokriti-
zismus; Wegbereiter der Gestaltpsychologie und
-theorie

Otto Schäffler (1838–1928) Lochkartenmaschine

Fritz Franz Maier (1844–1926): Maier-Form, seit 1905
im Schiffbau maßgebend

Ferdinand von Mannlicher (1848–1904): Repetierge-
wehr (Mehrladergewehr)

Georg Johann Luger (1849–1923): Parabellum-Pistole

Sigmund Freud (1856–1939): Begründer der Psychoanalyse

Ludwig Hatschek (1856–1914): Asbestzement (Eternit)

Friedrich Wilhelm Schindler (1856–1920): Elektrische
Küche

Carl Auer von Welsbach (1858–1929): Gasglühstrumpf;
Osmium-Metallfadenlampe; Cer-Eisen zur Zün-
dung von Feuerzeugen; Entdecker der vier chemi-

schen Elemente Neodym, Praseodym, Ytterbium und Lutetium

Ludwig Lohner (1858–1925): Elektroauto mit Radnabenmotoren in den Vorderrädern (mit Ferdinand Porsche)

Othmar Zeidler (1859–1911): Synthese von Dichlordiphenyltrichlorethan (DDT)

Johann Puch (1862–1914): erstes fabrikmäßig hergestelltes Fahrrad, Motorrad- und Automobilproduktion in Graz

Franz Pichler (1866–1919): Kühlrippe, unter anderem für Motoren

Max Mauermann (1868–1929): rostfreier Stahl

August Musger (1868–1929): Zeitlupe; Kinematograph

Fritz Pregl (1869–1930): Wegbereiter der klinischen Analytik (Chemie-Nobelpreis 1923)

Alfred Adler (1870–1937): Begründer der Individualpsychologie

Ferdinand Porsche (1875–1951): Automobilkonstrukteur

Viktor Kaplan (1876–1934): Kaplan-Turbine für Flusskraftwerke

Otto Nußbaumer (1876–1930): Radiodetektor

Robert von Lieben (1878–1913): Verstärkerröhre; Glühkathodenröhre

Lise Meitner (1878–1968): erste physikalisch-theoretische Erklärung der Kernspaltung (mit ihrem Neffen Otto Frisch)

Gunther Burstyn (1879–1945): Konstruktion eines geländegängigen Panzerwagens mit drehbarem Geschützturm (unabhängig von ihm entwickelten in England William Tritton und Walter Gordon Wilson den Panzer)

Joseph Schumpeter (1883–1950): Ökonom und Politiker (»Kapitalismus, Sozialismus und Demokratie«)

Karl von Frisch (1886–1982): Verhaltensforscher (Medizin-Nobelpreis 1973 für Untersuchungen an der Honigbiene)

Oskar Czeija (1887–1958): Tonband (mit Hans Thirring)

Erwin Schrödinger (1887–1961): Mitbegründer der Quantenmechanik (Physik-Nobelpreis mit Paul Dirac 1933)

Walther Simmer (1888–1986): Simmerring zur Abdichtung von Getrieben

Hans Thirring (1888–1976): Tonband um 1929 (mit Oskar Czeija)

Ludwig Wittgenstein (1889–1951): Seine beiden Hauptwerke »Logisch-philosophische Abhandlung« (Tractatus logico-philosophicus, 1921) und »Philosophische Untersuchungen« (1953, posthum) wurden zu wichtigen Bezugspunkten zweier philosophischer Schulen, des Logischen Positivismus und der Analytischen Sprachphilosophie.

Helene Winterstein-Kambersky (1900–1966): Wasser-
feste Wimperntusche

Paul Lazarsfeld (1901–1976): Begründer der modernen empirischen Sozialforschung

Karl Popper (1902–1994): Begründer des kritischen
Rationalismus

Viktor Frankl (1905–1997): Begründer der Logothera-
pie und Existenzanalyse

Paul Eisler (1907–1992): Leiterplatte

Walter Bitterlich (1908–2008): Begründer der modernen Waldinventur

Hedy Lamarr (1914–2000): Entdeckerin des Frequenz-
sprungverfahrens (mit George Antheil)

Hans Hass (1919–2013): Zoologe, Meeresforscher und
Umweltschutz-Pionier

Carl Djerassi (* 1923): Antibabypille (mit Luis E. Mira-
montes, Gregory Pincus und John Rock)

Kein Kaiser mehr? Dann ist eben der Kunde König

Den kaiserlich-königlichen Hof gibt es in Wien nicht
mehr, sehr wohl aber k. u. k. Hoflieferanten. 500 Un-
ternehmungen durften sich in der Blütezeit Öster-
reich-Ungarns mit dem lukrativen Titel schmücken,
der unter anderem Steuerfreiheit bei Importen bedeutete. Auch in des Kaisers Sommerfrische Bad Ischl, in
Budapest, Karlsbad und Prag gab es Hoflieferanten.

Selbst Nobelfirmen à la Tiffanys und Steinway & Sons im demokratischen New York nahmen den prestige-trächtigen k. u. k.-Titel dankend an.

Als die Habsburgermonarchie zerfiel, soll es insgesamt noch 1200 Hoflieferanten gegeben haben. Doch in der revolutionsschwangeren Ära nach dem Ersten Weltkrieg montierten manche ihre doppeladlergeschmückten Firmenschilder aus Angst vor Anschlägen eilends ab. Inzwischen aber ist der Exklusivität und Qualität versprechende Titel wieder ein gesuchter Marketingfaktor. Im österreichischen Millenniumsjahr 1996 organisierten 27 ehemalige k. u. k. Hoflieferanten im Schloss Schönbrunn eine Ausstellung, mit der sie auf ihre große Tradition hinwiesen. Eine Auswahl:

Juwelier A. E. Köchert (gegründet 1814): Kronjuwelen, Diademe für die Herrschenden, Schmuckstücke für Mätressen kamen vom Kammerjuwelier Köchert (siehe auch Seite 304). Berühmt wurden die 27 Diamantsterne, die der Hofjuwelier für Kaiserin Elisabeth (Sisi) fertigte und die sie als Collier, Diadem, Anhänger, Broschen und Haarschmuck tragen konnte. Solche Sterne werden bei A. E. Köchert am Neuen Markt 15 in Wien oder am Alten Markt 15 in Salzburg bis heute angefertigt.

J. & L. Lobmeyr (gegründet 1823): Die ehemalige »k. k. Hof-Glas Niederlage« stattet unter anderem Wiener Theater, Regierungsgebäude und das Rathaus mit Kristalllüstern aus. Auch die Metropolitan Opera in New York, zwei Dutzend weitere Konzerthäuser in der Welt sowie Paläste und Moscheen in Mekka und Medina beziehen aus Wien ihre Erleuchtung. Im Stammhaus in der Kärntner Straße 26 ist alles zu haben, was aus Glas in schicke Form zu bringen ist.

L. Bösendorfer Klavierfabrik (gegründet 1828): Franz Liszt (1811–1886), dessen rasantes Klavierspiel bis dahin noch fast jedes Piano ruiniert hatte, spielte vorwiegend auf Bösendorfer Klavieren, da diese Instrumente seinem Spiel standhielten. Bösendorfer produziert heute in Wiener Neustadt, etwa 60 Kilometer südlich von Wien, und gehört mittlerweile zum japanischen Musikinstrumenten-Konzern Yamaha.

K. u. K. Hofzuckerbäcker L. Heiner (gegründet 1840): Nachdem Valentin Heiner, der Sohn des Gründers, bereits den Titel eines Königlich Bayerischen Hoflieferanten führen durfte, nahm auch Kaiser Franz Joseph I. den »Zuckerbäcker« in seine Lieferantenliste auf. Die Konditorei an der Wollzeile 9 im 1. Wiener Gemeindebezirk ist bis heute in Familienbesitz.

Mode-Atelier Knize (gegründet 1858): Thomas Bernhard hat das Herrenmode-Atelier in seinen Romanen verewigt; der aus Wien stammende Filmregisseur Billy Wilder ließ sein Outfit stets bei Knize fertigen. Der Herrenausstatter unterhält Filialen in Paris, New York und Bad Gastein, wie das Unternehmen über dem Eingang zu seinem Hauptsitz am Graben 13 in Wien stolz kundtut.

Wilhelm Jungmann & Neffe (gegründet 1866): 1500 Stoffmuster führt das Geschäft am Albertinaplatz 3. Bei ihren Maßanfertigungen hat sich die Firma auf Herrenausstattung spezialisiert, da Damen wegen der wechselnden Moden für langlebige Kleidung kein zusätzliches Geld ausgeben wollten. Jungmann & Neffe hat auch die passenden Accessoires für den Herrn im Angebot: Socken, Krawatten, Tücher und Schirme mit Stöcken aus Weidenholz.

Rudolf Scheer & Söhne (gegründet 1876): In siebter Generation leitet Markus Scheer das Traditionshaus, wo in 40 Stunden Handarbeit ein Paar Schuhe entstehen. Das hat seinen Preis, doch dafür überleben die Maßanfertigungen meist ihre Besitzer.

Conditorei Sluka (gegründet 1891): Wer in Wien etwas auf sich hält, kauft für seine Gäste oder als Mitbringsel Torten oder Patisserien bei Sluka. Die Konditorei am

Wiener Rathausplatz 8 ist – so viel Fortschritt darf sein – rauchfrei und mit Wireless LAN ausgestattet.

Von dem weltweiten Einheitsbrei in den Fußgängerzonen und der preislichen Hetzjagd bei den Geschäftspachten bleiben auch die ehemaligen k. u. k. Hoflieferanten nicht verschont. So ging 2004 ein Raunen durch den österreichischen Blätterwald, als das vor 160 Jahren am Petersplatz gegründete Geschäft von »Knopfkönig« *Alois Frimmel* schließen musste. Die letzte Besitzerin, Erika Frimmel, hatte keinen Nachfolger mehr gefunden. Immerhin konnte der Denkmalschutz erreichen, dass die historische Einrichtung der »ältesten Knopf-Niederlage der Haupt- und Residenzstadt Wien« unverändert blieb. Auch in den ehemaligen Geschäftsräumen von *E. Braun & Co.* (Leder-, Galanterie- und Bijouteriewaren, Schuhe, Bekleidung und Textilien) am Graben 8 wurde die historische Einrichtung trotz Einzugs einer skandinavischen Modekette bewahrt.

Einkauf im magischen Viereck

Das hatte in der Wiener Innenstadt, unweit vom teuren Pflaster *Kärntner Straße* und *Graben*, noch gefehlt: »Goldenes Quartier« nennt sich die Luxus-Passage, in der sich die modernen Goldmacher der Welt drängen. Rolex, Chanel, Prada, Louis Vuitton, Saint Laurent Paris, Emporio Armani … Die Filialen all dieser Edelmarken haben sich auf der 190 Meter langen Einkaufsmeile *Tuchlauben – Seitzergasse – Bognergasse* im 1. Gemeindebezirk in immer gleicher Kombination zusammengefunden. Das Verkaufspersonal in den beiden Häuserblöcken muss mindestens drei Sprachen rückwärts beherrschen, einschließlich Russisch. Für Jetset und Kongressreisende, die nach Erkenntnis der Tourismusmanager im Schnitt 480 Euro pro Kopf und Tag in Wien lassen, ist gleich nebenan *Am Hof* die Nobelherberge einer US-Hotelkette mit Nebeneingang im Seitenschiff einer frühbarocken Kirche entstanden.

Dabei ist die österreichische Hauptstadt auf Modeimporte gar nicht angewiesen. Alljährlich schließen begabte Designerinnen und Designer erfolgreich die Modeschule der Stadt Wien im Schloss Hetzendorf ab. Diese bietet als *Höhere Lehranstalt für Modedesign und Produktgestaltung* eine »fünfjährige allgemeinbildende, kreative und handwerkliche Ausbildung« an. Einige der Absolventen gründen ein Label, das üblicherweise im Spätsommer auf der *Vienna Fashion Week* erstmals präsentiert wird.

Sophie Andersen, Designer *Mark S. Baigent* und *Julia Rupertsberger* (Mark & Julia), *Nedra Chachoua*, *Mo-*

nika Draskovits, *Juergen Christian Hoerl* und *Martin Wagner* (Paptiste), *Nicole Komitov*, *Aya Nonogaki* und *Eva Poleschinski* (ep_anoui) sind solche Nachwuchstalente. Stars der Szene sind der in Saigon geborene Vorarlberger *La Hong Nhut* (* 1967), der es vom Boutique-Gehilfen in Wien zum Modeschöpfer mit eigenem Atelier in der vornehmen *Kärntner Straße* gebracht hat, und *Lena Hoschek* (* 1981), die ihre Kreationen aus Punk, Petticoat und Trachtentradition seit Oktober 2008 im eigenen Studio am Spittelberg im 7. Gemeindebezirk ausstellt.

Und hier kommt nun das magische Viereck der Wiener Kreativen ins Spiel:

Zwischen *Kirchengasse, Lindengasse, Neubaugasse* und *Gumpendorfer Straße* – beidseits des zentrumsnahen Endes der Einkaufszone *Mariahilfer Straße* im 6., vor allem aber im 7. Gemeindebezirk – reihen sich mehr als drei Dutzend Läden mit Fashiondesign, Streetwear, Schmuck, Accessoires, Kindermode und Babyartikeln aneinander. *Neubau* heißt dieser Stadtteil, in dem nachhaltige Materialien, Fair Trade und Bioprodukte angeboten werden. Hier findet man Kunst neben Krempel ebenso wie den obligatorischen Comicladen *(Kirchengasse)*. Wer nach schrägen Möbeln sucht, wird sicher in der *Gumpendorfer Straße* fündig.

Irgendwann machen die Geschäfte zu, doch das »Europa« in der *Zollergasse 8 (www.europa-lager.at)* praktisch nie. Mit seinem Angebot – »Frühstück und warme Küche täglich von 9 Uhr morgens bis 4 Uhr früh« – empfiehlt sich der Szenetreff sowohl für ermüdete Einkaufsbummler als auch für Nachtschwärmer.

Wem das jetzt alles zu unübersichtlich ist, der sollte sich auf die versierten Fremdenführer der österreichischen Hauptstadt verlassen. Wien wäre nicht Wien, wenn nicht auch zum Thema Kreativbezirk Neubau die passende Tour angeboten würde. *Shopping with Lucie! – Geführte Shopping-Touren durch den 7. Bezirk zu österreichischen Designern und versteckten Geheimtipps* heißt die entsprechende Offerte.

Das »Weiße Gold« der Alpen

Bleiburg, Eisenerz … Die Namen mancher österreichischen Städte sprechen Bände über den Abbau von Bodenschätzen, der die Bevölkerung der jeweiligen Region jahrhundertelang mit Arbeit und Brot versorgte. Doch nicht einmal das Gold, das sich in »felix Austria« auch da und dort findet, reicht an die Bedeutung heran, die der Salzbergbau und -handel für die Wirtschaft in den Alpentälern drei Jahrtausende innehatten.

Die Salzach – ursprünglich Mühlbach genannt – spielte als Transportweg für das *Weiße Gold* eine wichtige Rolle und Salzburg als Handelsstadt des begehrten Würz-, bisweilen auch Zahlungsmittels. Das Salzkammergut heißt so, weil die Gegend seit 1260 – als Staatsdomäne im Eigentum der Habsburger – direkt der Hofkammer in Wien unterstellt war. Und wenn nun noch das keltische Wort für Salz einbezogen wird – »Hal« bedeutete »Salz« –, ist auch die Herkunft der Städtebezeichnungen *Hallein* (Salzburger Land), *Hall in Tirol* oder auch *Bad Reichenhall* (Bayern) geklärt.

Und was hat es mit der *Hallstatt-Kultur* auf sich? Am *Salzberg* (!) im oberösterreichischen Hallstatt entdeckte der Bergwerksbeamte Johann Georg Ramsauer im Jahr 1846 ein ausgedehntes Gräberfeld, das jedes Archäologenherz höher schlagen ließ. Hallstatt gab daraufhin einer ganzen archäologischen Epoche der älteren Eisenzeit (etwa 800 bis 475 v. Chr.) ihren Namen. Die Funde in dem Gräberfeld sprechen nicht nur von beachtlichem handwerklichem Können, sondern auch von großem Wohlstand. Letzterer dürfte dem Handel mit dem Steinsalz zu verdanken sein, das schon damals in der Gegend um Hallstatt abgebaut wurde, denn man entdeckte auch Importe wie Glas, Seidenstoffe und Bernstein ebenso wie Elfenbein aus Afrika.

Die hohen Herren in Salzburg und Wien verdienten sich eine goldene Nase; für die Arbeiter aber war die Salzgewinnung kein Zuckerschlecken. Zunächst wurde Wasser in die Höhlungen im Berg gepumpt, um den Bodenschatz zu lösen. Dann wurde die Sole über Urformen von Pipelines in die riesigen Sudpfannen der Salinen geleitet, wo sie so lange eingekocht wurde, bis der körnige Rohstoff übrig blieb. Ein hundsmiserabel entlohnter Knochenjob, die Armut der Bergarbeiter wurde sprichwörtlich.

Heute wird das Geschäft längst mit automatischen Pumpen und elektrischer Heizung betrieben. Die *Salinen Austria AG* wurde 1997 nach 750 Jahren als Staatsbetrieb privatisiert und macht mit 470 Beschäftigten bei einer Jahresproduktion einen Umsatz von etwa 100 Millionen Euro im Jahr. Ihr ist in Österreich eine Saline im oberösterreichischen *Ebensee* am Traunsee geblieben. In den drei letzten Bergwerken *Bad Ischl*, *Hallstatt* und *Altaussee* werden etwa elf Millionen Tonnen produziert. Das Tafelsalz, das neben Pökelsalz, Gewerbesalz für Reinigungsmittel, Grundstoffen für Medikamente, Natron zur Laugenherstellung, Viehsalz, Streusalz und Düngemitteln hergestellt wird, hat unter anderem ein Koscher-Zertifikat. Zu dem Erlös der Salinen AG tragen aber nicht zuletzt die Schaubergwerke bei, welche die 3000-jährige Geschichte des Salzabbaus in Österreich erlebbar machen. *www. salzwelten.at/de*

Die Ölscheichs von der Donau

Wien ist zwar Sitz der Organisation erdölexportierender Länder (OPEC), mit der Förderung des wertvollen Energieträgers wird Österreich allerdings nicht in Verbindung gebracht. Dabei war das Land bis in die 1960er Jahre Selbstversorger in Sachen Mineralöl. Und noch heute deckt die Alpenrepublik rund 10 Prozent des heimischen Bedarfs an Mineralölprodukten mit Öl aus eigener Förderung. In der einzigen Raffinerie, diese liegt in Schwechat bei Wien, wird das »schwarze Gold« zu Benzin, Diesel, Heizöl und Schmierstoffen verarbeitet.

Zu Beginn des Ölzeitalters wurde der begehrte Treibstoff der Doppelmonarchie noch im heute ukrainischen Galizien gefördert, das damals zum Herrschaftsbereich der Habsburgerkaiser gehörte. Nicht ohne Zutun der Nazis, die auf der Suche nach Autarkie für ihre Kriegswirtschaft auch in Österreich fleißig nach Öl bohren ließen, wurde die Förderung inzwischen auf das Marchfeld am Fuß des Karpatenbogens nordöstlich von Wien sowie in das oberösterreichische Voralpenland und den Salzburger Flachgau – die sogenannte Molassezone – verlagert. Allerdings sank die Menge des an die Erdoberfläche gepumpten Öls in den letzten Jahren gravierend: Nach dem Förderrekord mit 3,67 Millionen Tonnen im Jahr 1955 wurden 1970 immerhin noch drei Millionen Tonnen gefördert, inzwischen kommen nur noch 738 000 Tonnen jährlich aus dem Wiener Becken und knapp 100 000 Tonnen aus der Molassezone. Besser sieht die Lage beim Erdgas aus: Etwa 20 Prozent des Bedarfs decken die Österreicher aus eigener Förderung. Die Produktion von *Natural Gas Liquids (NGL)* betrug im 2012 rund 80 000 Tonnen, davon 99,2 Prozent im Wiener Becken.

Heimische Unternehmen der Öl-Branche sind *OMV* und *Rohöl-Aufsuchungs AG (RAG)*. An der Erdölförderung hat OMV einen Anteil von 90 Prozent, die RAG zehn Prozent. Beim Gas beträgt der OMV-Anteil drei Viertel, für das restliche Viertel zeichnet die RAG verantwortlich. Mit einem Konzernumsatz von mehr als 42 Milliarden Euro und rund 29 000 Mitarbeitern (Stand: 2012) ist die *OMV Aktiengesellschaft* das größte börsennotierte Industrieunternehmen Österreichs. Im Zuge des Expansionskurses in den vergangenen Jahren wurde auch ein Tankstellennetz geknüpft, das von Süddeutschland bis in die Türkei reicht und insgesamt 13 Länder umfasst. Erst 2013 investierte der Konzern mehr als drei Milliarden Dollar in die Öl- und Gasfelder vor der norwegischen und britischen Küste, um die Fördermenge bis zum Jahr 2016 von täglich 47,5 Millionen auf 55 Millionen Liter zu steigern.

Und wo urlauben die Österreicher?

Natürlich in Österreich: Fast die Hälfte der heimischen Urlauber verreist im Inland. Bevorzugtes Reiseziel für Auslandsurlaube ist Nachbar Italien. Die Anzahl der jährlichen Urlaubsreisen legte allerdings laut Statistik Austria zwischen 2003 und 2012 um mehr als ein Drittel (36,4 Prozent) zu: von 4,81 auf 6,56 Millionen.

Die Hitliste der Destinationen (2012 gegenüber 2003)

Zielland	2012	2003
Österreich	43,8 Prozent	42,4 Prozent
Italien	24,7 Prozent	26,7 Prozent
Kroatien	16,8 Prozent	15,7 Prozent
Deutschland	12,4 Prozent	8,1 Prozent
Spanien	6,1 Prozent	5,6 Prozent
Griechenland	4,5 Prozent	10,2 Prozent
Türkei	4,0 Prozent	4,8 Prozent
Fernreisen außerhalb Europas	4,6 Prozent	7,3 Prozent

Hier noch ein paar interessante Zahlen:

57 Prozent der Über-15-Jährigen machten 2012 Sommerurlaub – vor zehn Jahren waren es noch knapp weniger als die Hälfte (49,8 Prozent).

Die Zahl der Kurzreisen (1 bis 3 Übernachtungen) nahm jährlich im Schnitt um 6,5 Prozent auf zuletzt 2,38 Millionen zu. Aber auch die Zahl der Haupturlaubsreisen (4 und mehr Übernachtungen) stieg: um 2,1 Prozent auf 4,18 Millionen.

Strand- und Badeaufenthalte hatten 2003 noch einen Anteil von 31,8 Prozent an den Urlaubsreisen im Sommer. Inzwischen beträgt der Anteil nur noch 19,7 Prozent.

Aktivurlaube hingegen sind inzwischen hip: Der Anteil kletterte von 8,7 auf 18,5 Prozent. Immer beliebter werden auch »Maturareisen« nach erfolgreichem Gymnasialabschluss. Der »Summer Splash« ist angeblich die größte Maturareise der Welt: Im Sommer 2013 machten Tausende junge Leute im türkischen Incekum 500 Stunden lang Party mit 40 DJs auf zehn Floors samt Partyschiff eines Softdrink-Konzerns.

Was vermissen die Österreicher im Ausland?

Manchmal kommen Österreicher nicht umhin, ihre »Insel der Seligen« zu verlassen – aus beruflicher Notwendigkeit, leichtsinnigem Abenteuerdrang oder auch, um einfach mal etwas anderes zu sehen. Was sie nach eigenen Aussagen am meisten vermissen, ist ein Kompliment an Österreichs Köche, Bäcker und Fleischhauer. Die (nicht repräsentative) Liste:

(Pferds-)Leberkässemmeln
Wiener Schnitzel (das echte aus dünnem Kalbfleisch)
leckeres Brot
Mohnflesserl (Mohnzopf)
gutes Bier
ein richtiges Frühstück (mit weichem Ei auf den Punkt)
Kürbiskernöl (steirisches Nationalprodukt)
Schweinsbraten mit Semmelknödel
Estragon-Senf
Senfgurken
Schlutzkrapfen (Tiroler Nudelspezialität)
Nussschnecken
Kiachln (Bauernkrapfen)
Laugenstangerl
gutes Leitungswasser – und überhaupt die Lebensmittelsicherheit
Umweltbewusstsein
Humor
Gemütlichkeit
Österreich

Zahlenspiele

1 = Nummer eins ist in Österreich unbestritten Wien – nicht nur bei der Telefonvorwahl (im Inland 01), sondern auch bei der Bevölkerung und den Gäste-Übernachtungszahlen. Schließlich heißt das Lied: Wien, Wien nur du allein.

1,5 = durchschnittlicher höchster Wasserstand des Neusiedler Sees, der in heißen Sommern allerdings austrocknet.

2 Reichshälften: historisch der österreichische und der ungarische Teil der Donaumonarchie, im österreichischen Proporzstaat der Volkspartei oder Sozialdemokraten zugeordnete Einflussbereich von Staat und Wirtschaft.

3 Plätze hat ein »Stockerl« (Siegerpodest), das vor allem für österreichische Wintersportler die Welt bedeutet.

7 = Der Sieg im Siebenjährigen Krieg (1756–1763) über Österreich machte Preußen endgültig zum

Machtkonkurrenten der Habsburgermonarchie in Zentraleuropa.

8 = Zahl der Nachbarländer: Deutschland, Tschechien, Slowakei, Ungarn, Slowenien, Italien, Schweiz und Liechtenstein

9 = Zahl der Bundesländer: Wien, Niederösterreich, Oberösterreich, Steiermark, Kärnten, Tirol, Salzburg, Burgenland, Vorarlberg.

10 Gramm sind ein Dekagramm, und »Deka« ist ein Maß beim Einkaufen: »Zehn Deka Polnische, bittschön!«

17 Minuten dauert das Liebesspiel von Herrn und Frau Österreich durchschnittlich, wenn sie etwa zweimal die Woche Sex haben.

39 Kilometer über der Erde sprang der Österreicher Felix Baumgartner bei seinem Fallschirm-Rekordsprung aus einer Raumkapsel ab.

58 Tonnen war der Laster schwer, den der Österreicher Franz Müllner in zehn Sekunden 20 Meter weit zog. Laut Guiness-Buch der Rekorde 2013 bedeutet das Weltbestleistung.

403 Meter Länge misst die angeblich längste Fußgänger-Hängebrücke der Welt bei Reutte in Tirol.

869 = so viele unterschiedliche Titel gibt es in Österreich.

1719 Kilometer Autobahn gibt es in Österreich für eine Auto-Vignette (»Autobahnpickerl«) zum Preis zwischen 82,70 Euro im Jahr und 8,50 Euro für zehn Tage (Stand 2013).

3798 Meter hoch ist der Großglockner als höchster Berg Österreichs.

4000 anerkannte Fremdenführer gibt es in Wien.

36 000 Original Sachertorten werden jährlich vom Hotel-Imperium Sacher per Hand gefertigt und großenteils versandt.

38 592 Ehen wurden in Österreich 2012 geschlossen. Im selben Jahr wurden 17 006 Ehen geschieden, nachdem die Partner es durchschnittlich 10,6 Jahren miteinander ausgehalten hatten.

79 000 Babys werden jährlich in Österreich etwa geboren.

83 878,99 Quadratkilometer unseres Erdballs nimmt die »Alpenrepublik« ein.

1 939 000 Rindviecher gab es in Österreich am 1. Juni 2013.

9 000 000 Menschen sind im Winter auf österreichischen Pisten, in den Loipen und im Tiefschnee unterwegs.

215 480 000 Liter Wein wurden 2012 in Österreich erzeugt.

Quellennachweis

Basisdaten Österreich,
Statistik Austria / Eurostat, www.statistik.at/web_de/statistiken/index.html

Image-Ranking,
2013 Country RepTrak®, www.reputationinstitute.com/thought-leadership/complimentary-reports-2013, 27. Juni 2013

Erst ein Bankerl, dann ein Schmankerl,
Frankfurter Rundschau, www.fr-online.de, 17. Juli 1999

Worauf die Österreicher stolz sind (oder auch nicht),
Online-Portal OE24.at, www.oe24.at/lifestyle/Worauf-wir-Oesterreicher-stolz-sind/82 949 952, 25. Oktober 2012

Wie fühlen sich die Österreicher,
OECD Better Life Index, www.oecd.org, Mai 2013

Vergleich der Lebensqualität,
Cost of Living Survey bzw. Quality of Living survey, www.mercer.com

Ein Durchschnittstag in Österreich,
Statistik Austria, www.statistik.at, 19. August 2010

Pas de deux der Namen,
Deutschland: www.beliebte-vornamen.de; Österreich: Statistik Austria, www.statistik.at

Apropos Fußball …,
Die Österreichische Mediathek, www.mediathek.at/virtuelles-museum/argentina-78/cid/2129

Tourismusangaben,
Statistik Austria, www.statistik.at/web_de/statistiken/index.html

Top-Urlaubsregionen:
Im Sommer, Alpenportal Tiscover, www.tiscover.com/

Top-Urlaubsregionen:
Im Winter, BAKBASEL economic research & consultancy, www.bakbasel.ch/

Tipps und touristische Angaben,
Österreich Werbung: www.austria.info/de mit Links zu den Tourismusinformationen der Bundesländer

Wirtschaftskammer Österreich, www.wko.at

Die zehn höchsten Alpenpässe Österreichs,
www.traumrouten.com/Content.Node/alpenpaesse/alpen-paesse-oesterreich.php

Themenstraßen,
www.austria.info/at/aufenthalt-in-oesterreich/themen-und-
erlebnisstrassen-1335860.html

Auf der Jagd nach Superlativen und Touristen, tz München,
www.tz-online.de, 23.08.2013

Kaufkraft in Österreich,
RegioData Kaufkraftkennziffern 2012, www.regiodata.eu

Herrausragende Sportler,
www.wikipedia.de

Hochschulen,
QS World University Ranking 2013 des britischen Bildungs-
unternehmens Quacquarelli Symonds, www.qs.com

Zeitungslandschaft in Schieflage, Österreichische Auflagen-
kontrolle, www.oeak.at, August 2013

Die Österreicher im www,
Statistik Austria, Eurostat, Eidgen. Bundesamt für Statistik,
www.statistik.at

Private Internetnutzung in Österreich,
Statistik Austria, Eurostat, Eidgen. Bundesamt für Statistik,
www.statistik.at

Die zehn wertvollsten Marken Österreichs,
Österreichische Markenwert-Studie 2013

Martin Krauß: Der Träger war immer schon vorher da. Die Geschichte des Wanderns und Bergsteigens in den Alpen, Nagel & Kimche, Zürich, 2013

Eva Menasse: Raus aus dem Quadrat, *Frankfurter Allgemeine Sonntagszeitung*, 5. Mai 2013

Robert Menasse: Das Land ohne Eigenschaften. Essay zur österreichischen Identiät, Wien: Sonderzahl, 1992

Martin Walker / Anica Jonas
Die Schweiz für die Hosentasche
Was Reiseführer verschweigen

Band 51313

Wie tief ist der Röstigraben und wo liegt er?
Was versteckt sich hinter Schwingen, Hornussen und Jassen?
Was ist ein Brocki?
Warum heißt »Mensch ärgere dich nicht«
in der Schweiz »Eile mit Weile«?
Haben die Schweizer Humor und wenn ja, welchen?

Der Schweizer Martin Walker und die in Zürich lebende
Deutsche Anica Jonas haben alles Ungewöhnliche, Unglaub-
liche, Wissens- und Unwissenswerte über die großartige
Schweiz gesammelt und präsentieren es äußerst kurzweilig in
diesem Buch.

Das gesamte Programm gibt es unter
www.fischerverlage.de